법, 세상을 여는 열쇠

형사소송법

법, 세상을 여는 열쇠 형사소송법

초판 1쇄 발행 2016년 9월 20일

지은이	위재민·이영욱 공저
발행인	송상근
발행처	삼일인포마인
등록번호	1995. 6. 26 제3-633호
주소	서울특별시 용산구 한강대로 273 용산빌딩 4층
전화	02)3489-3100
팩스	02)3489-3141
가격	14,000원

ISBN   978-89-5942-513-6 13360

법, 세상을 여는 열쇠
형사소송법

위재민 · 이영욱 공저

SAMIL | 삼일인포마인

서문

법! 들으면 괜히 부담스럽고 무서운 단어이고, 법률 조문을 읽어봐도, 법 서적을 읽어봐도 역시 어렵습니다. 그러나 법은 우리 일상생활에서 참 가까운 존재이기도 합니다.

법을 어떤 것으로 생각하면 될까요? 저자들은 무엇보다도 '법은 세상을, 한 나라의 사회를 가장 빨리 알 수 있는 열쇠'라고 생각합니다.

우리가 A라는 나라를 알고 싶을 때, 무얼 보면 될까요? 신문기사, 경제상황, 그 나라 사람의 말… 여러 방법이 있겠지만, 그 나라의 법을 살펴보면 가장 정확하고 빠르게 나라의 모습을 알 수 있습니다. 그렇기 때문에 법은 복잡하고 알기 힘든 세상을 여는 열쇠가 될 수 있습니다.

법의 내용을 이해하기 위해서 가장 좋은 방법 중 하나가 실제로 법이 법원에서 적용된 사례(이것을 '판례'라고 합니다)를 살펴보는 것입니다.

이 책에서는 우리나라의 형사소송법에서 의미 있고, 중요한 100여개의 판례를 관련 법률과 함께 설명하였습니다. 법을 잘 모르는 일반인을 생각하고, 알기 쉽게 형사소송법을 소개하려고 노력하였습니다.

책에 실린 판례의 결론을 아는 것도 중요하지만, 어떤 과정을 거쳐, 즉 어떤 법률을 어떻게 적용하여 그러한 결론이 나왔는지를 아는 것 또한 중요합니다.

이 책이 형사소송법을 공부하는 학생뿐 아니라 널리 사회와 세상에 대해 궁금증을 갖는 일반인에게도 도움이 되었으면 합니다. 또한 우리나라가 좀 더 법에 의해 규율되고, 일반인 누구도 법을 어렵게 여기지 않고 법의 도움을 받게 되는 진정한 법치주의 국가가 되었으면 하는 바람입니다.

이 책에서는 고등학교 '법과 정치' 과목과 법무부가 발간한 '청소년을 위한 법과 생활', 법무부가 주관하는 '생활법 경시대회'의 내용도 최대한 반영하였습니다.

이 책의 최초 버전인 2008년 책을 집필하고 본인의 작업처럼 헌신적으로 많은 도움을 준 김계환 변호사님, 멋진 만화를 그리거나 도와준 권기현 만화가님, 책의 집필을 여러모로 도와준 저자들의 가족들(만화의 아이디어를 준 이지민양)에게도 깊은 감사를 드립니다.

2016. 9.
위재민 변호사, 이영욱 변호사

차 례

차 례

II 기소(공소의 제기)

III 공판절차 및 증거(재판)

차례

차 례

Ⅳ　판결 및 상소

차 례

V 형의 집행, 기타

1. 범죄가 발생하면 국가는 범죄자를 벌금, 징역형 등 형벌로써 처벌한다. 범죄
   에 대한 국가의 형벌권은 수사, 공소제기(기소), 재판, 재판의 집행을 통해
   실현된다. 형사절차는 이러한 국가형벌권의 실현 과정을 말하고, '형사소송
   법'이라는 법에 기본적인 사항을 정하고 있다.

   이 책에서도 위 형사절차의 흐름에 따라 검사 또는 경찰의 수사, 검사의 공
   소제기, 공판절차, 판결 및 그에 대한 상소, 형의 집행과 기타 제도의 순서
   로 살펴본다.

2. 형사절차에 들어가기 앞서 이 절차의 주요 주체를 알아보자. 형사소송의 주
   체는 크게 법원, 검사, 피고인, 변호인이 있다.

(1) 법원

법원은 사법권을 행사하는 국가기관이다.

개개의 소송사건에 관하여 재판권을 행사하는 합의부(보통 3명의 법관으로
구성) 또는 단독판사를 말한다. 3심으로 구성되는 법원에는 최고법원인 대법
원(3심)과 그 아래의 고등법원(2심), 지방법원(1심)이 있다. 1심 판결에 불복을
하면 항소를 하고, 2심 판결에 불복을 하면 상고를 한다. 그래서 2심을 '항소
심', 3심을 '상고심'이라고도 한다.

(2) 검사

검사는 검찰권을 행사하는 국가기관을 말한다.

검사는 수사절차에서는 수사의 주재자로서 (보통 우리가 '경찰'이라고 부르
는) 사법경찰관리를 지휘, 감독하고, 수사를 한 후 공소제기 여부를 결정한다.
공판절차에서는 피고인에 대립되는 당사자로서 법원에 대하여 법령의 정당한
적용을 청구한다. 형이 확정되면 형의 집행을 지휘, 감독한다.

(3) 피고인

피고인은 검사에 의하여 형사책임을 져야 할 자로, 공소가 제기된 자를 말한다. 공소가 제기되기 전에 수사기관이 수사의 대상으로 삼는 자를 '피의자'라고 하고, 공소가 제기되면 피의자는 '피고인'이 된다. 피고인에 대해 형이 확정되면 '수형인'이 된다.

(4) 변호인

변호인은 피고인 또는 피의자의 방어력을 보충함을 임무로 하는 보조자를 말한다. 보통 변호사가 변호인이 된다.

형사소송법은 피고인 또는 피의자에게 당사자로서의 지위를 인정하지만, 검사가 법률의 전문가임에 반하여 피고인 또는 피의자는 법률지식에 어둡고 수사의 대상이 되는 지위에 있다. 따라서 변호인은 공정한 재판을 위하여 절대적으로 필요한 존재이다.

헌법 제12조 제4항은 "누구든지 체포 또는 구속을 당한 때에는 즉시 변호인의 조력(助力)을 받을 권리를 가진다"라고 규정한다. 이러한 '변호인의 도움(조력)을 받을 권리'는 피의자 또는 피고인이 변호인의 협력과 조력을 받을 수 있는 권리를 말한다. 변호인 조력권은 진술거부권과 함께 피의자, 피고인의 방어권 중 핵심이다.

피고인이 가난한 사람이나 미성년자, 고령자 등인 경우, 이들을 위하여 국가가 대신하여 변호인을 선정해 주는 '국선변호인' 제도를 통해 인권을 보장하고 있다.

* 참고 : 본 서적에서 법 이름을 쓰지 않거나 '법'이라고만 표기한 것은 '형사소송법'을 말한다.

I

수사절차

수사절차의 개관

1. 수사(搜査)는 범죄의 유무를 밝히고 범인의 체포 및 증거를 발견·수집하는 수사기관의 활동을 의미한다.

   수사는 법률상 수사권한이 인정되는 국가기관, 즉 수사기관에 의한 활동으로서, 수사기관에는 검사와 사법경찰관리(경찰)가 있다. 형사소송법상으로는 검사가 수사의 주재자이고, 사법경찰관리는 검사의 지휘를 받아 수사를 한다.

2. 수사기관은 범죄의 혐의가 있다고 생각될 때 수사를 개시할 수 있는데(즉, 수사는 주관적 혐의로도 시작할 수 있다), 이러한 수사개시의 원인이 되는 것을 '수사의 단서'라고 한다.

   수사의 단서로 대표적인 것이 고소와 고발이고, 이외에도 자수, 진정, 범죄신고, 불심검문, 변사자 검시 등이 있다.

   고소, 고발과 자수 이외의 수사단서, 즉 소문, 신문기사, 우연히 사건을 목격한 경우 등에 수사기관이 범죄혐의가 있다고 판단하여 수사를 개시하는 것을 범죄인지라고 한다. 또 이러한 경우의 수사를 인지수사라 한다.

3. 범인으로 의심이 가지만 뚜렷한 혐의가 아직 발견되지 않은 사람을 용의자(혐의자)라고 한다.

   그리고 조사가 진행되어 범죄 혐의가 인정되어 정식 사건으로 입건되면 '피의자'라고 부른다.

4. 수사의 방법은 크게 임의수사와 강제수사로 나눌 수 있다. 전자는 강제에 의하지 않고 당사자의 동의나 승낙을 받아서 행하는 수사를 말하고, 후자는 강제처분에 의한 수사를 말한다.

   강제수사에는 압수, 수색, 검증, 체포, 구속, 전기통신감청 등이 있다. 강제수사는 법관이 발부한 영장에 의하여야 하고('영장주의'라고 한다), 법률에 규정이 있는 경우에만 할 수 있다('강제처분 법정주의'라고 한다)는 점에서 임의수사와 구별된다.

5. 수사에서 많이 문제가 되는 것 중 하나로 '불심검문'이 있다.

경찰관은 거동이 수상한 사람을 정지시켜 행선지, 용건, 성명, 주소, 연령 등을 묻고 필요한 때에는 소지품을 검사하거나 경찰관서에 동행할 것을 요구할 수 있는데 이를 불심검문이라고 한다.

불심검문은 임의처분이므로 상대방을 구속하거나 의사에 반하여 동행이나 답변을 강요할 수 없고, 상대방은 동행요구를 거절할 수 있다. 상대방이 싫다고 하는데 강제로 불심검문을 하는 것은 위법하다.

불심검문을 할 때 경찰관은 자신의 신분증을 제시하며 소속과 성명을 밝히고, 목적과 이유를 설명해야 한다. 동행을 요구하는 경우 동행 장소도 밝혀야 한다.

동행을 한 경우, 가족 또는 친지에게 동행한 경찰관의 신분, 동행 장소와 이유 등을 알려주거나, 본인이 직접 연락할 수 있도록 해야 하고, 임의동행을 한 경우라도 의사에 반하여 경찰관서에 머무르게 할 수 없다.

6. 수사를 진행하다가 피의자가 죄를 범했다고 의심할 만한 상당한 이유가 있거나, 정당한 이유 없이 출석요구에 응하지 않는 경우, 또는 응하지 않을 것으로 의심되는 경우에는 판사가 발부한 체포 영장을 갖고 피의자를 체포할 수 있다.

다만, 범죄가 무겁고 긴급한 사정이 있어 판사의 체포 영장을 발부받을 여유가 없을 때에는 그 사정을 알리고 영장 없이 피의자를 체포할 수 있는데 이를 '긴급체포'라고 한다. 사법경찰관이 피의자를 긴급체포한 경우에는 즉시 검사의 승인을 얻어야 한다.

또, 범죄를 실행 중이거나 실행한 직후에 잡힌 현행범은 누구든 영장 없이 체포할 수 있다. 도둑을 당한 시민이 도둑을 잡는 경우가 '현행범인 체포'이다. 다만 그 후 즉시 수사기관에 인도해야 한다.

다만 상대적으로 장기간 피의자를 구금하여 수사하기 위해서는 체포가 아닌 구속이 필요하다. 수사기관이 수사 결과, 범죄가 무겁고 피의자가 죄질이 나쁘며 도망가거나 증거를 없앨 우려가 있는 등으로 필요한 경우에 법원에 구속영장을 신청해서 판사가 발부한 구속영장으로 피의자를 구속할 수 있다.

7. 이렇게 체포, 구속된 피의자의 인권을 보장하고 자신의 무죄를 주장할 기회를 보장하기 위해 '구속전 피의자심문 제도'와 '체포/구속 적부심사 제도'를 두고 있다.

체포된 피의자는 구속 여부가 결정되기 전에 신청에 의해 판사 앞에서 변명의 기회를 주는데, 이 제도가 '구속전 피의자심문 제도'(또는 영장실질심사제도)이다.

그리고 체포 또는 구속된 피의자는 신청에 의하여 체포나 구속이 부당한지 여부를 심사받을 수 있는데, 이를 '체포적부심사 제도' 또는 '구속적부심사 제도'라고 한다.

한편, 기소된 피고인이 석방되기 위한 제도로는 보석(保釋)제도가 있다.

8. 형사절차 전반, 그 중에서도 수사절차에서 크게 강조되는 것으로 '적정절차의 원칙', '무죄추정의 원칙', '묵비권(黙秘權)'이 있다.

'적정절차의 원칙'은 헌법 정신을 구현한 법적 절차에 의해서 형벌권이 실현되어야 한다는 것을 말한다. 영화에서 경찰이 범인을 체포하며 "당신은 묵비권을 행사할 수 있고, 변호사를 선임할 수 있으며……."라고 말하는 것은 '미란다 원칙' 고지라고 하는데, 이것도 적정절차의 원칙에 포함된다. 체포, 구속, 압수, 수색을 할 때에는 적법한 절차에 따라 검사의 청구에 의하여 법관이 발부한 영장을 제시하여야 하는 '영장주의'도 적정절차 원칙의 내용이다.

'무죄추정의 원칙'은 피고인 또는 피의자는 유죄판결이 확정될 때까지는 무죄로 추정한다는 원칙을 말한다. 피의자는 범죄 혐의가 있어 수사를 받고 있을 뿐, 아직 재판에서 유죄 판결을 받아 범죄자로 확정된 것은 아니므로 수사 과정에 있는 피의자나 재판 과정에 있는 피고인을 포함하여 모든 사람은 재판 결과 유죄로 인정되기 전에는 모두 무죄가 추정된다는 것이다.

'묵비권'은 피고인 또는 피의자가 공판절차나 수사절차에서의 신문에 대하여 진술을 거부할 수 있는 권리이다. '진술거부권'이라고도 한다.

9. 수사 이후 검사가 피의자를 기소(起訴. '공소제기'라고도 한다)하면 그때부터 피의자는 피고인으로 신분이 바뀌고, 공판절차가 개시된다.

수사의 상당성과 함정수사

(대법원 2008. 10. 23. 선고 2008도7362 판결)

경찰관들은 단속 실적을 올리기 위해

실적이 왜 이리 부진해 실적 좀 올려봐~!

갑이 운영하는 노래방에 들어간 다음 도우미를 불러 달라고 했다.

기분 내러 왔으니 도우미 좀 불러주소~.

그 노래방에서 도우미를 줄러준다는 제보나 첩보는 없었다.

도우미 불러주는지는 잘 몰라, 한번 확인해 보자.

끄덕 끄덕

소곤소곤

갑은 한 차례 거절했으나, 경찰관이 재차 요구하자

그런 거 안 합니다.

죄송합니다

도우미를 불러주었고, 그러자 경찰들이 단속을 하였다.

어멋!

우리 경찰이요!

수사가 위법한 함정수사가 아닌지 문제되었다.

함정수사(entrapment, 陷穽搜査)

보통의 수사방법으로는 범죄현장을 발견하고 체포하기 어려운 범죄를 수사할 때, 수사기관이 미리 함정을 만들고 그 함정에 걸려든 범인을 잡는 수사방법. 예컨대 형사가 마약 구매자인양 위장하여 마약을 구하는 체하다가 마약을 제공하는 자를 체포하는 경우.

도우미 영업을 안 한다는데 경찰들이 억지를 부려서 부른 겁니다! 억지수사이고, 위법한 함정수사입니다!

이런 유형의 범법행위는 함정수사의 필요성이 있습니다, 게다가 값이 도우미를 불렀고요!

단속 실적을 올리려고 손님을 가장하고 들어가 도우미를 요구하는 등 수사기관이 사술이나 계략 등을 써서 범죄의사를 유발케 하여 위법하다,

이런 함정수사에 기한 공소제기도 절차가 법률의 규정에 위반하여 무효이다, 공소기각!

범죄의사가 없는 사람에게 수사기관이 범죄를 유발했으니 위법하답니다~,

수사기관이 자의대로 수사를 하는 것을 허용하면 인권침해의 여지가 많으므로 수사도 일정한 조건에서만 허용되는데, 그런 수사의 조건으로 보통 ① 수사의 필요성과 ② 수사의 상당성이 제시된다.

수사의 상당성과 관련해서 문제가 되는 것이 함정수사이다. 함정수사(entrapment, 陷穽搜査)는 보통의 수사방법으로는 범죄현장을 발견하고 체포하기 어려운 범죄를 수사할 때, 수사기관이 미리 함정을 만들고 그 함정에 걸려든 범인을 잡는 수사방법이다.

예를 들어 마약사범과 같이 조직적으로, 은밀히 행해지는 범죄는 보통의 수사방법으로는 체포하기가 쉽지 않다. 그럴 경우 형사가 마약 구매자인양 위장하여 마약을 구하는 체하다가 마약을 제공하는 자를 체포하는 경우를 말한다.

형사소송법에는 함정수사에 관한 규정이 없는데, 수사기관이 함정을 만들어서 잠재적 범죄자에게 범죄를 범하게 하고 함정에 걸려든 자를 처벌하는 것이 과연 수사의 상당성에 부합하는지 문제가 되는 것이다.

법원의 입장을 살펴보자.

■■ 사건 개요

○ 본건 공소사실은 갑이 노래방을 경영하면서 도우미를 알선하여 노래연습장업자의 준수사항을 위반하였다는 내용이다.

○ 1심, 2심은 경찰관이 노래방의 도우미 알선 영업 단속 실적을 올리기 위하여 손님을 가장하고 들어가 도우미를 불러낸 것으로, 이는 위법한 함정수사로서 공소제기가 무효라고 보아 공소기각[1] 판결을 하였다. 검사가 상고.

■■ 판결 요지

○ 본건의 경우 1) 경찰관들이 단속 실적을 올리기 위하여 손님을 가장하고 들어가 도우미를 불러줄 것을 요구하였던 점, 2) 피고인측은 평소 손님들에게 도우미를 불러준 적도 없으며, 위 노래방이 평소 손님들에게 도우미

---

1) 형사소송에 있어서 공소가 제기된 경우, 형식적 소송조건의 흠결이 있을 때에 법원이 실체적 심리에 들어감이 없이 소송을 종결시키는 형식적 재판.

알선 영업을 해 왔다는 아무런 자료도 없는 점, 3) 위 경찰관들도 그와 같은 제보나 첩보를 가지고 이 사건 노래방에 대한 단속을 한 것이 아닌 점, 4) 위 경찰관들이 피고인측으로부터 한 차례 거절당하였으면서도 다시 위 노래방에 찾아가 도우미를 불러줄 것을 요구하여 도우미가 오게 된 점 등이 인정된다.

○ 위 사정들을 종합해 보면, 이 사건 단속은 수사기관이 사술(詐術)이나 계략 등을 써서 피고인의 범의(犯意)를 유발케 한 것으로서 위법하고, 이러한 함정수사에 기한 이 사건 공소제기 또한 그 절차가 법률의 규정에 위반하여 무효인 때로서 공소기각 판결 사유(형사소송법 제327조 제2호)에 해당한다. 검사 상고 기각[2]).

📊 해설

○ 함정수사에는 1) 이미 범죄의사를 가지고 있는 자에 대하여 범행의 기회를 제공하는 경우(기회제공형)와 2) 범죄의사 없는 자에게 범죄를 유발한 경우(범의유발형)가 있다.

○ 학설 및 판례는 전자(기회제공형)의 수사는 대부분 적법하다고 보고 있으나, 후자(범의유발형)의 수사는 적법한지에 관해 견해가 대립되고 있다.

○ 후자(범의유발형) 함정수사에 있어서 피교사자(범행자)를 어떻게 구제할 것인지에 관해서는, 1) 함정수사는 적법절차에 위배하여 수사절차에 중대한 위법이 있는 경우이므로 검사의 공소제기를 무효로 봐야 한다는 견해(공소기각설), 2) 함정수사는 국가기관이 사술을 이용해 범죄를 유발시켰다는 측면과 수사기관이 제공한 범죄의 기회를 일반시민이 뿌리칠 수 없었음을 고려하여 무죄판결을 해야 한다는 견해(무죄판결설)가 있다. 위 판례는 공소기각설의 입장이다.

---

2) 상고인의 상고가 이유 없어 배척하는 재판. 상고인의 패소 재판.

(대법원 2007. 5. 31. 선고 2007도1903 판결)

경찰관 A, B는 사당역 근처에 만취한 사람들을 상대로 한 범죄가 빈발한다는 첩보를 입수했다.

취객 상대 범죄가 극성이라네요.

오늘 한번 출동하지?

경찰관들은 역 인근에 만취한 피해자 C가 누워서 자고 있는 것을 보고,

저기 저 사람이 희생자로 딱이네!

10미터 떨어진 길가에 주차를 하고 차 안에 잠복하였다.

조용히 숨어서 지켜보자!

잠시 후 나타난 갑은 C를 발견, 주변을 살피다가 으슥한 곳에 끌고 가서

아저씨, 이런 데서 주무시면 안되요~.

피해자 바지에 손을 넣어 지갑을 꺼냈고, 그 직후 경찰관들이 곧장 차에서 뛰어나가 갑을 체포했다.

꼼짝 마!

차 옆까지 끌고 왔네!

경찰관들의 수사가 위법한 함정수사인지 문제되었다.

＊쟁점＊

함정수사가 다 위법한 것도 아니고 다 합법적인 것도 아니죠~!

어떤 경우가 합법이고 어떤 경우가 불법일까요?

앞의 사례와 함께 연결해서 생각해 볼까요?

수사기관이 이런 함정수사를 하다뇨! 저는 수사기관에 속아 넘어간 겁니다! 억울합니다! 위법 수사 중단하라!

함정수사라고 무조건 위법한 건 아닙니다! 피고인은 이미 범죄의사가 있었고, 수사기관은 범행할 기회만 준 것에 불과합니다!

범죄의사가 없는 사람에게 수사기관이 사술이나 계략을 써서 범의를 유발케 하여 범죄인을 검거하는 함정수사는 위법하다.

그러나 범죄의사를 가진 자에게 단순히 범행의 기회를 제공하였다면 위법한 함정수사가 아니다.

범죄의사가 이미 있는 사람에게 범죄를 저지를 기회만 주었다면 위법하지 않답니다!

앞에서 함정수사가 무엇인지와 위법한 함정수사를 살펴보았다. 그런데 마약범죄나 조직범죄와 같은 일정한 범죄는 함정수사가 현실적으로 필요하다.

함정수사를 위법하다고만 본다면 이런 범죄는 현실적으로 수사나 처벌이 매우 어려울 것이고, 다른 한편 함정수사를 위법하게 보는 사유만 해소된다면 굳이 전부 금지할 필요도 없을 것이다. 일정한 범위에서 함정수사를 인정해야 할 필요성이 있는 것이다.

그렇다면 적법한 함정수사도 있을까? 법원의 입장을 살펴보자.

■■ 사건 개요

- 사당역 인근에서 만취한 취객을 상대로 한 범죄가 빈발한다는 첩보를 입수한 경찰관 A와 B는 사당동 까치공원 옆 인도에 만취한 피해자 C가 누워 자고 있는 것을 보고, 그로부터 약 10미터 떨어진 길옆에 주차하고 차 안에서 머리를 숙인 채 잠복하였다.

- 이후 갑이 C를 발견하고 주변을 살피다가 C를 으슥한 곳까지 끌고 가 바지 주머니에 손을 넣어 지갑을 꺼냈고(속칭 "부축빼기"), 그 직후 A와 B가 곧바로 차량 안에서 뛰어나가 피고인을 체포하였다.

- 1심, 2심은 유죄를 선고하였다. 갑은 자신은 위법한 함정수사에 의해 기소되었으므로 공소제기가 부적법하다고 주장하며 상고.

■■ 판결 요지

- 본래 범의를 가지지 아니한 자에 대하여 수사기관이 사술이나 계략 등을 써서 범의를 유발케 하여 범죄인을 검거하는 함정수사는 위법함을 면할 수 없고, 이러한 함정수사에 기한 공소제기는 그 절차가 법률의 규정에 위반하여 무효인 때에 해당한다 할 것이지만,

- 범의를 가진 자에 대하여 단순히 범행의 기회를 제공하는 것에 불과한 경우에는 위법한 함정수사라고 단정할 수 없다.

- 경찰관이 취객을 상대로 한 이른바 부축빼기 절도범을 단속하기 위하여, 공원 인도에 쓰러져 있는 취객 근처에서 감시하고 있다가, 마침 피고인이

나타나 취객을 부축하여 10m 정도를 끌고 가 지갑을 뒤지자 현장에서 체포하여 기소한 경우 위법한 함정수사에 기한 공소제기가 아니다. 피고인 상고 기각.

■ 해설

○ 함정수사는 기회제공형과 범의유발형으로 나눌 수 있다. 판례는 「범의를 가진 자에 대하여 범행의 기회를 주거나 범행을 용이하게 한 것에 불과한 경우에는 함정수사라고 할 수 없다.」(대법원 2004. 5. 14. 선고 2004도1066 판결, 2005. 10. 28. 선고 2005도1247 판결 등)라고 하여 기회제공형 함정수사를 적법하다고 판단해 왔다.

○ 또한 위 판결은 경찰관들이 정신을 잃고 노상에 쓰러진 시민에 대한 구호조치를 하지 않고 오히려 이러한 상황을 수사에 이용한 것은 부적절하지만, 이는 피해자에 대한 관계에서 문제될 뿐, 피고인의 범의 유발에 관여한 것은 아니므로 위법하지 않다고 판단하였다.

고소와 법정대리인의 고소

(대법원 1999. 12. 24. 선고 99도3784 판결)

미성년자인 피해자 A는 갑에게 강간을 당했다.

이러지 마세요!

A는 갑을 고소하였다가,

갑을 고소합니다!

수사 기관에서 고소를 취소하였다.

저는 갑의 처벌을 원하지 않습니다!

정말? 진짜야?

그러나 그 후 A의 아버지 B가 별도로 갑을 고소했다.

무슨 고소취소! 그런 죽일 놈을!

진정하시고요,

검사는 적법한 고소가 있다고 보아 갑을 강간죄로 기소했다.

아버지가 고소를 했다면 당연히 기소해야지!

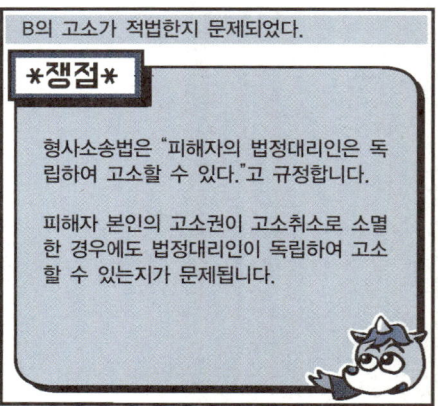

B의 고소가 적법한지 문제되었다.

＊쟁점＊

형사소송법은 "피해자의 법정대리인은 독립하여 고소할 수 있다."고 규정합니다.

피해자 본인의 고소권이 고소취소로 소멸한 경우에도 법정대리인이 독립하여 고소할 수 있는지가 문제됩니다.

피해자 본인이 고소를 취소했는데, 대리인이 고소를 했다고요? 본인의 뜻에 반하는 대리인 고소는 위법합니다!

법정대리인의 고소권은 무능력자를 보호하기 위한, 피해자와 관계 없이 독립한 권리입니다! 고소는 유효합니다!

형사소송법상 법정대리인의 고소권은 무능력자 보호를 위해 주어진 고유권이다, 따라서 법정대리인은 피해자와 관계 없이 고소할 수 있다,

이런 고소권은 피해자의 명시적 의사에 반해서도 행사할 수 있다,

법정대리인의 고소권은 피해자와 무관하게 독립한 것이라네요~!

고소(告訴)란 범죄의 피해자 또는 그와 일정한 관계가 있는 고소권자가 수사기관에 대하여 범죄사실을 신고하여 범인의 처벌을 구하는 의사표시를 말한다. 한편 고발(告發)은 고소권자와 범인 이외의 제3자가 수사기관에 대하여 범죄사실을 신고하여 처벌을 희망하는 의사표시를 말한다.

예를 들어서 A가 B의 물건을 훔친 경우, B가 수사기관에 신고하면 고소가 되고, 옆에서 범행현장을 지켜본 C가 수사기관에 신고하면 고발이 된다.

형사소송법에서는 고소권자를 특정하고 있는데, 피해자(제223조), 피해자의 법정대리인(제225조 제1항), 피해자의 배우자, 친족(제226조), 지정고소권자(제228조)가 이에 해당한다.

법정대리인은 친권자, 후견인 등을 말한다. 형사소송법은 "피해자의 법정대리인은 독립하여 고소할 수 있다."라고 규정하는데(제225조 제1항), '독립하여 고소'한다는 의미에 관한 법원의 입장을 살펴보자.

■ 사건 개요

○ 미성년자인 피해자 A는 피고인 갑으로부터 강간당하였다고 고소하였다가, 수사기관의 조사과정에서 고소를 취소하였다.

○ 그러나 이후 A의 아버지 B가 별도로 갑을 고소하였고, 이에 검사는 적법한 고소가 있다고 보아 갑을 강간죄로 기소하였다.

○ 2심 법원이 유죄를 선고하였다. 갑은 피해자 본인이 고소를 취소하였으니 법정대리인인 B의 고소는 적법하지 않다고 주장하며 상고.

■ 판결 요지

○ 형사소송법 제225조 제1항이 규정한 법정대리인의 고소권은 무능력자의 보호를 위하여 법정대리인에게 주어진 고유권이므로,

○ 법정대리인은 피해자의 고소권 소멸 여부에 관계없이 고소할 수 있고, 이러한 고소권은 피해자의 명시한 의사에 반하여도 행사할 수 있다.

■ 해설

○ 사안은 피해자 본인의 고소권이 고소취소로 소멸한 경우에도 법정대리인

이 독립하여 고소할 수 있는지가 문제되는데, 이는 "피해자의 법정대리인은 독립하여 고소할 수 있다"는(법 제225조 제1항) 규정의 해석과 관련된다.

○ 이에 관하여 1) 무능력자 보호의 취지를 철저히 하기 위해 피해자의 명시 또는 묵시의 의사로부터 독립하여, 특히 법정대리인에게 인정한 고유권이라고 해석하는 견해가 있다(고유권설),

2) 그리고 피해자의 고소권은 일신전속적인 것이고, 친고죄에 있어서 법률관계의 불안정을 피하기 위해서는 피해자의 고소권이 소멸하면 법정대리인의 고소권도 소멸된다고 해석하는 견해도 있다(독립대리권설).

○ 전자의 견해에 따르면, 피해자의 고소권 소멸여부(고소취소, 고소기간 도과 등)와 관계없이 법정대리인이 고소할 수 있고, 그 고소기간도 법정대리인 자신이 범인을 알게 된 날로부터 기산한다(대법원 1994. 9. 11. 선고 84도1579 판결).

○ 위 판결은 고유권설에 따라 B의 고소가 적법하다고 판단하였다.

* 참고 - 형법이 개정되어 현재 강간죄는 친고죄가 아니므로 고소 없이도 기소할 수 있지만 고소 관련 법리를 설명하기 위한 판결로 수록하였다.

고소의 방식, 법정대리인과 본인의 고소

(대법원 2011. 6. 24. 선고 2011도4451 판결)

갑은 11세의 초등학교 6학년 A를 간음하려고

어허~! 이리 와 봐!

아저씨~ 왜 이러세요?!

인근주차장까지 끌고 간 혐의로 기소되었다.

조용히 해!

A는 경찰 조사시 갑을 처벌해 달라고 말하여 의사표시가 피해자 진술조서에 기재되었다.

그 사람 잡으면 꼭 처벌해 주세요!

한편 A의 아버지 B는 갑과 합의하고 합의서를 작성해 주어 갑은 경찰에 합의서를 제출했다.

음…, 좋소, 그럼 합의합시다!

그러나 A는 B와 같이 작성한 합의서에 서명, 날인하지 않았다.

아빠가 합의를 했다고요? 저는 전혀 몰라요!

합의서입니다!

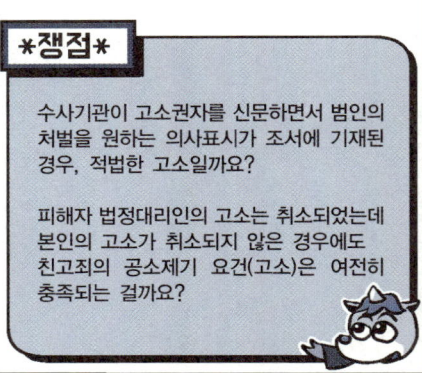

쟁점

수사기관이 고소권자를 신문하면서 범인의 처벌을 원하는 의사표시가 조서에 기재된 경우, 적법한 고소일까요?

피해자 법정대리인의 고소는 취소되었는데 본인의 고소가 취소되지 않은 경우에도 친고죄의 공소제기 요건(고소)은 여전히 충족되는 걸까요?

고소라고 하려면 고소장을 냈어야죠! 그리고 법정대리인이 고소를 취소했으니 고소가 유효하지 않습니다!

조사 중 처벌을 요구했으니 고소가 분명 있었죠! 본인이 고소를 취소하지 않았으니 고소는 여전히 유효합니다!

수사기관이 고소권자를 증인 또는 피해자로서 신문할 때 범인 처벌을 요구하는 의사표시가 조서에 기재되었다면 고소는 적법하다.

법정대리인 고소는 취소되었더라도 본인의 고소가 취소되지 않았으면 친고죄의 고소는 여전히 유효하다.

처벌을 원하는 의사표시가 피해자 진술조서에만 써있어도 적법한 고소라네요~!

고소는 '고소장'이라는 문서를 작성해서 수사기관에 제출하는 것이 일반적이다.

수사가 개시된 경우, 수사기관에서는 보통 우선 고소인(피해자)을 불러서 진술을 듣고, 그 후 피의자를 불러서 진술을 들으며, 필요하다면 대질을 하여 사실관계를 확인하기도 한다. 그런데 위와 같이 수사기관이 피해자를 불러서 진술을 듣는 과정에서 피해자가 진술 중에 "범인을 처벌해 달라."고 진술을 한 경우 이것도 적법한 고소일까?

이에 관한 법원의 입장을 살펴보자.

▪▪ 사건 개요

○ 갑에 대한 공소사실 중 친고죄에 해당하는 "간음 목적 미성년자 약취" 범행과 관련하여, 당시 피해자 A는 11세 남짓한 초등학교 6학년생으로서 피해자는 고소장을 제출하지는 아니하였으나 경찰에서 피해자 진술조서를 작성할 당시 갑을 형사처벌하여 달라는 의사표시가 피해자 진술조서에 기재되었다.

○ 갑이 제출한 합의서에 A의 성명이 기재되어 있기는 하나 A의 날인은 없고, A의 법정대리인인 아버지 B의 무인(지문으로 찍는 도장) 및 인감증명서가 첨부되어 있을 뿐이었다.

○ 1심, 2심은 갑에게 유죄를 선고하였다. 갑은 친고죄에 대하여 적법한 고소가 없고, 법정대리인에 의해 고소가 취소되었는데도 유죄로 판단한 것은 위법하다며 상고.

▪▪ 판결 요지

○ 친고죄에서 고소는, 구술(口述)로도 할 수 있고, 다만 구술에 의한 고소를 받은 검사 또는 사법경찰관은 조서를 작성하여야 하지만 그 조서가 독립된 조서일 필요는 없으며, 수사기관이 고소권자를 증인 또는 피해자로서 신문한 경우에 그 진술에 범인의 처벌을 요구하는 의사표시가 포함되어 있고, 그 의사표시가 조서에 기재되면 고소는 적법하다.

○ 고소를 할 때는 소송행위능력, 즉 고소능력이 있어야 하나, 고소능력은 피해를 입은 사실을 이해하고 고소에 따른 사회생활상의 이해관계를 알아차릴 수 있는 사실상의 의사능력으로 충분하므로, 민법상 행위능력이 없는 사람이라도 위와 같은 능력을 갖추었다면 고소능력이 인정된다.

○ 피고인 제출의 합의서에 피해자 성명이 기재되어 있으나 피해자의 날인은 없고, 피해자의 법정대리인인 부(父)의 무인 및 인감증명서가 첨부되어 있을 뿐이어서 피해자 본인의 고소 취소의 의사표시가 여기에 당연히 포함되어 있다고 볼 수 없으므로, 설령 피해자 법정대리인의 고소는 취소되었다고 하더라도 본인의 고소가 취소되지 아니한 이상 친고죄의 공소제기 요건은 여전히 충족된다. 피고인 상고 기각.

■ 해설

○ 판례는 수사기관이 고소권자를 신문하면서 고소권자의 범인의 처벌을 원하는 의사표시가 조서에 기재된 경우, 이를 적법한 고소로 보았다. 고소에 필요한 고소능력의 정도는 사실상 의사능력으로 충분하다고 한다.

○ 피해자 법정대리인의 고소는 취소되었다고 하더라도 본인의 고소가 취소되지 아니한 이상 친고죄의 공소제기 요건은 여전히 충족된다는 취지의 판례이다.

  * 참고 – 현재 간음 목적 약취죄는 친고죄가 아니므로 고소가 문제되지 않지만, 고소 관련 법리를 설명하기 위한 판결로 수록하였다.

 **테마 5** 고소의 불가분

(대법원 1985. 11. 12. 선고 85도1940 판결)

갑은 을, 병과 합동하여

> 쟤 한번 작업해 볼까?

피해자 A를 차례로 강간하였다고 기소되었다.

> 좋게 할 때 순순히 벗어~
>
> 이러지 마!

먼저 기소된 병은 1심, 2심에서 징역형을 선고받고 판결이 확정되었다.

> 피고인 병을 징역형에 처한다!
>
> 네~ 참을...

피해자 A는 그 후 고소를 취소하였는데,

> 갑, 을, 병에 대한 고소를 취소합니다.

갑은 그 후 기소되어 1심, 2심에서 징역형이 선고되었다. 갑이 상고.

> 피고인 갑도 징역형!!
>
> 이미 고소가 취소되었는데 무슨 징역형?!!

A가 갑의 고소를 취소할 수 있는지 문제되었다. 관련 법 규정은 아래와 같다.

제232조(고소의 취소)
① 고소는 제1심 판결선고 전까지 취소할 수 있다.

제233조(고소의 불가분)
친고죄의 공범 중 그 1인 또는 수인에 대한 고소 또는 그 취소는 다른 공범자에 대하여도 효력이 있다.

고소를 취소하겠다는 피해자 의사를 존중해야죠! 공범과 관계 없이 제 고소는 취소되었습니다!

법 규정대로, 고소의 주관적 불가분 원칙에 따라 피고인 고소도 취소할 수 없습니다! 피해자가 처벌을 좌우할 수 없죠!

친고죄 공범 중 일부에 대해 1심 판결이 선고된 후에는 1심 판결 선고 전의 다른 공범자에 대해 고소를 취소할 수 없다!

취소해도 효력이 없고!

병에게 고소가 취소되었어도 갑은 처벌을 받게 되었네요~!

형사소송법 제223조(고소의 불가분)에서는 "친고죄의 공범 중 그 1인 또는 수인에 대한 고소 또는 그 취소는 다른 공범자에 대하여도 효력이 있다."라고 규정한다. 이를 '고소의 주관적 불가분 원칙'이라 한다.

여러 사람이 같이 하나의 범죄를 저질렀는데 피해자가 한 사람만을 고소하고 다른 사람은 고소하지 않는 경우를 생각해 보자. 만약 고소가 된 사람만을 처벌하고 다른 사람을 처벌하지 않는다면 어떨까? 피해자의 뜻에 따라 사법권의 행사가 이루어지는 매우 불공평한 결과가 될 것이다. 그렇기 때문에 우리 법은 규정을 두어 그 중 한 명만 고소해도 다른 사람들에게도 고소가 된 효과가 있는 것처럼 규정한다.

또한 형사소송법에서는 고소는 제1심 판결선고 전까지만 취소할 수 있다고 규정하여(제232조 제1항), 제1심 판결 선고 후에는 고소를 취소해도 영향이 없다.

그럼, 공범 A, B 중 A에 대해 1심 판결이 선고되어 처벌이 이루어졌는데, 재판 중인 B에 대해 고소가 취소되었다면? 고소취소로서 효력이 있을까? 또는 A에 대해 고소취소가 불가능해졌으므로 B에 대해서도 고소취소가 불가능할까? 이에 관한 법원의 입장을 살펴보자.

■■ 사건 개요

- 갑은 을, 병과 합동하여 1982. 10. 23.경 피해자 A를 차례로 강간한 사실로 기소되었는데,

- 먼저 기소된 병은 2심에서 징역형을 선고받고, 상소권 포기로 판결이 확정되었다.

- 한편, 피해자 A가 고소를 취소하였는데, 그 뒤에 기소된 갑은 1심, 2심에서 유죄 판결을 받았다. 갑이 상고.

■■ 판결 요지

- 형사소송법 제233조는 친고죄의 공범 중 그 1인 또는 수인에 대한 고소 또는 그 취소는 다른 공범자에 대하여도 효력이 있다고 하고, 동법 제232조 제1항은 고소는 제1심 판결선고 전까지 취소할 수 있다고 규정하고

있으므로

o 친고죄의 공범 중 그 일부에 대하여 제1심 판결이 선고된 후에는 제1심 판결 선고 전의 다른 공범자에 대하여는 그 고소를 취소할 수 없고 그 고소의 취소가 있다 하더라도 그 효력을 발생할 수 없다 할 것이다. 피고인 상고 기각.

■ 해설

o 사안의 경우 공범 중 일부에 대한 1심 판결이 선고되었지만, 1심 판결 선고 전인 다른 공범자에 대한 고소취소가 가능한지가 문제된다.

o 형사소송법 제233조(고소의 불가분), 제232조 제1항(고소의 취소)의 해석과 관련하여, 1) 아직 1심 판결이 선고되지 않은 공범자에게는 피해자의 의사를 존중한다는 친고죄의 취지를 살려 고소취소가 가능하다는 견해(적극설)도 있으나, 2) 이를 부정하는 소극설이 통설과 판례이다.

o 고소의 주관적 불가분의 원칙을 인정하는 이유는 고소가 특정 범인에 대한 것이 아니라 범죄사실을 대상으로 하는 것이고, 고소인의 자의에 의하여 불공평한 결과가 발생하는 것을 방지하는데 있는데, 위의 경우 고소취소가 가능하다고 할 경우에는 고소인의 선택에 따라 공범마다 처벌 여부가 달라지는 불공평한 결과가 되어, 고소의 주관적 불가분의 원칙에 반하게 되기 때문이다.

* 참고 – 본건은 2인 이상 합동하여 강간한 범죄를 친고죄로 규정하고 있을 때의 판례로서 현재는 친고죄가 아니어서 고소취소가 문제되지 않지만, 고소 관련 법리를 설명하기 위한 판결로 수록하였다.

테마 6 고소불가분과 반의사불벌죄

(대법원 1994. 4. 26. 선고 93도1689 판결)

갑, 을, 병은 죽은 A에 관한 허위 사실을 널리 알려 사자인 A의 명예를 훼손하고,

죽은 국회의원 A가 사실은 이런 짓을 했다.

■ 사자 명예훼손 – 친고죄

생존한 B, C에 대해서 비방할 목적으로 허위사실을 출판물에 게재했다.

A의 보좌관 B, C는 사실은 저런 짓을 했다.

■ 출판물에 의한 명예훼손 – 반의사불벌죄

A의 유족과 B, C는 갑, 을, 병을 사자명예훼손죄, 출판물에 의한 명예훼손죄로 고소했다.

갑, 을, 병을 고소합니다. 아주 고약한 자들이니 엄벌해주세요!

고소인들은 재판이 진행되던 중 을, 병에 대해서만 고소를 취소하였다.

을, 병에 대해서는 고소를 취소합니다. 갑은 엄벌하여 주세요!

아니, 이런 거지같은 경우가…,

친고죄는 을, 병의 고소를 취소하면 갑에 대한 공소도 공소기각이 된다(문제되지 않음).

제233조(고소의 불가분)
친고죄의 공범중 그 1인 또는 수인에 대한 고소 또는 그 취소는 다른 공범자에 대하여도 효력이 있다.

반의사불벌죄의 경우가 문제되었다.

＊쟁점＊

반의사불벌죄의 경우에는 고소 및 고소취소의 불가분의 원칙 규정을 준용하고 있지 않습니다.
불가분의 원칙이 준용된다면 공소기각 사유가 되지만, 준용되지 않는다면 실체판단을 해야하죠.
과연 출판물에 의한 명예훼손 같은 반의사불벌죄에도 고소불가분의 원칙이 준용되어야 할까요?

고소인의 자의로 을, 병은 봐주고 저는 처벌한다면 부당하죠! 친고죄의 고소불가분 원칙을 준용해야 합니다!

반의사불벌죄에는 친고죄와 같은 불가분 원칙 규정이 없고, 준용규정도 없습니다. 따라서 고소취소는 영향이 없습니다.

법 232조 1항, 2항에서는 고소취소의 시한과 재고소의 금지를 규정하고, 3항에서는 반의사불벌죄 준용 규정을 두었다.

그러나 법 233조의 고소와 고소취소의 불가분은 준용 규정이 없다. 이는 처벌 불원 의사표시에 대해 고소 불가분 원칙을 적용하지 않고자 함이다.

반의사불벌죄는 불가분이 적용 되지 않네요, 갑은 출판물에 의한 명예훼손죄로 처벌!

피해자의 처벌을 구하는 의사표시가 문제되는 범죄는 두 종류가 있다.

'친고죄'는 범죄의 피해자 기타 법률이 정한 자의 고소가 있어야 공소를 제기할 수 있는 범죄이다(예컨대 모욕죄). '반의사불벌죄'는 피해자가 가해자의 처벌을 원하지 않는 의사를 표시하면 처벌할 수 없는 범죄이다(예컨대 명예훼손죄).

양자는 결과 측면에서는 비슷하지만, 반의사불벌죄는 피해자의 의사표시 없이도 공소를 제기할 수 있다는 점이 다르다. 예컨대 모욕죄는 모욕을 당한 사람의 고소가 있어야 검사가 기소를 할 수 있지만, 명예훼손죄는 명예훼손을 당한 사람의 의사와 무관하게 검사가 기소를 할 수 있고, 다만 피해자가 처벌을 원하지 않는다는 의사를 표시하면 처벌할 수 없다.

그런데 '고소의 불가분'은 형사소송법에 규정이 있지만 반의사불벌죄는 이런 규정이 없다.

그렇다면 반의사불벌죄에도 불가분원칙이 적용될까? 이에 관한 법원의 입장을 살펴보자. 본건에서는 한 사건에서 친고죄와 반의사불벌죄가 함께 문제되어 잘 비교해 볼 수 있다.

■■ 사건 개요

○ 갑, 을, 병은 공모하여 죽은 A에 관한 허위의 사실을 여러 사람에게 알려 A의 명예를 훼손하고, A의 전 보좌관 B, C를 비방할 목적으로 허위의 사실을 출판물에 게재하였다.

○ A의 유족과 B, C가 갑, 을, 병을 사자(死者. 돌아가신 분) 명예훼손죄(친고죄)와 출판물에 의한 명예훼손죄(반의사불벌죄)로 고소하였다. 그런데, 재판이 진행되던 중 고소인들은 을과 병에 대해서만 고소를 취소하였다.

○ 1심, 2심은 갑, 을, 병 전원에 대하여 공소기각 판결을 선고하였다. 이에 검사가 상고.

■■ 판결 요지

○ 형사소송법이 제232조 제1항, 제2항에서 고소취소의 시한과 재고소의 금

지를 규정하고, 동조 제3항에서는 반의사불벌죄에 제1항, 제2항의 규정을 준용하는 규정을 두면서도, 제233조에서 고소의 불가분에 관한 규정을 함에 있어서는 반의사불벌죄에 이를 준용하는 규정을 두지 아니한 것은

○ 처벌을 희망하지 아니하는 의사표시나 처벌을 희망하는 의사표시의 철회에 관하여 친고죄와는 달리 공범자간에 불가분의 원칙을 적용하지 아니하고자 함에 있다고 볼 것이지, 입법의 불비로 볼 것은 아니다.

○ 출판물에 의한 명예훼손의 점은 파기 환송[3].

■ 해설

○ 사자명예훼손죄의 경우 친고죄이므로(형법 제312조), 고소취소의 주관적 불가분의 원칙에 따라 고소인들의 을, 병에 대한 고소취소로 갑에 대한 공소부분도 공소기각 사유에 해당한다.

○ 문제는 출판물에 의한 명예훼손죄와 같은 반의사불벌죄의 경우에는 고소 및 고소취소의 불가분의 원칙에 관한 규정을 준용하고 있지 않고 있다는 점이다. 이에 대하여 1) 반의사블벌죄의 경우에도 고소불가분의 원칙을 적용하지 않으면, 고소인의 자의에 의하여 국가형벌권의 행사가 좌우되는 불공평한 결과가 발생할 수 있으므로, 이를 준용하여야 한다는 견해도 있으나, 2) 대법원은 반의사불벌죄에도 이를 준용할지 여부는 입법정책의 문제이고, 반의사불벌죄는 피해자의 의사를 조건으로 하는 이유나 방법에 있어 친고죄와 차이가 있으므로, 준용되지 않는다는 입장이다.

○ 이에 따르면, 갑의 경우 사자명예훼손죄(친고죄)에 대하여만 공소기각판결을 선고하고, 출판물에 의한 명예훼손죄(반의사불벌죄)에 대하여는 실체 판단(유죄, 무죄 판단)을 하여야 한다.

---

3) 상고인의 상고가 이유 있다고 판단, 원심 판결을 파기한 다음, 다시 심판하라는 취지로 원심법원에 돌려보내는 것. 상고인이 승소하는 경우이다.

반의사불벌죄와 처벌불원의 의사표시

(대법원 2009. 11. 19. 선고 2009도6058 전원합의체 판결)

갑, 을은 미성년자 A를 강간하여 기소되었다.

왜 이러세요!

꺄악!

A는 갑, 을을 경찰에 신고했다.

갑과 을이 저를 강간하였습니다!

A는 1심 판결 선고 전 갑, 을에 대한 처벌을 희망하는 의사표시를 철회하였다(당시 만 14세 10개월).

일이 이렇게 크게 될 줄 몰랐습니다.

한편 A의 아버지는 1심이 아니라 2심에서 처벌을 희망하는 의사표시를 철회했다.

피고인들의 처벌을 원하지 않습니다.

2심은 A가 갑, 을에 대한 처벌을 희망하는 의사표시를 철회했다는 이유로 공소를 기각했다.

A는 범행의 의미, 처벌불원 의사표시의 의미, 효과 등을 충분히 알았다고 보여 의사표시의 철회는 유효하다.

검사는 법정대리인의 동의 없이 한 의사표시의 철회는 효력이 없다고 주장하며 상고.

＊쟁점＊

민법에서는 미성년자는 온전한 법률행위를 할 수 없다고 보기 때문에 미성년자의 법률행위에는 법정대리인의 동의가 필요하다고 규정합니다.

형사소송에서도 마찬가지로 피해자인 청소년이 처벌희망 의사표시를 철회할 때 법정대리인의 동의가 있어야 할까요?

피해자가 처벌을 원하지 않습니다! 법정대리인의 동의가 필요하다는 규정도 없습니다!

법정대리인은 무능력자 보호를 위한 것인데, 대리인은 처벌불원 의사를 철회한 바 없습니다! 처벌해야죠!

처벌 희망 의사표시의 철회는 의사능력이 있는 피해자가 단독으로 할 수 있다. 법정대리인의 동의나 대리는 불필요하다.

법정대리인의 동의가 필요하다고 본다면, 죄형법정주의 내지 유추해석금지 원칙에 반한다.

만 14세 미성년자의 의사표시도 유효하다! 다만 진정한 것인지 신중하게 판단해야 한다네요.

반의사불벌죄는 '피해자가 가해자의 처벌을 원하지 않는다는 의사를 표시하면 처벌할 수 없는 범죄'를 말한다.

우리 민법상 미성년자는 단독으로 유효한 법률행위를 할 수 없다고 보므로, 미성년자의 법률행위는 법정대리인의 동의가 있어야 유효하고, 그렇지 않으면 취소할 수 있다(민법 제5조, 제7조).

그렇다면 형사소송법에서 미성년자가 한 '처벌불원의 의사표시'는 유효할까? 만약 민법에 따르면 유효하다고 보기 힘들어서 처벌을 해야 할 듯하다.

그러나 그런 경우 결국 피고인을 처벌하는 범위를 넓히는 결과가 되는데 이는 '죄형법정주의'의 '유추해석 금지'에 반하는 듯도 하다.

이에 관한 법원의 입장을 살펴보자.

■ 사건 개요

○ 갑, 을은 미성년자인 피해자 A를 강간한 범죄사실로 기소되었다.

○ 만 14세 10개월의 피해자 A는 제1심 판결 선고 전 갑, 을에 대한 처벌을 희망하는 의사표시를 철회하였다.

○ 한편 A의 아버지는 2심에서 처벌을 희망하는 의사표시를 철회하였다.

○ 2심은 "피해자는 이 사건 각 범행의 의미, 처벌불원 의사표시의 의미와 효과, 그로 인한 영향 등에 대하여 충분히 알고 있었다고 보이므로, 피해자가 명시한 의사표시를 할 수 있는 소송행위능력을 가진 것으로 인정할 수 있다."고 판단하고, A의 처벌불원 의사표시를 유효하다고 보아 공소를 기각하였다.

○ 검사는 법정대리인의 동의 없는 피해자의 처벌불원 의사표시는 효력이 없다며 상고.

■ 판결 요지

○ 처벌을 희망하는 의사표시 철회는 유효하다.

○ 반의사불벌죄에 있어서 피해자의 피고인 또는 피의자에 대한 처벌을 희망하지 않는다는 의사표시 또는 처벌을 희망하는 의사표시의 철회는, 의

사능력이 있는 피해자가 단독으로 이를 할 수 있고, 거기에 법정대리인의 동의가 있어야 한다거나 법정대리인에 의해 대리되어야만 한다고 볼 것은 아니다.

○ 처벌을 희망하지 않는다는 의사표시 또는 처벌희망 의사표시의 철회는 이른바 소극적 소송조건에 해당하고, 소송조건에는 죄형법정주의의 파생원칙인 유추해석금지의 원칙이 적용된다고 할 것인데, 명문의 근거 없이 그 의사표시에 법정대리인의 동의가 필요하다고 보는 것은 유추해석에 의하여 소극적 소송조건의 요건을 제한하고 피고인 또는 피의자에 대한 처벌가능성의 범위를 확대하는 결과가 되어 죄형법정주의 내지 거기에서 파생된 유추해석금지의 원칙에도 반한다.

○ 그러므로 피해자인 청소년에게 의사능력이 있는 이상, 단독으로 피고인 또는 피의자의 처벌을 희망하지 않는다는 의사표시 또는 처벌희망 의사표시의 철회를 할 수 있고, 거기에 법정대리인의 동의가 있어야 하는 것으로 볼 것은 아니다.

○ 공소기각한 원심판결은 정당하다.

  * 일부 대법관의 반대 의견도 있었다.

■ 해설

○ 판례는 의사표시 당시 만 14세 10개월인 미성년자의 처벌불원 의사표시를 유효하다고 한다.

○ 다만, 법원은 피해자인 청소년의 의사능력은 그 나이, 지능, 지적 수준 등에 비추어 그 범죄의 의미, 피해를 당한 정황, 처벌을 희망하지 않는다는 의사표시 또는 의사표시의 철회의 의미·내용·효과를 이해하고 알아차릴 수 있는 능력을 말하는데 관련 사실을 세밀하고 신중하게 조사·판단하여야 한다고 판시하고 있다.

  * 당시 적용되던 청소년성보호법 제16조는 청소년에 대한 강간죄를 반의사불벌죄로 정하고 있었으나, 현재는 반의사불벌죄가 아니다. 다만 관련 법리를 설명하기 위한 판결로 수록하였다.

소송조건과 수사

(대법원 1995. 2. 24.선고 94도252 판결)

조세범처벌법위반죄는 (친고죄와 유사하게) 세무공무원의 고발이 있어야 논할 수 있는 죄이다.

요즘 조세포탈이 심하다고 하니 탈세범들을 좀 잡아봐야겠네

그러나 검사는 세무서장 고발이 없는 상태에서 갑의 조세범처벌법위반 혐의를 수사하여,

아니 왜 나같은 선량한 사람을!!

여기 증거가 명백한데 계속 거짓말 할 거예요?

증거를 확보하였다.

음? 기소하려면 고발이 필요하군!

좋았어! 증거는 다 모았고, 기소만 하면 되겠네

검사는 그 후에 세무서장의 고발을 받아 갑을 기소하였다.

조세범을 잡았으니 고발을 해주면 곧 기소하겠습니다.

네, 알겠습니다!

1, 2심은 검사의 고발 전 증거를 근거로 유죄판결을 하였다. 이에 갑이 상고.

갑을 기소합니다!

아니, 고소도 없는 수사를 해서 증거를…

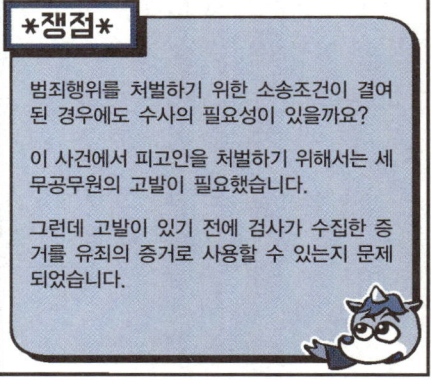

＊쟁점＊

범죄행위를 처벌하기 위한 소송조건이 결여된 경우에도 수사의 필요성이 있을까요?

이 사건에서 피고인을 처벌하기 위해서는 세무공무원의 고발이 필요했습니다.

그런데 고발이 있기 전에 검사가 수집한 증거를 유죄의 증거로 사용할 수 있는지 문제되었습니다.

고발 전에 만들어진 피의자신문조서 등 증거는 증거능력이 없습니다! 이런 증거로 저를 처벌할 수 없습니다!

이 사건의 고소는 소추할 수 있는 조건에 불과하고, 수사의 조건이 아닙니다. 고발 전에 수사를 했어도 아무 문제 없습니다!

이런 경우 고발은 '소추조건'에 불과하다. 범죄의 성립 요건, 수사의 조건이 아니다.

고발 전에 수사를 했어도, 장차 고발 가능성이 없는 상태에서 수사를 했다는 등 특단의 사정이 없는 한, 수사는 적법하다.

제한적으로 수사를 허용하는 입장이네요. 특별한 사정이 없으면 수사 가능!!

수사기관이 수사를 하는 목적은 수사를 통해 대상자가 처벌할 만한 사람인지, 그 행위가 우리 법상 범죄를 구성하는지 판단하여 재판에 회부하여 처벌을 결정하는 것을 돕는 데 있다. 그런데 법원에서 행위를 처벌하기 위한 '소송조건'이 결여되었는데 수사를 할 수 있는지 문제된다.

친고죄에서 유효한 고소가 없으면 법원은 이를 처벌할 수 없는데, 본건에서는 친고죄의 고소가 없는 상태에서 수사를 할 필요가 있거나 수사를 할 수 있는지가 문제되었다.

░░ 사건 개요

○ 피고인 갑 등은 조세범처벌법위반죄로 기소되었다.

○ 1심, 2심은 유죄 판결을 하면서 조세범처벌법위반죄에 대한 세무서장의 고발이 있기 전에 작성된 증거들(검사 작성의 갑에 대한 피의자신문조서, 제3자에 대한 각 진술조서등본 등)을 유죄의 증거로 하였다.

○ 갑은 피의자신문조서, 참고인조서는 고발 전에 작성된 것이므로 증거능력이 없고, 증거능력이 없는 증거로 유죄를 인정한 것은 위법하다고 주장하며 상고.

░░ 판결 요지

○ 친고죄나 세무공무원 등의 고발이 있어야 논할 수 있는 죄에 있어서 고소 또는 고발은 이른바 소추조건[4]에 불과하고 당해 범죄의 성립 요건이나 수사의 조건은 아니므로,

○ 위와 같은 범죄에 관하여 고소나 고발이 있기 전에 수사를 하였다고 하더라도, 그 수사가 장차 고소나 고발이 있을 가능성이 없는 상태 하에서 행해졌다는 등의 특단의 사정이 없는 한, 고소나 고발이 있기 전에 수사를 하였다는 이유만으로 그 수사가 위법하다고 볼 수는 없고,

○ 피고인과 참고인에 대한 신문이 고발 전에 이루어졌다는 이유만으로 그

---

4) 범죄가 성립하고 형벌권이 발생한 경우라도 그 범죄를 형사소송법상으로 기소하여 처벌하기 위한 조건.

조서나 각 조서 등본의 증거능력을 부정할 수는 없다. 피고인 상고 기각.

해설

○ 친고죄 또는 고발이 있어야 공소를 제기할 수 있는 죄에 대하여 고소·고발이 없는 상태에서 수사가 가능한가의 문제이다.

○ 고발이 있어야 공소를 제기할 수 있는 범죄, 즉 고발이 소추요건으로 규정되어 있는 범죄는 조세범처벌법위반(제6조, 세무서장 등), 관세법위반(제284조 제1항, 세관장 등), 출입국관리법위반(제101조 제1항, 사무소장 등), 독점규제 및 공정거래에 관한 법률위반(제71조 제1항, 공정거래위원회) 등이 있다.

○ 판례는 1) 고소 또는 고발은 이른바 소추조건에 불과하고 당해 범죄의 성립 요건이나 수사의 조건은 아니라고 하고, 2) 그 수사가 장차 고소나 고발이 있을 가능성이 없는 상태 하에서 행하여졌다는 특단의 사정이 없는 한(예컨대 친고죄인 범죄에 대하여 고소취소로 고소권이 소멸한 상태에서의 수사), 고소나 고발이 있기 전에 수사를 하였다는 이유만으로 그 수사가 위법하다고 볼 수 없다고 하여 제한적으로 수사를 허용하는 입장이다.

반의사불벌죄와 처벌불원 의사표시의 시한

(대법원 1988. 3. 8. 선고 85도2518 판결)

갑은 A를 밀고 당겨 넘어뜨려서 검사는 갑을 상해죄로 기소하였다.

이 XX가 어디서!

어어, 놔! 이거 안 놔?!

그런데 1심 법원은 갑에게 무죄를 선고하였다.

피고인 갑, 무죄!

뜨아!

검사는 항소를 하면서 2심에서 예비적으로 폭행죄를 추가하는 공소장변경을 하였다.

무죄라고? 항소합니다!

폭행죄는 반의사불벌죄이고, 처벌을 희망하는 의사표시의 철회는 1심 판결 선고 전에 가능하다.

예비적으로 폭행죄 공소사실을 추가합니다!

그런데 A는 2심 법정에서 처벌불원의 의사표시를 하였고, 2심은 폭행죄에서 이 의사표시를 참작해

갑에 대한 처벌을 원하지 않습니다!

헛!!

공소기각판결을 선고하였다.

쟁점

처벌불원 의사표시는 1심 판결 선고 전에 가능하다고 했습니다.

그런데 이 사건에서는 폭행죄로 공소장변경이 된 것이 2심이니까, 예를 들어 폭행죄에 관해서는 2심을 1심으로 보아 2심 판결 선고 전에 의사표시가 있었으면 되는 것 아닐까요?

2심에서 비로소 반의사불벌죄로 변경
되었고, 또한 2심에서 처벌불원의사
표시 철회가 이루어졌으니 유효하대

의사표시철회는 법 규정에 따라 1심
판결 선고 전까지만 가능합니다!
따라서 A의 철회는 효력이 없습니다!

법에서는 반의사불벌죄에서 처벌을 희망하는
의사표시의 철회는 '1심 판결 선고 전'까지
할 수 있다고 규정한다.

2심에서 반의사불벌죄로 공소장
변경이 있었다도 해도, 2심을
1심으로 볼 수는 없다.

2심에서 친고죄 또는 반의사불벌죄로
공소장변경이 되었어도 상관없이
1심에서 고소취소가 되어야 하네요.

반의사불벌죄의 의미는 살펴보았다. 반의사불벌죄에서 처벌을 원하지 않는다는 의사표시(처벌불원의 의사표시)를 할 수 있는 시한은 1심 판결 선고 전까지이고(법 제232조 제1항, 제3항), 1심 판결 선고 후에는 피해자가 처벌불원의 의사표시를 하더라도 법원은 아무런 영향도 받지 않는다. 이렇게 시한을 둔 것은 피해자의 의사표시가 국가 형벌권에 미치는 지나친 영향을 막기 위해서이다.

그런데 최초 기소시에는 보통 범죄로 기소되었으나 2심에서 반의사불벌죄로 죄명이 바뀌고, 2심에서 처벌불원의 의사표시가 있었다면?

반의사불벌죄로 바뀐 2심을 기준으로 보면, 사실상 1심과 비슷한 상황이고, 처벌불원의 의사표시도 있었으니 처벌해서는 안될 것 같다. 반면 이미 1심 판결 선고가 끝났으니 처벌불원의 의사표시는 영향을 미치지 못할 것 같기도 하다. 법원의 입장을 살펴보자.

■ 사건 개요

o 검사는 갑을 상해죄로 기소하였으나 1심에서 무죄가 선고되자 항소하였고, 2심에서 예비적으로 폭행죄를 추가하는 공소장변경을 하였다. 피해자 A는 갑에 대한 처벌의사를 밝히지 않고 있다가 2심 법정에서 갑의 처벌을 원하지 않음을 명시하여 진술하였다.

o 2심(항소심)은 상해사실은 인정하지 않고, 폭행죄는 피해자의 처벌불원의 의사표시가 있음에 근거하여 공소기각판결을 선고하였다(법 제327조 제6호).

■ 판결 요지

o 원심(항소심)은 항소심이 실질상 제1심인 셈이므로 항소심에서 반의사불벌죄로 공소장변경이 된 이 사건에 있어서는 그 처벌을 희망하는 의사의 철회는 공소장의 변경이 있는 항소심의 판결선고 전까지는 유효하게 할 수 있다고 볼 것이라는 이유로 형사소송법 제327조 제6호에 의하여 위 폭행죄에 관한 공소를 기각하였다.

o 그러나 형사소송법 제232조 제1항, 제3항에 의하면, 반의사불벌죄에 있어

서 처벌을 희망하는 의사표시의 철회는 제1심 판결선고 전까지 이를 할 수 있다고 규정하고 있는바, 비록 이 사건에 있어서와 같이 항소심에 이르러 비로소 반의사불벌죄가 아닌 죄에서 반의사불벌죄로 공소장변경이 있었다 하여 항소심인 제2심을 제1심으로 볼 수는 없다 할 것이다.

○ 그러므로 원심이 제2심에서 밝힌 처벌을 희망하지 아니하는 피해자의 의사를 받아들여 피고인에 대한 판시 폭행죄에 대한 공소를 기각하였음은 법리를 오해한 위법이 있다 할 것이다. 파기 자판[5].

🔳 해설

○ 고소는 1심 판결선고 전까지 취소할 수 있고(법 제232조 제1항), 이는 반의사불벌죄에도 준용되는데(동조 제3항), 친고죄에 있어 고소취소(제327조 제5호)나 반의사불벌죄에 있어 처벌불원의 의사표시가 있는 경우(동조 제6호)는 공소기각판결을 하여야 한다.

○ 문제는 사안과 같이 비친고죄로 공소제기 되었으나, 항소심에 이르러 친고죄(혹은 반의사불벌죄)로 인정되거나 공소장변경이 된 경우이다.
이에 대하여는 1) 소송조건의 구비 여부는 현실적 심판대상이 된 공소사실을 기준으로 판단하여야 하므로, 현실적 심판대상이 된 친고죄 혹은 반의사불벌죄에 대한 제1심 판결 선고 전까지(즉 위와 같은 경우 공소장변경이 된 2심까지) 고소취소가 가능하다는 견해도 있으나, 2) 대법원은 법 제232조 제1항을 형식적, 획일적으로 해석하여 사안과 같은 경우 2심이 사실상 1심이라고 보아 고소취소를 할 수 있는 것이 아니라고 판단하고 있다(폭행죄의 유죄인정).

---

5) 상고인의 상고가 이유 있다고 판단, 원심 판결을 파기한 다음 대법원에서 스스로 심판하는 경우. 상고인이 승소하는 경우이다.

(대법원 2006. 7. 6. 선고 2005도6810 판결)

경찰관들은 잠복근무를 하다가, 새벽에 귀가하는 절도용의자 갑을 발견했다.

이제 퇴근하시나?

밤새 수고가 많네~!

갑은 범죄혐의를 완강히 부인했고, 수사관은 타인의 진술 외에 달리 뚜렷한 증거가 없었다.

왜들 이러세요?

어허~! 다 알면서 왜 이래?

수사관들은 '동행요구를 거부할 수 있다'는 것을 알리지 않고, 갑에게 임의동행을 요구했다.

할말 있으면 경찰서에 가서 해~!

경찰관은 동행 후 대질신문을 진행한 다음,

혼자 클럽에 놀러 갔어요.

어젯밤 12시부터 4시까지 어디 있었어?

임의동행 후 6시간이 지난 후에야 미란다 원칙을 고지하고 긴급체포했다.

당신은 변호사를 선임할 권리가 있고…,

아니 그걸 지금 말하면 어떡해요!?

이후 갑은 관리가 소홀한 틈을 타서 도주했다. 갑에게 도주죄가 성립하는지 문제되었다.

무고한 나를 잡아넣어?!

거기 서라!

저는 임의로 동행한 것이 아니라 불법구금을 당했습니다. 따라서 도주죄 주체가 될 수 없습니다!

억울하다!!

갑은 임의동행 후 도주를 하였습니다. 법률에 의해 체포 또는 구금된 자가 도주했으니 당연히 도주죄입니다!

수사기관의 임의동행은 오로지 피의자의 자발적 의사로 이루어졌음이 객관적으로 명백히 입증되어야 적법하다.

행정경찰 목적의 경찰활동인 경찰관 직무집행법상 질문을 위한 동행요구의 경우도 마찬가지다.

불법한 임의동행을 당했다면, 도주를 해도 도주죄가 아니다! 어찌 보면 당연하겠죠?

임의동행(任意同行)이란 경찰 등 수사기관이 피의자의 자유로운 뜻, 임의적으로 한 의사판단(任意)에 따라서 수사기관까지 함께 가는 것(同行)을 말한다. 임의동행은 수사기관이 피의자의 뜻과 무관하게 강제로 행하는 '강제수사'의 반대인 '임의수사'의 한 유형이다.

말 뜻만 보아서는, 피의자가 '임의로 동행'을 하는 것이니, 피의자가 싫으면 가지 않아도 된다. 그렇다면 누가 임의로 동행을 할까? 하는 생각이 들겠지만, 괜한 의심을 받으니 수사기관에 가서 해명도 하고, 임의로 협조를 할 수도 있는 것이니 진정한 임의동행 상황도 얼마든지 생각할 수 있다.

그런데 이러한 임의동행이 겉으로만 임의동행이고, 실제로는 '강제동행'일 수도 있다. 예컨대 수사기관이 임의동행을 요구하면서, 사실상 같이 갈 것을 강요한다면? 수사기관이 임의동행을 교묘하게 이용하여 영장 등을 받지 않고 실제로는 강제수사를 하는 경우도 생각할 수 있다.

이런 '임의동행의 탈을 쓴 강제동행(?)'은 어떻게 보아야 할까? 법원의 입장을 살펴보자.

■ 사건 개요

○ 경찰관들은 잠복근무 끝에 새벽에 귀가하는 절도 용의자 갑을 발견하였으나, 갑이 범죄혐의를 완강히 부인하고, 타인의 진술 외에 달리 증거가 없었기 때문에 갑에게 임의동행을 요구하여 경찰서로 데리고 갔다(동행 요구에 대하여 거부할 수 있다는 사전고지를 하지 않음).

○ 경찰관은 동행 후 대질신문을 진행한 다음 임의동행이 이루어진 지 6시간 경과 후에야 미란다고지 후 긴급체포하였고, 이후 갑은 관리가 조흘한 틈을 타서 도주하였다.

○ 갑의 도주죄 성립여부가 문제되었다.

■ 판결 요지

○ 수사관이 수사과정에서 당사자의 동의를 받는 형식으로 피의자를 수사관서 등에 동행하는 것은 수사관이 동행에 앞서 피의자에게 동행을 거부할

수 있음을 알려 주었거나 동행한 피의자가 언제든지 자유로이 동행과정에서 이탈 또는 동행 장소로부터 퇴거할 수 있었음이 인정되는 등 오로지 피의자의 자발적인 의사에 의하여 수사관서 등에의 동행이 이루어졌음이 객관적인 사정에 의하여 명백하게 입증된 경우에 한하여 적법성이 인정되는 것으로 봄이 상당하다.

○ 수사관이 단순히 출석을 요구함에 그치지 않고 일정 장소로의 동행을 요구하여 실행한다면 위에서 본 법리가 적용되어야 하고, 한편 행정경찰 목적의 경찰활동으로 행하여지는 경찰관직무집행법 제3조 제2항 소정의 질문을 위한 동행요구도 형사소송법의 규율을 받는 수사로 이어지는 경우에는 역시 위에서 본 법리가 적용되어야 한다.

○ 사법경찰관이 피고인을 수사관서까지 동행한 것이 사실상의 강제연행, 즉 불법 체포에 해당하고, 불법 체포로부터 6시간 상당이 경과한 후에 이루어진 긴급체포 또한 위법하므로 피고인은 불법체포된 자로서 형법 제145조 제1항에 정한 '법률에 의하여 체포 또는 구금된 자'가 아니어서 도주죄의 주체가 될 수 없다.

■■ 해설

○ 수사기관이 당사자의 동의를 받아 수사관서 등에 동행하는 것을 임의동행이라고 하는데, 이는 경찰관직무집행법 제3조 제2항에 의한 불심검문의 일종으로서의 동행요구에 의한 경우와 법 제199조 제1항의 임의수사 방법의 하나로서 행해지는 경우로 나누어볼 수 있다(견해대립 있음).

○ 형식상 임의동행이라고 하더라도 심리적 압박 등 강제의 실질을 갖춘 경우에는 불법체포 내지 구속이 될 수 있는데, 위 판결은 이러한 임의성을 갖추었는지의 판단기준, 특히 동행을 거부할 수 있음을 미리 알려주어야 한다는 점을 임의성 판단기준으로 명시한 점에서 의미가 있다.

임의동행과 변호인의 도움을 받을 권리

(대법원 1996. 6. 3. 자 96모18 결정)

갑은 수사관에게 임의동행 형식으로 연행되어

조사할 것이 있으니 같이 좀 갑시다.

경찰서에서 조사를 받았다.

당신이 당시 그 근처에 있었다던데, 사실이오?

나는 이런 데 정말 처음이에요!

그날 밤 갑의 변호사 A가 접견을 요구하자

갑을 만나게 해주세요.

경찰관은 조사가 끝나지 않았다는 이유로 접견을 시켜주지 않았고

지금은 조사중이에요. 면담 금지입니다.

변호사 B가 접견을 요구해도 접견을 거부했다.

상부의 지시가 있어서 만날 수 없어요.

갑을 만나게 해주세요.

변호사 A, B는 사법경찰관 처분의 취소를 구하였다. 처분이 적법한지 문제되었다.

사법경찰관의 접견금지 처분을 취소하여 주십시오.

불구속 피의자에 대해서도 변호인의 조력을 받을 권리는 당연히 인정되고 피내사자는 실질상 피의자입니다!

법상 내사 상태에 있는 피의자에게는 접견교통권이 인정되지 않습니다!

변호인의 조력을 받을 권리를 실질적으로 보장하기 위해서는 변호인과 접견교통권이 당연한 전제이다. 임의동행으로 연행된 피내사자도 마찬가지다.

접견교통권은 인권보장과 방어준비를 위해 필수불가결한 권리다. 법령의 제한이 없는 한 수사기관 처분, 법원 결정으로도 제한할 수 없다.

정식으로 입건되지 않은 내사상태에 있는 사실상 피의자에게도 접견교통권을 제한할 수 없다네요.

임의동행은 피의자의 동의를 얻어서 임의로 수사기관까지 동행하는 것임을 살펴보았다. 따라서 임의동행된 사람은 보통은 정식으로 수사가 시작되지 않은 상태일 것이다.

그런데 이 상태의 피의자에게도 변호인의 도움을 받는 권리를 인정해야 할까?

이 사건에서는 변호인의 도움 중에서도 특히 접견교통권(接見交通權. 신체구속을 당한 피의자나 피고인이 변호인 등과 만나고, 서류 또는 물건을 수수하며 의사의 진료를 받을 수 있는 권리)을 인정할 것인지가 문제되었다.

■■ 사건 개요

○ 갑은 1996. 2. 저녁 무렵 경찰서에 임의동행 형식으로 연행되어 조사를 받았다. 같은 날 22:40경 갑의 변호인 A가 사법경찰관에게 접견을 요구하자 경찰관은 아직 조사가 끝나지 않았다는 이유(내사 중)로 접견을 시켜주지 않았고, 그 다음날 갑의 변호인 B가 다시 접견을 요구하자 이번엔 상부의 지시라며 접견을 거부하였다.

○ 이에 변호사 A와 B는 위 사법경찰관의 처분에 대한 준항고를 제기.

■■ 결정 요지

○ 변호인의 조력을 받을 권리를 실질적으로 보장하기 위하여는 변호인과의 접견교통권의 인정이 당연한 전제가 되므로, 임의동행의 형식으로 수사기관에 연행된 피의자에게도 변호인 또는 변호인이 되려는 자와의 접견교통권은 당연히 인정된다고 보아야 하고, 임의동행의 형식으로 연행된 피내사자의 경우에도 이는 마찬가지이다.

○ 접견교통권은 피고인 또는 피의자나 피내사자의 인권보장과 방어준비를 위하여 필수불가결한 권리이므로 법령에 의한 제한이 없는 한 수사기관의 처분은 물론 법원의 결정으로도 이를 제한할 수 없다.

■■ 해설

○ 본건에서 불구속상태 혹은 정식으로 입건되지 않은 내사 상태에 있는 피의자에게도 변호인의 접견교통권이 인정되는지가 문제된다.

　　헌법 제12조 제4항은 "누구든지 체포 또는 구속을 당한 때에는 즉시 변호인의 조력을 받을 권리를 가진다."고 규정하고 있고, 변호인의 접견교통권에 관한 법 제34조는 "신체구속을 당한 피고인 또는 피의자"라고 규정하고 있다. 규정 형식상 마치 체포 또는 구속되지 않은 사람이나, 아직 입건되지 않아 피의자 신분이 아닌 자는 접견교통권이 인정되지 않는 것처럼 오인될 여지가 있기 때문이다.

○ 그러나 형사소송법 제30조 제1항은 불구속 상태의 피고인·피의자에 대하여도 변호인 선임권을 보장하는 등 불구속 피고인·피의자에 대하여도 변호인의 조력을 받을 권리를 인정하고 있고, 변호인과의 접견교통권은 변호인의 조력을 받을 권리에 당연히 포함되므로, 불구속 상태에 있는 피의자도 변호인과의 접견교통권이 인정된다고 할 것이다.

　　또한 수사기관이 피내사자에 대하여 범죄를 인지하고 수사를 개시하면 피내사자는 실질상 피의자로 된다고 할 것이므로, 역시 마찬가지로 변호인과의 접견교통권이 인정되어야 할 것이다.

피의자의 보호실 유치

(대법원 1994. 3. 11. 선고 93도958 판결)

갑은 경찰관 A를 상해했다는 혐의로 경찰서에 연행, 보호실에 유치되었다.

> 어, 이봐! 나 경찰이야

> 넌 또 뭐야

그러나 그 과정에 미란다고지를 받지는 못했다.

> 아저씨, 혼 좀 나야겠구만! 순순히 따라오세요!

갑은 경찰서 보호실에서 밖으로 나가려고 시도했고,

> 왜 나를 가둔 거야?! 내보내~! 당장~!!

제지하는 경찰관 B, C를 구타, 상해를 입혔다.

> 내가 왕년에 날린 거 몰라?

> 놔라, 놔!

검사는 갑을 공무집행방해죄 등으로 기소하였다.

> 갑은 경찰관의 공무집행을 방해하였습니다!

> 흥! 무슨 소리

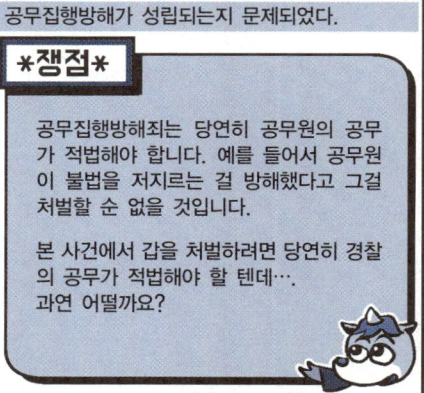

공무집행방해가 성립되는지 문제되었다.

＊쟁점＊

공무집행방해죄는 당연히 공무원의 공무가 적법해야 합니다. 예를 들어서 공무원이 불법을 저지르는 걸 방해했다고 그걸 처벌할 순 없을 것입니다.

본 사건에서 갑을 처벌하려면 당연히 경찰의 공무가 적법해야 할 텐데…
과연 어떨까요?

위법한 공무집행에 대해 반항했다고 공무집행방해가 되나요? 황당하네요!

내가 오히려 피해자다!

실무상 필요로 설치한 보호실에서 탈출하려고 공무원에게 폭행을 휘두르다니 당연히 공무집행방해죠!!

경찰서 보호실은 현행법상 근거나 운영, 규제에 관한 규정이 없고, 그곳에 유치되면 의사에 반해서 일정 장소에 구금되는 결과가 된다.

구속영장 없이 피의자를 보호실에 유치함은 영장주의에 위배되는 위법한 구금이다. 따라서 위법한 공무수행이다!

법적인 근거가 없는 보호실 유치는 위법하다!!

보호실 유치(留置)란 사람을 경찰서에 있는 보호실에 구속 또는 가두어놓는 것을 말한다. 보호실은 영장을 기다리고 있는 사람이나 즉결심판을 기다리고 있는 사람을 일시 넣어두거나 기타 경찰이 업무 편의를 위해서 경찰서 한구석에 만든 간이 시설로서, 보통 철창이 설치되어 있다

임의동행과 비슷한 맥락으로, 보호실 유치는 경찰이 수사의 편의를 위해 영장을 발부받음이 없이 용의자를 가두어 놓는 시설로 이용되는 측면이 있다.

수사 편의상 피의자를 임의동행한 후 보호실에 유치한 경찰관의 행위가 적법한지 문제된 사안을 살펴보자.

■ 사건 개요

○ 갑은 경찰관 A를 상해하였다는 혐의로 미란다고지를 받지 못한 채 경찰서에 연행되었다. 갑은 경찰서 보호실에 대기하다 밖으로 나오는 것을 제지하는 경찰관 B와 C를 구타하여 상해를 입혔는데, 이에 대하여 폭력행위등처벌에관한법률위반죄 및 공무집행방해죄로 기소되었다.

○ 2심은 갑을 보호실에 유치하는 행위가 적법한 공무집행이 될 수 없다고 보아 공무집행방해 부분에 대하여는 무죄를 선고하였다. 이에 검사가 상고.

■ 판결 요지

○ 경찰서에 설치되어 있는 보호실은 영장대기자나 즉결대기자 등의 도주방지와 경찰업무의 편의 등을 위한 수용시설로서 사실상 설치, 운영되고 있으나, 현행법상 그 설치근거나 운영 및 규제에 관한 법령의 규정이 없고, 일단 그 장소에 유치되는 사람은 그 의사에 기하지 아니하고 일정장소에 구금되는 결과가 되므로,

○ 구속영장을 발부받음이 없이 피의자를 보호실에 유치함은 영장주의에 위배되는 위법한 구금으로서 적법한 공무수행이라고 볼 수 없다(공무집행방해죄 불성립).

■ 해설

○ 보호실유치는 1) 피의자의 의사와 관계없이 수사기관에서 강제로 유치하

는 경우와 2) 피의자의 승낙을 받아 유치하는 경우로 나누어 볼 수 있다. 전자의 경우 강제수사에 해당하므로 영장에 의하지 않고는 위법하다는 것은 이론이 없다.

○ 문제는 후자의 경우인데, 위 판례는 보호실유치의 법적 근거가 없고, 실질상 구금에 해당하므로, 구속영장 없이는 유치할 수 없다는 점을 분명히 하였다(다만, 경찰관직무집행법상 정신착란자, 주취자, 자살기도자 등 응급의 구호를 요하는 자를 24시간을 초과하지 아니하는 범위 내에서 경찰관서에 보호조치할 수 있는 시설로 제한적으로 운영되는 경우는 허용된다).

○ 또한 갑은 긴급체포나 현행범체포에 해당할 여지가 있을 것이나, 이 경우도 갑에 대하여 범죄사실의 요지, 체포 또는 구속의 이유와 변호인을 선임할 수 있음을 말하고 변명할 기회를 준 후가 아니면 체포할 수 없는데, 사안에서는 이러한 적법절차를 준수하지 않았으므로, 역시 불법체포에 해당한다.

진술거부권과 진술거부권의 불고지

(대법원 1992. 6. 23. 선고 92도682 판결)

갑 등은 폭처법위반죄로 기소되었다.

우리 동네 오락실들이 부쩍 늘었어.

돈도 무척 많이 번다고 하던데요!

부산 일대의 오락실을 장악하기 위해

그럼 우리가 질서를 한번 잡아볼까?

조직 이름도 좀 멋지게, 폼나게 만들어 볼까요?

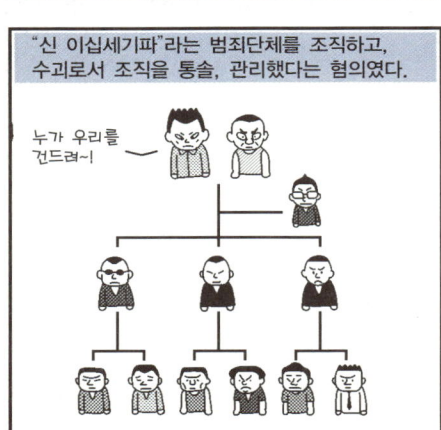

"신 이십세기파"라는 범죄단체를 조직하고, 수괴로서 조직을 통솔, 관리했다는 혐의였다.

누가 우리를 건드려~!

검사는 공범으로 별도 기소된 을을 수사했는데, 진술거부권을 고지하지 않았다

누구로부터 지시를 받고 있었소?

당신은 조직에서 어떤 역할을 했지?

검사는 을과 대화 장면을 녹음한 비디오테이프를 제출, 재판에서 검증조서가 작성되었다.

계장님, 비디오는 잘 나왔어요?

물어보지도 않고 비디오를 찍냐…,

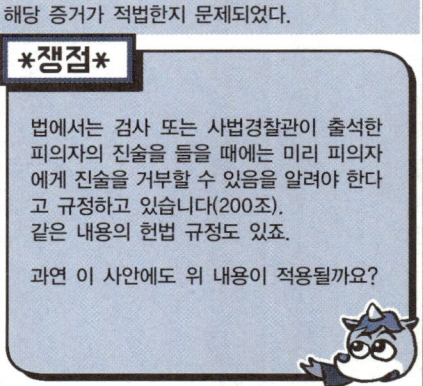

해당 증거가 적법한지 문제되었다.

★쟁점★

법에서는 검사 또는 사법경찰관이 출석한 피의자의 진술을 들을 때에는 미리 피의자에게 진술을 거부할 수 있음을 알려야 한다고 규정하고 있습니다(200조).
같은 내용의 헌법 규정도 있죠.

과연 이 사안에도 위 내용이 적용될까요?

비디오테이프는 진술거부권을 알리지 않은 자백과 같으니 증거로 쓸 수 없습니다.

비디오로 찍은 내용이 무슨 진술이며 진술거부권입니까? 어이가 없습니다.

녹화 비디오테이프에 대한 법원 검증조서 내용은 피의자 진술을 기재한 피의자신문조서와 실질적으로 같으니, 그에 준하여 증거능력을 가려야 한다.

검사가 녹화시 미리 진술거부권을 고지하지 않았으니 위법하게 수집된 증거로서 증거능력이 없다. 따라서 법원 검증조서는 유죄 증거가 될 수 없다.

진술거부권을 고지하지 않고 얻은 진술의 증거능력은 인정되지 않고, 비디오테이프 녹화의 경우에도 같다!

우리 헌법은 제12조 제2항에서 "모든 국민은 … 형사상 자기에게 불리한 진술을 강요당하지 아니한다."라고 규정한다. 형사소송법 제200조(피의자의 출석요구와 진술거부권의 고지)에서도 "① 검사 또는 사법경찰관은 수사에 필요한 때에는 피의자의 출석을 요구하여 진술을 들을 수 있다. ② 전항의 진술을 들을 때에는 미리 피의자에 대하여 진술을 거부할 수 있음을 알려야 한다."라고 규정한다.

이처럼 피고인 또는 피의자가 공판절차 또는 수사절차에서 법원 또는 수사기관의 신문에 대해 진술을 거부할 수 있는 권리를 진술거부권(陳述拒否權)이라고 한다.

그런데 수사기관이 이렇게 진술을 거부할 수 있음을 알리지 않는다면 어떨까? 이에 관한 법원의 입장을 살펴보자.

■■ 사건 개요

- 갑 등은 범죄단체인 "신 이십세기파"를 조직하고 그 수괴로서 조직 전체를 통솔하고 관리하는 역할을 담당하였다는 폭력행위등처벌에관한법률위반죄로 기소되었다.
- 1심과 2심은 공범으로서 별도로 기소된 피고인 을에 대한 수사과정에서 검사와 을이 대화하는 장면을 녹화한 비디오테이프에 대한 검증조서 등을 유죄의 증거로 사용하여 갑 등을 유죄로 인정하였고,
- 이에 대하여 갑 등은 위 녹화 당시 을에게 진술거부권을 고지하지 않았으므로, 위 녹화내용은 증거능력이 없다며 상고하였다.

■■ 판결 요지

- 공범으로서 별도로 공소제기된 다른 사건의 피고인 을에 대한 수사과정에서 담당 검사가 피의자인 을과 그 사건에 관하여 대화하는 내용과 장면을 녹화한 비디오테이프에 대한 법원의 검증조서는 이러한 비디오테이프의 녹화내용이 피의자의 진술을 기재한 피의자신문조서와 실질적으로 같다고 볼 것이므로 피의자신문조서에 준하여 그 증거능력을 가려야 한다.

○ 검사가 위 녹화 당시 위 을의 진술을 들음에 있어 미리 진술거부권이 있음을 고지한 사실을 인정할 자료가 없으므로, 위 녹화내용은 위법하게 수집된 증거로서 증거능력이 없는 것으로 볼 수밖에 없고, 따라서 이러한 녹화내용에 대한 법원의 검증조서 기재는 유죄증거로 삼을 수 없다.

■■ 해설

○ 사안은 진술거부권을 고지하지 않고 얻은 자백의 증거능력이 문제되고 있다. 진술거부권을 고지하지 않은 경우 진술거부권에 대한 침해가 되므로 그 진술의 증거능력이 부정된다는 점에 대하여는 이론이 없으나,

○ 그 근거에 있어서는 1) 진술거부권을 고지하지 않은 때에는 자백의 임의성이 인정되는 경우에도 위법수집증거배제법칙에 의하여 자백의 증거능력을 부정해야 한다는 견해, 2) 진술거부권을 고지하지 않고 얻은 자백은 그 임의성에 의심 있는 경우에 해당하여 증거능력을 부정해야 한다는 견해가 대립되고 있다. 위 판결은 위법하게 수집된 증거라는 이유로 증거능력을 배척한 것으로 볼 수 있다.

○ 개정 형사소송법(2007. 6. 1)은 위법수집증거배제법칙을 명문화하고 있다(제308조의2).

음주측정거부와 진술거부권

(헌법재판소 1997. 3. 27. 96헌가11 결정)

갑은 술을 먹은 상태로 승용차를 운전하다가

나 먼저 간다잉~,

운전할 수 있겠어? 대리 안 불러?

주택가 골목길에 주차된 차량을 들이받고 술에 취한 상태에서 집으로 귀가했다.

쾅!

쾅!

오늘 길이 좀 험하네?

집에 찾아온 경찰관이 음주측정을 요구하였으나 갑은 거부했다.

지금 측정거부 하시는 건가요?

뭐? 불라구? 못 불어! 너 내가 누군지 알어?

갑은 측정을 거부했다는 혐의로 기소되었다.

도로교통법위반죄로 기소하겠습니다~!

법원은 관련 처벌 조항이 위헌 여지가 있다고 판단,

음…, 진술거부권, 영장주의 위배 아닌가?

직권으로 헌법재판소에 위헌 제청을 하였다.

나는 술을 안 먹지만 이 조항은 문제가 좀 있는 것 같네~!

위헌심판을 제청합니다!

헌법, 형사소송법에 진술거부권이 있는데 왜 진술을 강요합니까?

술 좋아하는게 뭐 죄가 됩니까!?

숨을 불어넣는 것이 왜 '진술'입니까? 그냥 물리적 행동에 불과합니다.

술먹고 왜 운전을 해요!

헌법은 진술거부권을 보장한다. 하지만 진술은 생각, 지식, 경험을 언어로 표출하는 것인데,

음주측정은 호흡을 불어 넣어 신체의 물리적 사실적 상태를 드러내는 것이므로 '진술'이 아니다. 따라서 '진술강요'도 아니다.

호흡측정기에 호흡을 불어넣는 행위는 진술이 아니라죠? 따라서 '진술' 거부권도 문제 안 되겠네요.

헌법에서도 인정되는 진술거부권이 '음주측정거부'와 관련해서 문제가 되었다.

음주측정은 운전자가 술을 먹고 운전을 하였는지 여부를 판단하는 측정을 말하는데, 채혈(피를 채취하여 성분을 분석하는 것)의 방법으로도 하지만, 보통은 경찰관이 내미는 간이 음주측정기에 호흡을 불어 대상자가 얼마나 술을 먹었는지 측정하는 방식으로 이루어진다.

진술과 음주측정을 비슷하다고 볼 수 있다면, 진술거부권처럼 음주측정을 거부할 권리도 인정될 것이고, 따라서 음주측정 거부도 처벌해서는 안될 것이다.

그렇다면 음주측정에 대해서도 진술거부권이 인정될 수 있을까?

이에 관한 헌법재판소의 입장을 살펴보자.

■■ 사건 개요

○ 갑은 주취상태로 승용차를 운전하다가 주택가 골목길에 주차된 차량을 들이받고 귀가한 뒤, 집으로 찾아온 경찰관으로부터 음주측정을 요구받았으나 이에 응하지 아니하였다는 혐의로 기소되었다.

○ 법원은 운전자에게 경찰공무원의 음주측정에 응하도록 하고, 이에 응하지 않은 경우 처벌하도록 하는 것은 진술거부권을 침해하고, 영장주의에 위배되어 위헌이라며 직권으로 헌법재판소에 위헌 제청함.

■■ 결정 요지

○ 헌법 제12조 제2항은 진술거부권을 보장하고 있으나, 여기서 "진술"이라 함은 생각이나 지식, 경험사실을 정신작용의 일환인 언어를 통하여 표출하는 것을 의미하는데 반해, 도로교통법 제41조 제2항에 규정된 음주측정은 호흡측정기에 입을 대고 호흡을 불어 넣음으로써 신체의 물리적, 사실적 상태를 그대로 드러내는 행위에 불과하므로 이를 두고 "진술"이라 할 수 없다. 따라서 주취운전의 혐의자에게 호흡측정기에 의한 주취 여부의 측정에 응할 것을 요구하고 이에 불응할 경우 처벌한다고 하여도 이는 형사상 불리한 "진술"을 강요하는 것에 해당한다고 할 수 없으므로, 헌법 제12조 제2항의 진술거부권조항에 위배되지 아니한다.

○ 도로교통법 제41조 제2항에 규정된 음주측정은 성질상 강제될 수 있는 것이 아니며, 궁극적으로 당사자의 자발적 협조가 필수적인 것이므로 이를 두고 법관의 영장을 필요로 하는 강제처분이라 할 수 없다. 따라서 이 사건 법률조항이 주취운전의 혐의자에게 영장 없는 음주측정에 응할 의무를 지우고 이에 불응한 사람을 처벌한다고 하더라도 헌법 제12조 제3항에 규정된 영장주의에 위배되지 아니한다.

■ 해설

○ 사안에서 문제된 음주측정거부죄의 경우 호흡측정기에 의한 측정에 응하는 것이 "형사상 불리한"것임은 의문의 여지가 없으나, 호흡측정기에 호흡을 불어넣는 행위가 진술에 해당하는지는 논의의 여지가 있다.

○ 위 헌재 결정은 "진술"에 해당하느냐의 판단기준을 ① 표출대상이 생각이나 지식, 경험사실일 것과 ② 정신작용의 일환인 언어를 통한(반드시 구술에 의한 것임을 요하지는 않는다) 표출일 것의 요건에 기하여 판단하고 있다고 보인다.

이에 따르면, 호흡측정은 신체의 상태를 객관적으로 밝히는 데 그 초점이 있을 뿐, 신체의 상태에 관한 당사자의 의식, 사고, 지식 등과는 아무런 관련이 없고, 호흡측정의 경우는 신체의 물리적, 사실적 상태를 그대로 드러내는 것이지 정신작용을 거쳐 언어적으로 표출하는 것이 아니므로 "진술"로 보기 어렵고, 따라서 음주측정거부행위를 처벌하는 것은 진술거부권을 침해하는 것으로 보기는 어렵게 된다.

(대법원 2002. 6. 11. 선고 2000도5701 판결)

검사는 현직 군수인 갑에게 뇌물을 주었다는 참고인들 진술을 확보하였다.

저는 법같은 거 없어도 사는 사람입니다! 진짜!

인허가를 받기 위해서 어쩔 수 없이 돈을 줬습니다.

검사는 수사관을 군수실에 보냈으나, 갑은 없었다.

검찰에서 왔습니다, 군수님 계신가요?

아, 네…,

수사관이 행방을 묻자, 군청 공무원은 갑이 전하라는 말을 수사관에게 전하였다.

군수님이 검찰에서 누가 오면 집 옆 농장으로 오시라고 했어요.

수사관은 갑이 말한 농장에 가서 그곳에 있던 갑을 긴급체포하였다.

긴급체포합니다!

아니, 왜 긴급체포요?

검사는 구속영장 발부시까지 갑을 유치하면서 피의자신문조서를 작성했다.

돈 받으셨죠? 준 사람들이 다 자백했어요~!

긴급체포의 적법성과 피의자신문조서의 증거능력이 문제되었다.

제200조의3(긴급체포)
① 검사 또는 사법경찰관은 피의자가 … 죄를 범하였다고 의심할 만한 상당한 이유가 있고, … 긴급을 요하여 … 판사의 체포 영장을 받을 수 없는 때에는 그 사유를 알리고 영장없이 피의자를 체포할 수 있다. … 긴급을 요한다 함은 … 체포영장을 받을 시간적 여유가 없는 때를 말한다.
1. 피의자가 증거를 인멸할 염려가 있는 때
2. 피의자가 도망하거나 도망할 우려가 있는 때

제가 어디 있는지 알려줬고, 체포 영장을 받을 시간도 있었고, 조사에 응할 거라고도 알려줬어요. 위법한 긴급체포입니다~!

조서도 위법!

증거인멸과 도주의 우려가 있어서 긴급체포를 했으니, 문제가 없습니다!

긴급체포는 법상 요건을 모두 갖춘 경우에 한해 예외적으로 허용되어야 한다. 요건을 갖추지 못한 긴급체포는 영장 없는, 위법한 체포다.

위법한 체포에 의한 유치 중에 작성된 피의자신문조서는 위법하게 수집된 증거로, 유죄 증거로 할 수 없다.

현저히 부당한 긴급체포는 위법! 따라서 그때 작성한 피의자신문조서도 위법 증거!

체포는 상당한 범죄혐의가 있고 일정한 사유가 있는 경우 피의자를 단기간 수사관서 등에 가두어 놓는 제도이다. 체포는 보통 구속에 앞서서 하는 강제수사이지만, 체포 없이 곧장 구속을 할 수도 있다.

우리 법상 체포의 종류는 체포영장에 의한 체포(기본적인 형태), 긴급체포, 현행범 체포의 세 가지가 있다.

'긴급체포'는 중대한 범죄혐의가 있고, 법관의 체포영장을 받을 수 없는 때 먼저 긴급하게 체포를 한 후 사후에 영장을 발부받는 제도인데, 근거 규정은 아래와 같다.

> 제200조의3(긴급체포) ① 검사 또는 사법경찰관은 피의자가 사형·무기 또는 장기 3년 이상의 징역이나 금고에 해당하는 죄를 범하였다고 의심할 만한 상당한 이유가 있고, 다음 각 호의 어느 하나에 해당하는 사유가 있는 경우에 긴급을 요하여 지방법원판사의 체포영장을 받을 수 없는 때에는 그 사유를 알리고 영장없이 피의자를 체포할 수 있다. 이 경우 긴급을 요한다 함은 피의자를 우연히 발견한 경우 등과 같이 체포영장을 받을 시간적 여유가 없는 때를 말한다.
> 1. 피의자가 증거를 인멸할 염려가 있는 때
> 2. 피의자가 도망하거나 도망할 우려가 있는 때(…)

긴급체포에 관한 법원의 입장을 살펴보자.

▓ 사건 개요

- 검사는 현직 군수인 갑에게 뇌물을 주었다는 참고인들의 진술을 확보한 다음 수사관을 군청 군수실에 보내었으나, 갑이 그곳에 없어 군청공무원에게 행방을 확인하자, 갑이 미리 알고 자택 옆 농장 농막에서 기다릴 것이니 수사관이 오거든 그곳으로 오라고 하였다는 말을 듣고, 수사관이 위 농장으로 가서 기다리고 있던 갑을 긴급체포하였다.
- 이후 검사는 구속영장을 발부받을 때까지 갑을 유치하고 피의자신문조서를 작성하였다.
- 긴급체포의 적법성과 피의자신문조서의 증거능력이 문제되었다.

■ 판결 요지

○ 긴급체포는 형사소송법 제200조의3 제1항의 요건을 모두 갖춘 경우에 한하여 예외적으로 허용되어야 하고, 요건을 갖추지 못한 긴급체포는 법적 근거에 의하지 아니한 영장 없는 체포로서 위법한 체포에 해당한다.

○ 긴급체포 당시의 상황으로 보아서도 그 요건의 충족 여부에 관한 검사나 사법경찰관의 판단이 경험칙에 비추어 현저히 합리성을 잃은 경우에는 그 체포는 위법하다.

○ 위법한 체포에 의한 유치 중에 작성된 피의자신문조서는 위법하게 수집된 증거로서 특별한 사정이 없는 한 이를 유죄의 증거로 할 수 없다.

■ 해설

○ 긴급체포는 영장주의원칙에 대한 예외인 만큼 형사소송법 제200조의3 제1항의 요건을 모두 갖춘 경우에 한하여 예외적으로 허용되어야 하고, 요건을 갖추지 못한 긴급체포는 법적 근거에 의하지 아니한 영장 없는 체포로서 위법한 체포이다.

○ 여기서 긴급체포의 요건을 갖추었는지 여부는 사후에 밝혀진 사정이 아니라 체포 당시의 상황을 기초로 판단하여야 한다. 이에 관한 검사나 사법경찰관 등 수사주체의 판단에는 상당한 재량의 여지가 있으나, 긴급체포 당시의 상황으로 보아서도 그 요건의 충족 여부에 관한 검사나 사법경찰관의 판단이 경험칙에 비추어 현저히 합리성을 잃은 경우에는 그 체포는 위법한 체포라 할 것이다.

○ 이러한 위법은 영장주의에 위배되는 중대한 것이니 그 체포에 의한 유치 중에 작성된 피의자신문조서는 위법하게 수집된 증거로서 특별한 사정이 없는 한 유죄의 증거로 할 수 없다.

○ 사안의 경우 갑이 군수여서 소재 파악이 쉬웠던 점, 관련자의 진술 확보 후 체포영장을 받을 수 있는 시간적 여유가 있었던 점, 갑이 도망이나 증거인멸의 의도가 없었고 조사에 응할 태세를 갖추고 있었던 점에 비추어 긴급체포의 요건을 갖추지 못한 것으로 판단하였다.

(대법원 1991. 9. 24. 선고 91도1314 판결)

교사 을은 교장실에 들어가 식칼을 휘두르며 교장을 협박하는 등 소란을 피웠다.

을 선생, 왜 이래? 진정해!

나도 참을 만큼 참았다구요!

그 후 40여분 정도가 지나 출동한 경찰관들이 당시 서무실에 있던 을을 연행하려 하였다.

빨리 빨리 좀 와주세요!

네 다 왔습니다!

그러자 동료교사 갑은 경찰관들 멱살을 잡아당기고

우리 선생 놔줘! 이거 뭐야

자동차 문짝을 잡아당기는 등 방해행위를 하였다.

못 가! 못 간다구!

갑은 공무집행방해죄로 기소되었다.

피고인 갑, 유죄!

＊쟁점＊

형사소송법에 따르면 현행범인은 누구든지 영장 없이 체포할 수 있고, 현행 범인이란 "범죄의 실행 중이거나 실행의 즉후인 자"를 말합니다.

이 사건에서 갑(피고인)은 동료교사인 을을 현행범으로 체포하는 경찰관의 공무를 방해했다는 혐의입니다. 그럼 과연 을은 현행범으로 체포될 경우에 해당될까요?

당시 을은 시간적, 장소적으로 범죄실행 즉후인 자가 아닙니다. 현행범으로 체포함은 적법한 직무집행이 아닙니다!

나도 무죄

범행 후 불과 40분이 지난 을은 당연히 현행범인이죠~!

'범죄 실행행위를 종료한 즉후'란 범죄행위를 실행해 끝마친 순간 또는 아주 접착된 시간적 단계를 의미한다.

시간적, 장소적으로 방금 범죄를 실행한 범인이라는 증거가 명백히 존재하는 경우에만 현행범으로 볼 수 있다.

40분 정도가 지났고, 당시 을이 서무실에 있던 점을 보면 범죄실행의 즉후인지 잘 살펴보아야 한다네요! 현행범인을 엄격하게 인정하는 입장인 듯합니다!

형사소송법상 체포의 기본은 '영장에 의한 체포'(제200조의2)이고, 영장 없이 체포할 수 있는 경우로 '긴급체포'(제200조의3)와 '현행범인 체포'(제212조)가 있다.

형사소송법 규정은 아래와 같다.

> **제211조(현행범인과 준현행범인)** ① 범죄의 실행중이거나 실행의 즉후인 자를 현행범인이라 한다.
>
> **제212조(현행범인의 체포)** 현행범인은 누구든지 영장없이 체포할 수 있다.

현행범인이란 범죄의 실행 중이거나 실행의 즉후인 자이다. '실행 중'은 이해하기 어렵지 않다. 즉후(卽後)란 '어떤 일이 있고 난 바로 다음'이라는 뜻인데, 그럼 어느 정도의 시간 간격을 말할까?

본건에서는 공무집행방해죄 성립의 전제로 '현행범인 체포'가 적법한지 문제되었다.

■ 사건 개요

○ 교사인 을은 교장실에 들어가 약 5분 동안 식칼을 휘두르며 교장을 협박하는 등의 소란을 피웠고 그 후 40여분 정도가 지나 신고를 받은 경찰관들이 출동하여 교장실이 아닌 서무실에서 을을 연행하려 하였다.

○ 경찰관이 을을 체포하려고 하자 을의 동료교사인 갑은 경찰관들의 멱살을 잡아당기고, 그 경찰관들이 을을 운동장에 세워져 있는 자동차에 태워 연행하려고 하자 그 자동차의 출발을 저지하려고 자동차의 문짝을 계속하여 잡아당기는 등 경찰관들의 현행범 체포업무를 방해하였다는 내용의 범죄사실(공무집행방해)로 기소되었고, 1심, 2심은 갑에게 유죄를 선고하였다.

○ 갑은 현행범인 체포의 적법성과 관련하여 체포 당시 을은 시간적으로나 장소적으로 범죄 실행 즉후인 자라고 볼 수 없으므로 현행범으로 체포한 것은 적법한 공무집행으로 볼 수 없다고 주장하며 상고.

■ 판결 요지

○ 범죄의 실행행위를 종료한 즉후라고 함은, 범죄행위를 실행하여 끝마친 순간 또는 이에 아주 접착된 시간적 단계를 의미하는 것으로 해석되므로, 시간적으로나 장소적으로 보아 체포를 당하는 자가 방금 범죄를 실행한 범인이라는 점에 관한 죄증이 명백히 존재하는 것으로 인정되는 경우에만 현행범인으로 볼 수 있는 것이다.

○ 경찰관들이 을을 체포할 당시 교장실에서 범행을 한 40분 후 서무실에 앉아 있던 을이 방금 범죄를 실행한 범인이라는 죄증이 체포자인 경찰관들에게 명백히 인식될 만한 상황이었다고 단정하기 어렵다. 물론 위 을이 형사소송법 제211조 제2항 각 호의 1에 해당하는 준현행 범인으로 볼 수 있었던 것인지의 여부는 따로 판단될 문제이다.

○ 원심은 위 을의 범죄의 실행과 체포 당시의 구체적 상황을 조금 더 세심하게 심리하여 과연 죄증이 현존하는 것으로 판단되는 상황에서 경찰관들이 위 을을 체포한 것인지의 여부를 가려보아야 하고, 이를 현행범인의 체포라고 단정한 원심판결에는 심리미진 또는 법리오해의 위법이 있다. 위와 같다면 경찰관의 위 체포는 적법한 공무집행이라고 볼 수 없고, 피고인의 행위는 공무집행방해죄가 성립되지 않는다고 보아야 할 것이다.

■ 해설

○ 현행범인은 누구든지 영장 없이 체포할 수 있다(법 제212조). 현행범인이란 "범죄의 실행 중이거나 실행의 즉후인 자"를 말하고(법 제211조 제1항), 현행범인으로 간주되는 준현행범인은 "범인으로 호창되어 추적되고 있는 때에 해당하는 자" 등을 말한다(제2항).

○ 이 사건에서 판례는 '범죄의 실행행위를 종료한 즉후'라고 함은, 범죄행위를 실행하여 끝마친 순간 또는 이에 아주 접착된 시간적 단계를 의미하는 것으로 해석되므로, 시간적으로나 장소적으로 보아 체포를 당하는 자가 방금 범죄를 실행한 범인이라는 점이 명백해야 한다고 판시하였다.

현행범인 체포와 구속

(대법원 2011. 12. 22. 선고 2011도12927 판결)

소말리아 해적 갑 등은 대한민국 선박을 납치, 해상강도 등 범행을 저질렀고, 우리나라 청해부대 소속 군인들은 이들을 제압, 체포했다.

살고 싶으면 투항해라!

해…해적이다! 선장님, 해적이에요!

이들을 체포한 다음 국내로 이송하는데 9일이 소요되었다.

이 해적들은 언제 한국에 오는 거야?!

흐흑 잡혔다…, ㅠ.ㅠ

검사는 이들이 도착하기 직전에 구속영장을 청구하였고,

현행범 체포된 피의자들의 구속영장을 청구합니다!

법원은 같은 날 피의자심문을 한 후 구속영장을 발부하였다.

구속영장을 발부합니다!

군인들이 이들을 체포한 다음 검사에게 인도할 때까지 9일의 시간이 걸린 점과

저희는 9일이나 걸려서 한국에 왔는데요, 현행범은 잡으면 즉시 검사한테 넘기라고 되어 있다죠? 위법합니다!

체포된 피의자들에 대한 구속영장 청구가 적법한지 문제되었다.

＊쟁점＊

법에 따르면 현행범인은 누구든지 영장 없이 체포할 수 있고, 검사 또는 사법경찰관리가 아닌 이가 현행범인을 체포한 때에는 즉시 검사 등에게 인도하여야 합니다.
그리고 체포한 때로부터 48시간 내에 구속영장을 청구해야 합니다.
이 사건에서 위 법 규정을 위반하지 않았는지 문제되었습니다.

법에는 '체포한 때로부터 48시간 내에 구속영장을 청구해야 한다'고 되어 있는데, 저희는 9일이 넘게 걸렸습니다!

하지만 한국 감옥 나쁘지 않네요~.

최대한 빨리 범인을 인도받았고, 인도받은 후 48시간 내에 구속영장도 청구했습니다!

현행범인을 체포하고 인도해야 하는 '즉시'는 '정당한 이유 없이 불필요한 지체를 하지 않고'라는 뜻이다.

현행범인이 체포된 후 검사 등에게 인도된 경우 구속영장 청구기간인 48시간의 기산점은 검사 등이 범인을 인도받은 때이지, 체포시가 아니다.

소말리아 해적들은 감옥 생활이 끝나면 한국에서 일자리를 구해서 살고 싶다고 얘기했다네요. ^^;

피의자를 체포한 후 검사는 48시간 내에 법원에 구속영장을 청구해서 구속영장을 발부받아야 구속이 가능하다.

형사소송법 제200조의2 제5항에서는 " ⑤ 체포한 피의자를 구속하고자 할 때에는 체포한 때부터 48시간 이내에 제201조의 규정에 의하여 구속영장을 청구하여야 하고, 그 기간내에 구속영장을 청구하지 아니하는 때에는 피의자를 즉시 석방하여야 한다."라고 규정하고 있고, 이는 영장에 의한 체포, 긴급체포, 현행범인 체포 모두 마찬가지이다.

본 사례에서는 머나먼 외국에서 현행범 체포를 한 다음, 이들이 국내에 도착하던 무렵 구속영장을 청구하였는데, 과연 체포와 구속영장 청구가 적법한지 문제되었다.

■■ 사건 개요

○ 본건은 소말리아 해적인 갑 등이 공해상에서 대한민국 해운회사가 운항 중인 선박을 납치하여 대한민국 국민인 선원 등에게 해상강도 등 범행을 저질렀다는 내용이고,

○ 갑 등은 국군 청해부대에 의해 체포되어 국내로 이송되는데 9일이 소요되었고, 검사는 갑 등이 국내에 도착하기 직전에 이들에 대한 구속영장을 청구하였다. 법원은 같은 날 갑 등에 대한 심문용 구인영장을 발부하였으며, 피의자심문을 거친 후 같은 날 구속영장을 발부하였다.

○ 변호인이 체포와 구속이 불법하게 이루어졌다고 주장한 데 대하여, 1심 및 2심은 1) 청해부대 소속 군인들이 갑 등을 현행범인으로 체포한 것은 검사 등이 아닌 이에 의한 현행범인 체포에 해당하고, 갑 등 체포 이후 국내로 이송하는 데에 약 9일이 소요된 것은 공간적·물리적 제약상 불가피한 것으로 정당한 이유 없이 인도를 지연하거나 체포를 계속한 경우로 볼 수 없고, 2) 구속영장 청구기간인 48시간의 기산점은 경찰관들이 갑 등의 신병을 인수한 때부터 진행된다고 전제한 다음, 그로부터 48시간 이내에 청구되어 발부된 구속영장에 의하여 갑 등이 구속되었으므로, 갑 등은 적법한 체포, 즉시 인도 및 적법한 구속이 되었다고 판단하였다.

○ 갑 등은 법리오해가 있다며 상고.

■ 판결 요지

○ 현행범인은 누구든지 영장 없이 체포할 수 있고(형사소송법 제212조), 검사 또는 사법경찰관리가 아닌 이가 현행범인을 체포한 때에는 즉시 검사 등에게 인도하여야 하는데(형사소송법 제213조 제1항), 여기서 '즉시'라고 함은 반드시 체포시점과 시간적으로 밀착된 시점이어야 하는 것은 아니고, '정당한 이유 없이 인도를 지연하거나 체포를 계속하는 등으로 불필요한 지체를 함이 없이'라는 뜻으로 볼 것이다.

○ 청해부대 소속 군인들이 피고인들을 현행범인으로 체포한 것은 검사 등이 아닌 이에 의한 현행범인 체포에 해당하고, 피고인들을 체포 이후 국내로 이송하는 데에 약 9일이 소요된 것은 공간적·물리적 제약상 불가피한 것으로 정당한 이유 없이 인도를 지연하거나 체포를 계속한 경우로 볼 수 없다.

○ 검사 등이 아닌 이에 의하여 현행범인이 체포된 후 불필요한 지체 없이 검사 등에게 인도된 경우 위 48시간의 기산점은 체포시가 아니라 검사 등이 현행범인을 인도받은 때라고 할 것이다.

■ 해설

○ 사인(일반인)에 의하여 현행범인이 체포된 경우 구속영장 청구까지 48시간의 기산점은 체포시가 아니라 검사, 사법경찰관이 현행범인을 인도받은 때라고 판시하였다.

○ 아울러 토지관할 문제와 관련하여 형사소송법 제4조 제1항은 "토지관할은 범죄지, 피고인의 주소, 거소 또는 현재지6)로 한다."라고 정하고, 여기서 '현재지'라고 함은 공소제기 당시 피고인이 현재한 장소로서 임의에 의한 현재지뿐만 아니라 적법한 강제에 의한 현재지도 이에 해당한다고 판시하였다.

---

6) 현재 존재하는 장소.

(대법원 2011. 5. 26. 선고 2011도3682 판결)

갑은 경찰관의 불심검문을 받고

이 밤에 남의 주차장에 왜 통화를 하고 있어요? 신분증 주세요!

운전면허증을 교부하는 과정에서 경찰관에게 큰 소리로 욕설을 하였다.

씨X놈아, 도둑질도 안 했는데 검문이냐! 똑바로 해, 개X끼야!

경찰관이 모욕죄 현행범으로 체포하겠다고 고지한 후 갑의 어깨를 붙잡았고,

이 사람이~~!!

현행범으로 체포한다!! 같이 갑시다!

그러자 갑은 응하지 않고 경찰관에게 반항해 상해를 가하였다.

뭐야! 너 한번 맛 좀 봐라!

갑은 경찰관에게 상해를 가하고 공무집행을 방해하였다고 기소되었다.

갑을 상해 등 혐의로 기소합니다!

욕설 좀 했다고 잡아가는 건 정당한 겁니까?!

정당방위로 위법성이 조각되는지 문제되었다.

＊쟁점＊

긴급체포의 경우에는 "피의자가 증거를 인멸할 염려가 있는 때", "피의자가 도망하거나 도망할 우려가 있는 때"라는 사유가 필요하다고 규정되어 있습니다.
현행범의 경우는 그러한 규정은 없는데 긴급체포처럼 체포의 필요성, 즉 도망 또는 증거인멸의 염려가 필요한지 문제되었습니다.

저는 도망 또는 증거인멸의 우려가 없었습니다! 체포는 위법합니다!

갑이 수사기관의 출석에 응하지 않을 것이 예상되었습니다. 경찰은 재량으로 판단해 체포할 수도 있는 겁니다!

현행범인 체포를 하려면 체포의 필요성, 즉 도망 또는 증거인멸의 염려가 있어야 한다!

체포 당시 상황에서 요건 충족 여부에 관한 사법경찰관 등의 판단이 경험칙에 비추어 현저히 합리성이 없다면, 그 체포는 위법하다.

이 사안의 현행범 체포는 좀 무리한 체포로 보이죠?

긴급체포의 경우에는 "피의자가 증거를 인멸할 염려가 있는 때", "피의자가 도망하거나 도망할 우려가 있는 때"라는 사유(구속사유와 유사함)가 필요하다고 규정되어 있다.

현행범인 체포의 경우에도 긴급체포와 같은 '체포의 필요성'이 필요한지에 관한 법원의 입장을 살펴보자.

■ 사건 개요

○ 본건 공소사실은 갑이 경찰관의 불심검문을 받는 과정에서 경찰관에게 상해를 가하고, 공무집행을 방해하였다는 것이고,

○ 당시 갑이 경찰관의 불심검문을 받아 운전면허증을 교부한 후 경찰관에게 큰 소리로 욕설을 하였는데, 경찰관이 모욕죄의 현행범으로 체포하겠다고 고지한 후 갑의 어깨를 붙잡자 갑이 상해를 가한 것으로,

○ 갑은 당시 경찰관에게 반항한 것은 불법체포로 인한 신체에 대한 현재의 부당한 침해에서 벗어나기 위한 행위로 정당방위에 해당한다고 주장하였고, 1심 및 2심은 정당방위로 위법성이 조각된다며 무죄를 선고. 검사가 상고.

■ 판결 요지

○ 현행범인으로 체포하려면 체포의 필요성, 즉 도망 또는 증거인멸의 염려가 있어야 하고,

○ 현행범인 체포의 요건을 갖추었는지는 체포 당시 상황을 기초로 판단하여야 하고, 이에 관한 검사나 사법경찰관 등 수사주체의 판단에는 상당한 재량 여지가 있으나, 체포 당시 상황으로 보아도 요건 충족 여부에 관한 검사나 사법경찰관 등의 판단이 경험칙에 비추어 현저히 합리성을 잃은 경우에는 그 체포는 위법하다고 보아야 한다.

○ 경찰관이 현행범인 체포 요건을 갖추지 못하였는데도 실력으로 현행범인을 체포하려고 하였다면 적법한 공무집행이라고 할 수 없고, 현행범인 체포행위가 적법한 공무집행을 벗어나 불법인 것으로 볼 수밖에 없다면, 현

행범이 체포를 면하려고 반항하는 과정에서 경찰관에게 상해를 가한 것은 불법체포로 인한 신체에 대한 현재의 부당한 침해에서 벗어나기 위한 행위로서 정당방위에 해당하여 위법성이 조각된다.

○ 피고인은 경찰관의 불심검문에 응하여 이미 운전면허증을 교부한 상태이고, 경찰관뿐 아니라 인근 주민도 욕설을 직접 들었으므로, 피고인이 도망하거나 증거를 인멸할 염려가 있다고 보기 어려우며, 피해자인 경찰관이 범행현장에서 즉시 범인을 체포할 급박한 사정이 있다고 보기도 어려우므로, 경찰관이 피고인을 체포한 행위는 적법한 공무집행이라고 볼 수 없다.

○ 피고인이 체포를 면하려고 반항하는 과정에서 상해를 가한 것은 불법체포로 인한 신체에 대한 현재의 부당한 침해에서 벗어나기 위한 행위로서 정당방위에 해당하므로 피고인에 대한 상해 및 공무집행방해의 공소사실을 무죄로 인정한 원심판단을 수긍. 검사의 상고 기각.

■■ 해설

○ 현행범인을 체포하기 위하여 '체포의 필요성'이 있어야 하는지 여부에 대하여 법원은 그 필요성이 있어야 한다고 보았다.

○ 체포의 요건을 갖추었는지는 체포 당시 상황을 기초로 판단하여야 하고, 이에 관한 검사나 사법경찰관 등 수사주체의 판단에는 상당한 재량 여지가 있으나 체포 당시 상황으로 보아도 요건 충족 여부에 관한 검사나 사법경찰관 등의 판단이 경험칙에 비추어 현저히 합리성을 잃은 경우에는 그 체포는 위법하다고 판시하였다.

(대법원 2000. 7. 4. 선고 99도4341 판결)

순찰 중이던 경찰관들은 경찰서 지령실로부터 교통사고를 일으킨 차량이 도주했다며

지금 용의차량이 사고 후 경찰서 방면으로 도주중!

뭐야? 출동요청이야?

범죄 혐의 차량을 추적하라는 무전연락을 받았다.

해당 차량이 펑크난 상태로 삼익아파트 뒷골목으로 도주중!

저기서 좌회전 하자구! 빨리!

경찰관들은 주위를 수색하다가

살살이 잘 살피라구!

무전에 따르면 이쪽 어디인 것 같은데요~,

용의차량에서 갑이 내리는 것을 발견했다.

앗, 저기! 저 차 아닌가요?

이봐, 당신!!

경찰관은 자동차 운전석 범퍼 및 펜더 부분 파손을 확인하고 갑을 현행범으로 체포했는데,

차를 어디에다 들이받으셨어요?

아 그건… 그게 말이죠…,

갑은 반항하면서 경찰관에게 폭행을 가하였다. 공무집행방해의 전제로서 체포의 적법성이 문제되었다.

같이 갑시다~!

당신들 뭐야?! 나 건들면 가만 안 둬!!

범행을 했다는 것이 명백한 상황은
전혀 아니었으니, 현행범이 아니죠!
따라서 체포도 위법합니다!!

피고인은 현행범이거나 적어도 준현행범
이니 체포는 아무 문제 없고, 따라서 경찰을
폭행한 피고인은 공무집행방해입니다!

본 사안은 법 211조 2항 2호의 '범죄에
사용되었다고 인정함에 충분한 흉기
기타 물건을 소지한 때'에 해당한다,

경찰관은 피고인을 준현행범으로
영장 없이 체포할 수 있다,

현행범인은 아니지만
준현행범인으로 볼 수
있다네요~,

현행범인은 아니지만 '현행범인에 준해서 볼 수 있는 자(현행범으로 간주되는 자)'를 준현행범인이라고 한다. 관련 규정은 아래와 같다.

제211조(현행범인과 준현행범인) ② 다음 각 호의 1에 해당하는 자는 현행범인으로 간주한다.
1. 범인으로 호창되어 추적되고 있는 때
2. 장물이나 범죄에 사용되었다고 인정함에 충분한 흉기 기타의 물건을 소지하고 있는 때
3. 신체 또는 의복류에 현저한 증적이 있는 때
4. 누구임을 물음에 대하여 도망하려 하는 때

준현행범인에 관한 법원의 입장을 살펴보자.

사건 개요
○ 순찰을 하던 경찰관들은 경찰서 지령실로부터 교통사고를 일으킨 차량이 도주하였다는 무전연락을 받았고, 다시 해당 자동차가 펑크가 난 상태로 삼익아파트 뒷골목으로 도주하였다는 무전연락을 받았다.
○ 이에 그 주변을 수색하던 중 용의차량에서 갑이 내리는 것을 발견하였는데, 그 자동차의 운전석 범퍼 및 펜더 부분이 파손된 상태임을 확인하고, 갑을 현행범으로 체포하였다. 그 체포가 적법한 것인지가 문제되었다.

판결 요지
○ 순찰 중이던 경찰관이 교통사고를 낸 차량이 도주하였다는 무전연락을 받고 주변을 수색하다가 범퍼 등의 파손상태로 보아 사고차량으로 인정되는 차량에서 내리는 사람을 발견한 경우,
○ 형사소송법 제211조(현행범인과 준현행범인) 제2항 제2호 소정의 '장물이나 범죄에 사용되었다고 인정함에 충분한 흉기 기타의 물건을 소지하고 있는 때'에 해당하므로 준현행범으로서 영장 없이 체포할 수 있다.

■ 해설

- ○ 사안은 현행범 또는 준현행범으로의 체포요건을 갖추었는지가 문제된다. 법은 현행범인을 고유한 의미의 현행범인(범죄의 실행 중이거나 실행의 즉후인자)과 준현행범인으로 나누어 규정하고 있는데,

- ○ 이때 고유한 의미의 현행범의 요건으로서 "범죄의 실행의 즉후인 자"라고 함은, 범죄의 실행행위를 종료한 직후의 범인이라는 것이 체포하는 자의 입장에서 볼 때 명백한 경우로서, 범죄행위를 실행하여 끝마친 순간 또는 이에 아주 접착된 시간적 단계를 의미하는 것으로 해석되므로, 시간적으로나 장소적으로 보아 체포를 당하는 자가 방금 범죄를 실행한 범인이라는 점에 관한 죄증이 명백히 존재하는 것으로 인정될 것을 요한다(대법원 2002. 5. 10. 선고 2001도300 판결).

- ○ 사안의 경우 범행 당시와 시간적·장소적 접착성을 갖춘 것으로 보기는 어려우므로, 현행범인으로 볼 수는 없다.

  그러나 갑이 운전한 차량이 도주한 차량과 동일차종이고, 충돌부위로 의심되는 부분이 파손된 상태라는 점은 "범죄에 사용되었다고 인정함에 충분한 물건을 소지하고 있는 때"로 볼 수 있을 것이므로, 준현행범에 해당한다고 볼 수 있을 것이다.

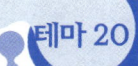
(대법원 1985. 7. 23. 자 85모12 결정)

갑은 구속되어 재판을 받다가

구속영장입니다, 같이 가시죠.

구속기간이 만료되어 일단 석방되었다.

어유… 나오니까 아주 살겠다.

갑은 이후 불구속 상태에서 재판을 받았다.

오늘이 또 재판받는 날이군.

2심 법원은 갑에게 판결을 선고하면서

피고인 죄질이 매우 좋지 않아 실형 선고가 불가피하네요.

갑을 다시 구속하였다.

가시죠~!

피고인을 법정구속합니다.

갑은 구속을 취소해달라는 청구를 하였다.

쟁점

법에서는 검사 또는 사법경찰관에 의하여 구속되었다가 석방된 자는 다른 중요한 증거를 발견한 경우를 제외하고는 동일한 범죄사실에 관하여 재차 구속하지 못한다는 규정을 두고 있습니다.

법원이 구속을 할 때도 위 규정이 적용되는지 문제되었습니다.

한번 석방이 되었는데 다른 증거도 없이 구속을 하다뇨! 말이 안 됩니다!

재구속의 제한 법규정은 법원의 구속에는 적용이 되지 않습니다!

법 208조는 검사 또는 사법경찰관의 구속을 규율하는 것으로, 법원의 구속에는 적용되지 않는다.

구속 효력이 상실된 후 2심 법원이 판결을 선고하면서 피고인을 구속해도 위법한 재구속 또는 이중구속이 아니다.

이런 경우에는 다시 재구속도 가능하다네요!!

한번 구속되었던 사람이 구속의 이유가 없다는 이유로 풀려난 다음에도 똑같은 혐의로 다시 구속된다면, 또 이러한 석방과 구속이 반복될 수 있다면 인권 침해 소지가 매우 클 것이다.

반면 구속되었다가 풀려난 피의자라고 해도 새로운 중요한 증거가 발견되었다면 재차 구속을 할 할 필요성도 있다.

이에 형사소송법은 아래 규정을 두고 있다.

> 제208조(재구속의 제한) ① 검사 또는 사법경찰관에 의하여 구속되었다가 석방된 자는 다른 중요한 증거를 발견한 경우를 제외하고는 동일한 범죄사실에 관하여 재차 구속하지 못한다.

위 규정이 검사나 사법경찰관에게 적용됨은 물론인데, 법원에게도 적용되는지 문제되었다.

■ 사건 개요

○ 갑은 구속기간이 만료되어 불구속상태에서 재판을 받던 중 2심 법원이 판결을 선고하면서, 다시 구속하였다.

○ 이에 갑은 형사소송법 제208조에 위배되는 재구속 또는 이중구속이라며 구속취소청구신청을 하였으나, 법원은 기각하였다. 이에 갑은 재항고.

■ 결정 요지

○ 항소법원은 항소피고사건의 심리 중 또는 판결 선고 후 상고제기 또는 판결확정에 이르기까지 수소법원으로서 형사소송법 제70조 제1항 각 호의 사유 있는 불구속 피고인을 구속할 수 있고,

○ 또 수소법원의 구속에 관하여는 검사 또는 사법경찰관이 피의자를 구속함을 규율하는 형사소송법 제208조의 규정은 적용되지 아니하므로

○ 구속기간의 만료로 피고인에 대한 구속의 효력이 상실된 후 항소법원이 피고인에 대한 판결을 선고하면서 피고인을 구속하였다 하여 위 법 제208조의 규정에 위배되는 재구속 또는 이중구속이라 할 수 없다.

■ 해설

○ 검사 또는 사법경찰관에 의하여 구속되었다가 석방된 자는 다른 중요한 증거를 발견한 경우를 제외하고는 동일한 범죄사실에 관하여 재차 구속하지 못한다(법 제208조 제1항).

○ 사안은 이러한 재구속의 제한 규정이 수소법원에 의한 구속의 경우에도 적용되는지와 판결선고 후에도 그 법원이 수소법원으로 피고인을 구속할수 있는지가 문제된다.

○ 위 판결은 재구속제한의 규정이 수사기관이 피의자를 구속하는 경우에만 적용되고, 수소법원에는 적용되지 않는다고 판단하였다. 이에 따르면, 사안과 같이 구속기간이 만료된 피고인을 동일한 범죄사실로 재구속하거나, 별개의 범죄사실을 이유로 재구속할 수도 있다(96모46결정).

○ 또한 항소법원의 소송계속은 1심판결에 대한 항소에 의하여 사건이 이심된 때로부터 그 법원의 판결에 대하여 상고가 제기되거나 그 판결이 확정되는 때까지 유지되므로, 항소법원은 판결을 선고하면서, 피고인을 구속할 수 있다(실무상으로는 실형을 선고하는 경우 선고 당일 구속영장을 발부하여 구속하는 경우가 많다).

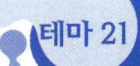

검사의 사법경찰관 지휘·감독

(대법원 2010. 10. 28. 선고 2008도11999 판결)

사법경찰관인 갑은 A를 긴급체포한 후

긴급체포합니다!
따라오세요!

검사에게 긴급체포승인 건의와 구속영장 청구를 신청하였다.

A라는 자를 긴급체포하였습니다.
구속영장을 신청합니다.

검사는 수사의 적법성 및 적정성이 의문스러워

이거 이 사건은… 아무래도
내가 직접 한번 봐야겠네.

흐음

피의자를 직접 대면 조사해야겠다고 판단했다.

피의자를 좀
데려와보세요!

검사는 A를 검사실로 데려오라는 등 2회 직무상 명령을 하였으나 갑은 불응하였다.

……

지금 명령에
불응하는 겁니까?

검사는 갑을 인권옹호직무명령불준수죄, 직무유기죄로 기소했다.

제122조(직무유기)
공무원이 정당한 이유없이 그 직무수행을 거부하거나 그 직무를 유기한 때에는 1년 이하의 징역이나 금고 …에 처한다.

제139조(인권옹호직무방해)
경찰의 직무를 행하는 자 또는 이를 보조하는 자가 인권옹호에 관한 검사의 직무집행을 방해하거나 그 명령을 준수하지 아니한 때에는 5년 이하의 징역…에 처한다.

경찰에서 충분히 수사를 해서 그렇게 판단한 겁니다, 검사라고 맘대로 데려오라고 명령할 수 있습니까?!

피고인은 멋대로 검사의 인권옹호 직무명령을 따르지 않았습니다!

검사는 구속영장 청구 등이 피의자 인권을 부당하게 침해하지 않도록 피의자를 직접 대면 조사할 수 있는 권한을 가진다.

검사가 사법경찰관리에게 피의자를 검찰청으로 인치하라고 명령함은 적법하고 타당한 수사지휘 활동이고, 사법경찰관리는 준수할 의무가 있다.

보기 드문 경우인 것 같은데, 검사가 사법경찰관리를 지휘하여 충실한 인권옹호를 꾀한 경우네요.

수사기관은 크게 '검사'와 '사법경찰관리'(예컨대 경찰관)가 있다. 법상 사법경찰관리는 모든 수사에 관하여 검사의 지휘를 받는다(형사소송법 제196조, 제1항, 제3항).

검사는 범죄자들을 처벌하는 역할 외에도 공익의 대표자로서 피고인의 정당한 이익을 보호하는 역할도 하므로 피고인에게 이익이 되는 사실도 주장해야 하고, 피고인의 인권 옹호를 해야 한다.

본건은 사법경찰관이 수사를 종결하여 사건을 검찰청에 송치하기 전 검사가 내린 피의자를 데려오라는 명령에 따르지 아니한 행위에 대하여 인권옹호징무명령불준수죄로 기소된 사건이다.

■■ 사건 개요

○ 사법경찰관인 갑은 A를 긴급체포한 다음 검사에게 긴급체포승인 건의와 함께 구속영장을 신청하였다.

○ 수사지휘 검사는 기록을 검토한 결과 수사과정의 적법성 및 적정성에 의문이 있어 긴급체포 승인 여부와 구속영장의 청구 여부 결정 전에 피의자를 직접 대면조사함이 상당하다고 판단하고, 갑에게 A를 검사실로 데려오라고 2회에 걸친 명령을 하였다.

○ 갑은 이에 불응하여, 인권옹호직무명령불준수죄(형법 제139조) 및 직무유기죄(형법 제122조)로 기소되었고, 1심, 2심은 인권옹호직무명령불준수죄에 대하여 유죄를 선고하였다. 갑이 상고.

■■ 판결 요지

○ 인권침해의 소지가 가장 많은 수사 분야에서 국민의 인권과 자유를 보호하기 위하여 우리 법은 검사로 하여금 사법경찰관리의 수사에 대한 지휘와 감독을 맡게 함과 동시에 전속적 영장청구권(헌법 제12조 제3항), 수사주재자로서 사법경찰관리에 대한 수사지휘(형사소송법 제196조), 체포·구속 장소 감찰(형사소송법 제198조의2) 등의 권한을 부여하여 절차법적 차원에서 인권보호의 기능을 수행하게 하고 있다.

○ 형법 제139조에 규정된 '인권옹호에 관한 검사의 명령'은 사법경찰관리

의 직무수행에 의하여 침해될 수 있는 인신 구속 및 체포와 압수수색 등 강제수사를 둘러싼 피의자, 참고인, 기타 관계인에 대하여 헌법이 보장하는 인권 가운데 주로 그들의 신체적 인권에 대한 침해를 방지하고 이를 위해 필요하고도 밀접 불가분의 관련성 있는 검사의 명령 중 '그에 위반할 경우 사법경찰관리를 형사처벌까지 함으로써 준수되도록 해야 할 정도로 인권옹호를 위해 꼭 필요한 검사의 명령'으로 보아야 하고 나아가 법적 근거를 가진 적법한 명령이어야 한다

○ 사법경찰관이 검사에게 긴급체포된 피의자에 대한 긴급체포 승인 건의와 함께 구속영장을 신청한 경우, 검사는 긴급체포의 승인 및 구속영장의 청구가 피의자의 인권에 대한 부당한 침해를 초래하지 않도록 긴급체포의 적법성 여부를 심사하면서 수사서류뿐만 아니라 피의자를 검찰청으로 출석시켜 직접 대면조사할 수 있는 권한을 가진다고 보아야 한다. 따라서 이와 같은 목적과 절차의 일환으로 검사가 구속영장 청구 전에 피의자를 대면조사하기 위하여 사법경찰관리에게 피의자를 검찰청으로 인치할 것을 명하는 것은 적법하고 타당한 수사지휘 활동에 해당하고, 수사지휘를 전달받은 사법경찰관리는 이를 준수할 의무를 부담한다.

○ 유죄를 선고한 원심판결은 정당하다. 피고인 상고 기각.

해설

○ 검사가 사법경찰관으로부터 구속영장의 신청을 받아 구속영장을 청구하는 경우에 구속사유를 판단하기 위하여 필요하다고 인정하는 때에는 피의자를 조사할 수 있다(검찰사건사무규칙 제39조 제2항).

○ 판례는 본건의 경우 검사가 긴급체포 등 강제처분의 적법성에 의문을 갖고 수사서류 외에 피의자를 대면 조사할 충분한 사유가 있었던 것으로 보이므로, 2회에 걸친 검사의 명령은 적법하고 타당한 수사지휘권의 행사에 해당하고, 사법경찰관리의 체포 등 강제수사 과정에서 야기될 수 있는 피의자의 신체적 인권에 대한 침해를 방지하기 위하여 인권옹호를 위해 꼭 필요한 검사의 명령이라고 판시하였다.

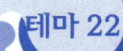

 테마 22 수사의 상당성과 수사비례의 원칙

(대법원 2004. 3. 23. 자 2003모126 결정)

검사는 갑이 공장의 폐수를 무단으로 방류하였다는 혐의로

빨리빨리 해—

수질환경보전법위반죄로 기소하였다.

당신, 비만 오면 몰래 폐수를 방류한다지?

검사는 기소시 갑 운영 공장부지, 건물, 기계류 일체, 폐수운반차량 7대에 대해서 압수처분을 하였다.

허걱! 이게 뭐야?

이하의 내용물에 대해 압수처분을 합니다!

수사의 필요상 어쩔 수 없소!

이건 너무 심한 거 아닙니까?

검

갑은 압수처분을 취소해달라는 청구를 하였다.

＊쟁점＊

수사의 조건으로 수사의 필요성과 수사의 상당성이 있습니다.
수사의 상당성 중 '수사비례의 원칙'은 강제처분은 그 목적을 달성하기 위한 최소한도에 그쳐야 한다는 원칙입니다.

이 사건에서 공장부지, 건물 등 광범위하게 압수한 검사의 처분이 위와 같은 원칙을 지킨 것인지 문제되었습니다.

수사상 필요하다고 해도 이렇게 심하게 개인의 재산권을 침해할 수 있습니다!

수사기관은 나름대로 필요성을 판단해 압수를 할 수 있는 재량이 있습니다!

압수가 필요해도 범죄의 형태나 경중, 압수물의 증거가치와 중요성, 증거인멸의 우려, 피압수자의 불이익 등을 고려해야 한다.

압수처분은 압수의 취지를 넘어 상당성이 없다. 수사상 필요와 개인 재산권 침해의 정도를 비교 형량해보니, 비례성 원칙에 위배되어 위법하다.

압수가 필요하다고 해도 좀 지나친 경우같죠?

형사소송법 중 상당 부분이 수사기관의 권한을 통제함을 내용으로 하는바, 이는 국왕의 절대 권력 행사에 반발한 시민계급에 의해 근대 시민혁명이 일어나고 법전이 제정된 것처럼, 자칫 무절제하고 인권을 침범하기 쉬운 자의적인 수사기관의 행위를 '법'으로 규율하려는 취지이다.

이는 형사소송법에서 '수사의 조건' 중 '수사의 상당성'과 관련이 있는데, '수사의 상당성'과 관련하여 '수사비례의 원칙', 즉 수사처분은 그 목적을 달성하기 위한 최소한도에 그쳐야 한다는 원칙이 논의된다.

이에 관한 법원의 입장을 살펴보자.

■ 사건 개요

○ 검사는 갑이 공장의 폐수를 무단으로 방류한 혐의(수질환경보전법위반)가 인정된다는 이유로 갑이 운영하는 공장부지, 건물, 기계류 일체 및 폐수운반차량 7대에 대하여 압수처분을 하였다.

○ 이에 갑은 검사의 압수처분이 개인의 재산권을 과도하게 침해하는 것으로 비례성의 원칙에 위배되어 위법하다며 이를 취소하여 달라는 준항고를 제기(형사소송법 제417조)하였다.

■ 결정 요지

○ 형사소송법 제215조에 의하면 검사나 사법경찰관이 범죄수사에 필요한 때에는 피의자가 죄를 범하였다고 의심할 만한 정황이 있고 해당 사건과 관계가 있다고 인정할 수 있는 것에 한정하여 영장에 의하여 압수를 할 수 있으나,

○ 여기서 '범죄수사에 필요한 때'라 함은 단지 수사를 위해 필요할 뿐만 아니라 강제처분으로서 압수를 행하지 않으면 수사의 목적을 달성할 수 없는 경우를 말하고, 그 필요성이 인정되는 경우에도 무제한적으로 허용되는 것은 아니며, 압수물이 증거물 내지 몰수하여야 할 물건으로 보이는 것이라 하더라도, 범죄의 형태나 경중, 압수물의 증거가치 및 중요성, 증거인멸의 우려 유무, 압수로 인하여 피압수자가 받을 불이익의 정도 등

제반 사정을 종합적으로 고려하여 판단해야 한다.
○ 검사의 압수처분이 수사상의 필요에서 행하는 압수의 본래의 취지를 넘는 것으로 상당성이 없을 뿐만 아니라, 수사상의 필요와 그로 인한 개인의 재산권 침해의 정도를 비교형량해 보면 비례성의 원칙에 위배되어 위법하다.

■■ 해설

○ 수사의 조건으로는 수사의 필요성과 수사의 상당성이 문제되고, 수사의 상당성은 수사의 신의칙과 수사비례의 원칙(강제처분은 그 목적을 달성하기 위한 최소한도에 그쳐야 한다는 원칙)을 그 내용으로 하는데,
○ 형사소송법이 "강제처분은 이 법률에 특별한 규정이 있는 경우에 한하며, 필요한 최소한도의 범위 안에서 하여야 한다(제199조 제1항 단서)."라고 규정한 것도 이러한 수사비례의 원칙을 규정한 것으로 볼 수 있다.
○ 위 판결은 수사기관의 대물적 강제처분은 필요성만 있으면 무제한적으로 허용되는 것이 아니라 필요한 최소한도 내에서만 허용된다는 수사비례의 원칙을 적용한 점에서 의미가 있다.

* 참고 - 위 판결 당시 법은 "범죄수사에 필요한 때"만을 압수수색영장의 요건으로 하였으나, 2011. 7. 18. 개정 형사소송법에서 위 요건에 "피의자가 죄를 범하였다고 의심할 만한 정황이 있고 해당 사건과 관계가 있다고 인정할 수 있는 것에 한정하여"를 추가하여 요건을 강화하였다.

전자저장매체에 대한 압수수색

(대법원 2011. 5. 26. 자 2009모1190 결정)

수사기관은 A 본부 사무실에 대한 압수·수색영장을 집행했다.

자, 경찰에서 나왔습니다! 영장 보이시죠?

경찰이요?

수사관은 방대한 전자정보가 담긴 저장매체를

컴퓨터 하드디스크를 검사해야 하는데, 여기는 설비가 없으니, 장소를 옮겨야 합니다.

영장 집행 장소에서 수사기관 사무실로 가져갔다.

같이 가서 직접 확인하세요!

수사관은 이어 저장매체 내 전자정보파일 중 8,000여 개의 파일을 다른 저장매체로 복사하였다.

이거, 이거, 이거 복사하자구!

수사 과정 내내 A 직원들과 변호인들 참여가 허용되었고, 일정 시점 이후 열람된 파일들로 제한하여 복사하였다.

나중에 다른 소리 말고 옆에서 잘 확인하세요!

A는 압수·수색영장의 집행이 위법하다고 다투었다.

＊쟁점＊

일상에서 컴퓨터, 스마트폰, 전화기 등 전자장비의 비중이 커지면서, 이러한 기기들이 범죄의 도구로 사용되거나 기기들에 수록된 내용이 범죄의 증거로 제출되는 경우도 늘고 있습니다.

전자저장매체에 대한 압수수색이 특히 장소를 옮겨 행해질 때 어떤 방식으로 어떻게 이루어져야 하는지 문제되었습니다.

압수 수색을 외부에서 해도 되는 건가요? 위법한 집행입니다!

필요성이 있다면, 또 일정 요건을 지킨다면 외부에서 전자저장매체를 압수수색하는 것도 가능합니다!

전자정보에 대한 압수수색영장 집행시, 예외적으로 외부로 반출해 압수수색 할 수 있다고 영장에 기재되어 있고, 그런 사유 발생시 그 방법이 허용된다.

외부 반출 압수수색시에도 당사자의 계속적 참여권 보장, 당사자가 없을 때 열람복사 금지 등 적절한 조치가 이루어져야 한다.

전자저장매체에 대한 압수수색, 적절한 요건을 갖춘 경우에는 적법하게 가능하다고 합니다.

우리의 일상 생활에서 컴퓨터, 스마트폰, 전화기 등 전자장비의 비중이 커지면서, 이러한 기기들이 범죄의 도구로 사용되거나 기기들에 수록된 내용이 범죄의 증거로 제출되는 경우도 늘고 있다.

예를 들어 컴퓨터 파일로 만들어진 증거는 이를 분석하여 그 내용을 보여주기 위해서 디지털 포렌식(Digital Forensic. 전자 증거물 등을 사법기관에 제출하기 위해 데이터를 수집, 분석, 보고서를 작성하는 작업)을 실시하는 경우가 있다.

그렇다면 전자저장매체에 대한 압수수색은 통상의 압수수색과 어떤 차이점이 있고, 어떤 방식으로 이루어져야 할까?

이에 관한 법원의 입장을 살펴보자.

■■ 사건 개요

- ○ 수사기관은 A 본부 사무실에 대한 압수·수색영장을 집행하면서 방대한 전자정보가 담긴 저장매체 자체를 영장 기재 집행 장소에서 수사기관 사무실로 가져가 그곳에서 저장매체 내 전자정보파일 중 8,000여 개나 되는 파일을 다른 저장매체로 복사하였다.
- ○ A본부측은 압수·수색영장의 집행이 위법하다며 준항고, 원심법원이 준항고를 기각하여 A본부측은 재항고.

■■ 판결 요지

- ○ 전자정보에 대한 압수·수색영장을 집행할 때에는 원칙적으로 영장 발부의 사유인 혐의사실과 관련된 부분만을 문서 출력물로 수집하거나 수사기관이 휴대한 저장매체에 해당 파일을 복사하는 방식으로 이루어져야 하고, 예외적으로 집행 현장 사정상 집행이 불가능하는 등 사정이 있을 때 수사기관 사무실 등 외부로 반출하여 해당 파일을 압수·수색할 수 있도록 영장에 기재되어 있고, 실제 그러한 사유가 발생한 때에 한하여 위 방법이 예외적으로 허용될 수 있을 뿐이다.
- ○ 외부로 반출하여 압수수색하는 경우에도 전체 과정을 통하여 피압수·수

색 당사자나 변호인의 계속적인 참여권 보장, 피압수·수색 당사자가 배제된 상태의 저장매체에 대한 열람·복사 금지, 복사대상 전자정보 목록의 작성·교부 등 압수·수색 대상인 저장매체 내 전자정보의 왜곡이나 훼손과 오·남용 및 임의적인 복제나 복사 등을 막기 위한 적절한 조치가 이루어져야만 집행절차가 적법하게 된다.

○ 본건 압수·수색영장을 집행할 때 피압수·수색 당사자의 직원들과 변호인들의 참여가 허용되었고, 위 당사자측의 참여하에 이루어진 이 사건 전자정보파일의 복사에 있어 그 대상을 영장에 기재된 혐의사실의 일시로부터 소급하여 일정 시점 이후에 열람된 파일들로 제한하였으며 이러한 압수·수색영장의 집행방법과 관련하여 당사자측은 위 소급 복사하는 파일 열람시점에 관한 의견만 제시하였을 뿐, 범죄 혐의와의 관련성에 관한 별도의 이의나 저장매체의 봉인 요구 등 절차상 이의를 제기하지 않고 있다가 영장 집행일인 3일 후 이 사건 준항고를 제기하였다.

○ 압수·수색 전 과정에 비추어 볼 때, 수사기관이 영장에 기재된 혐의사실 일시로부터 소급하여 일정 시점 이후의 파일들만 복사한 것은 나름대로 대상을 제한하려고 노력한 것으로 보이고, 당사자측도 그 적합성에 대하여 묵시적으로 동의한 것으로 보는 것이 타당하므로, 위 영장 집행이 위법하다고 볼 수는 없다. 재항고 기각.

■ 해설

○ 전자정보에 대한 압수·수색영장을 집행할 때 저장매체 자체를 수사기관 사무실 등 외부로 반출할 수 있는 예외적인 경우 및 위 영장 집행이 적법성을 갖추기 위한 요건을 제시한 판례이다.

현행범인 체포 현장에서의 압수·수색

(서울중앙지법 2006. 10. 31. 선고 2006노2113 판결)

경찰관A는 용의자 갑을 임의동행 형식으로 지구대로 데려갔다.

갑이 경찰서로 동행하시죠?

경찰관 B는 갑의 동의 없이 갑의 집을 수색하여 트럭 열쇠를 발견하고

어, 이건 자동차 열쇠?

갑의 트럭 문을 열어 조수석에 숨겨져 있던 현금을 발견했다.

선배님, 뭘 찾았습니다, 빨리 와보세요!

이에 B는 사진촬영을 한 다음 A에게 연락하였고 A는 갑과 갑의 집에 가서 현금을 압수한 후

여기 돈 이거 뭐요?

갑을 다시 지구대로 연행해서 압수조서 작성 후, 갑을 현행범인으로 체포하였다.

현행범인으로 체포합니다!

현.. 현행범?!

압수·수색이 적법한지가 문제되었다.

쟁점

법에서는 검사 또는 사법경찰관이 피의자를 현행범 체포하는 경우 필요한 때에는 영장없이 체포현장에서 압수·수색을 할 수 있다고 규정합니다.

그런데 압수·수색을 먼저 한 다음에 현행범 체포를 하는 것도 가능할까요?

현행범 체포를 하면서 압수, 수색을 해야지, 압수, 수색을 먼저 한 다음 현행범 체포를 함은 위법합니다!

법 규정에 따라 현행범 체포를 하면서 영장 없이 압수, 수색을 했을 뿐입니다!

현행범 체포에 선행하는 압수 수색은 허용되지 않고, 현행범 체포되는 자가 현장에 있어야 한다. 법상 '긴급체포할 수 있는 자'란 현실적으로 '긴급체포된 자'를 말한다.

위법한 수색에 의한 압수물을 직접 이용해서 촬영된 압수물의 사진, 작성된 압수조서는 증거능력을 부정해야 한다.

굉장히 엄격하게 해석하죠? 기본적으로 형소법 중 상당수 규정은 수사기관의 위법한 월권을 제어하기 위한 것이란 점, 명심하세요!

압수수색은 법원이 발부한 압수·수색영장에 의해야 하지만, 형사소송법은 아래와 같이 예외적으로 영장 없이 압수수색이 가능한 경우를 규정하고 있다.

> 제216조(영장에 의하지 아니한 강제처분) ① 검사 또는 사법경찰관은 제200조의2·제200조의3·제201조 또는 제212조의 규정에 의하여 피의자를 체포 또는 구속하는 경우에 필요한 때에는 영장없이 다음 처분을 할 수 있다.
> 1. 타인의 주거나 타인이 간수하는 가옥, 건조물, 항공기, 선차 내에서의 피의자 수사
> 2. 체포현장에서의 압수, 수색, 검증

본건에서는 위 규정의 압수, 수색이 문제되었다.

■ 사건 개요

○ 피해자의 도난신고를 받고 출동한 경찰관 A는 피해자가 지목하는 용의자 갑의 집으로 가서, 일단 갑을 임의동행 형식으로 지구대로 데리고 갔다.

○ 이후 경찰관 B는 갑의 동의 없이 갑의 집을 수색하여 트럭열쇠를 발견하고, 인근에 주차되어 있던 갑의 트럭 문을 열어 조수석 아래에 있던 종이박스 밑에 40만원이 깔려 있는 것을 보고, 이를 사진 촬영한 다음 지구대에 있는 A에게 연락하였다.

○ 이에 A는 갑과 함께 갑의 집으로 가서 그곳에 있던 현금 19만원과 위 40만원을 압수하고, 갑을 지구대로 연행하여 압수조서를 작성한 후 현행범인으로 체포하였다. 위 압수·수색이 적법한지가 문제됨.

■ 판결 요지

○ 현행범 체포행위에 선행하는 압수·수색은 허용되지 아니하고, 현행범으로 체포된 자가 압수·수색의 현장에 있음을 요하며, 또한 형사소송법 제217조 제1항의 '긴급체포할 수 있는 자'란 현실적으로 '긴급체포된 자'로 해석하여야 한다.

○ 압수물의 사진 및 압수조서가 위법한 수색에 의한 압수물을 직접 이용해

서 촬영되거나 작성된 경우 비록 위법한 압수·수색으로 인하여 그 압수
물의 사진이나 압수조서 자체의 성질·형상에 변경을 가져오는 것은 아
니어서 그 형태 등에 관한 증거가치에는 변함이 없다고 하더라도 그 증
거능력을 부정해야 한다.

■ 해설

○ 검사 또는 사법경찰관이 피의자를 구속 또는 체포(영장에 의한 체포, 긴
  급체포, 현행범 체포)하는 경우 필요한 때에는 영장 없이 체포현장에서
  압수, 수색, 검증을 할 수 있다(법 제216조 제1항 제2호).

○ 이때 체포현장에서의 압수, 수색이 체포와의 사이에 시간적 접촉을 요한
  다. 위 판결은 체포 당시 피의자가 현장에 있어야 하고, 체포에 착수한
  이후일 것을 요한다고 보아 체포와의 접착성이 요구됨을 밝히고 있다. 이
  에 따르면, 사안의 경우 C가 피고인이 없는 자리에서 영장 없이 갑의 집
  을 수색하여 압수하기에 이른 것이므로 위법함이 분명하다.

○ 또한 법 제217조 제1항에 의하여 영장 없이 압수, 수색 또는 검증할 수
  있는 것은 현실로 긴급체포된 자에 한하므로, 동 규정이 사안과 같이 긴
  급체포하기 전에도 영장 없이 압수, 수색을 허용하는 것은 아니다.

  * 참고 - 이 판결은 대법원 판결이 아닌, 2심에서 확정된 판결이다.

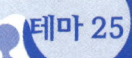

(대법원 1999. 12. 1.자 99모161 결정)

사법경찰관은 갑의 주거지에 대한 압수 수색이 필요하여

음, 갑의 집을 한번 수색해야 하겠군!

판사가 1999. 8. 20. 발부한 압수수색영장에 기하여

압수 수색영장을 발부하여 주십시오.

발부합니다!

8. 24. 갑의 주거지에 대한 압수 수색을 실시하여 물건을 압수하였다.

압수 수색 나왔습니다! 여기 영장입니다.

경찰관은 그 후 재차 갑의 주거를 수색할 필요성을 느끼자, 영장의 유효기간 마지막날인 8. 27.

이건 조금 모자라… 그날 좀 확실히 할 걸… 아무래도 한번 더 수색을 해야겠군.

같은 영장으로 갑의 주거를 다시 압수·수색하여 다른 물건을 압수하였다.

다시 한번 왔습니다~! 영장, 지난 번에 봤죠?

영장재활용?

압수 처분이 적법한지 문제되었다.

＊쟁점＊

법원이 발부하는 압수·수색영장에는 압수 물건, 수색장소, 발부년월일, 유효기간과 그 기간을 경과하면 집행에 착수하지 못하며 영장을 반환해야 한다는 취지, 압수·수색의 사유 등이 기재됩니다.

그럼 유효기간 내에서는 반복해서 재차 압수·수색이 가능할까요?

영장을 갖고 한번 압수 수색을 했으면 영장의 효력은 끝나는 것이죠! 재차 압수는 위법!

수사의 필요성에 따라 영장의 유효기간 내에 처분을 한 것이니 문제없습니다!

압수 수색영장에 기재되는 유효기간은 집행에 착수 종기를 의미한다. 영장을 제시하고 집행을 했으면 영장은 목적을 달성하여 효력이 상실된다.

동일한 장소, 목적물에 다시 압수 수색할 필요성이 있어도, 이전 영장 유효기간이 남아 있다 해도 다시 집행할 수 없다.

영장재활용은 할 수 없다고 하네요!^^

법원이 발부하는 압수·수색영장에는 피의자의 성명, 죄명, 압수물건, 수색
장소, 발부년월일, 유효기간과 그 기간을 경과하면 집행에 착수하지 못하며 영
장을 반환해야 한다는 취지, 압수·수색의 사유 등이 기재된다(법 제219조, 제
114조 제1항).

그런데 위와 같이 영장에 기재된 유효기간 내에서라면 수사기관은 몇 번이
고 영장에 기해서 압수, 수색이 가능할까?

이에 관한 법원의 입장을 살펴보자.

■■ 사건 개요

○ 사법경찰관은 판사가 1999. 8. 20. 발부한 압수·수색영장에 기하여 같은
달 24. 갑의 주거지에 대하여 압수·수색을 실시하여 물건을 압수하였음
에도 같은 달 27. 같은 영장에 기하여(유효기간 내) 다시 같은 장소에서
압수·수색을 실시하여 다른 물건을 압수하였다.

○ 갑은 위 압수 처분에 불복하여 그 취소를 구하며 준항고를 제기하였고,
하급심에서는 청구를 기각. 이에 갑이 재항고.

■■ 판결 요지

○ 형사소송법 제215조에 의한 압수·수색영장은 수사기관의 압수·수색에
대한 허가장으로서 거기에 기재되는 유효기간은 집행에 착수할 수 있는
종기(終期)를 의미하는 것일 뿐이므로, 수사기관이 압수·수색영장을 제
시하고 집행에 착수하여 압수·수색을 실시하고 그 집행을 종료하였다면
이미 그 영장은 목적을 달성하여 효력이 상실되는 것이고,

○ 동일한 장소 또는 목적물에 대하여 다시 압수·수색할 필요가 있는 경우
라면 그 필요성을 소명하여 법원으로부터 새로운 압수·수색영장을 발부
받아야 하는 것이지, 앞서 발부 받은 압수·수색영장의 유효기간이 남아
있다고 하여 이를 제시하고 다시 압수·수색을 할 수는 없는 것이다.

○ 따라서 사법경찰관이 재차 실시한 압수·수색은 결국 적법한 영장 없이
이루어진 것으로서 위법하다 할 것이다.

■ 해설

○ 본건은 압수·수색영장의 유효기간 이내라면 일단 영장의 집행을 종료한
후 다시 영장을 집행할 수 있는지와 관련한 판례이다.

○ 압수·수색영장의 유효기간의 의미는 집행에 착수할 수 있는 종기(終期)
를 의미할 뿐이므로 일단 집행이 종료하면 그 효력이 상실되는 것이며,
유효기간 내라고 하여 다시 집행할 수 있는 것은 아니라는 판례이다.

(대법원 1996. 8. 16. 자 94모51 전원합의체 결정)

갑은 매매를 의뢰받은 다이아몬드를 을에게 매도하려고 하였는데,

이게 제가 판매를 의뢰받은 다이아몬드인데요, 시가가 6,500만원쯤 합니다.

그 과정에서 갑과 을은 관세법위반혐의로 적발되어 조사를 받으면서

밀수된 다이아몬드라는 사실 알고 있었죠?

어어 저는 여자문제가 정말 깨끗한 사람이라니까

소유권포기서 작성해서 제출하세요.

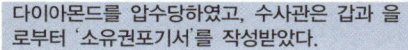

다이아몬드를 압수당하였고, 수사관은 갑과 을로부터 '소유권포기서'를 작성받았다.

소유권포기서

앞으로 다이아몬드에 대한 어떠한 권리나 소유권을 주장하지 않을 것임을 이에 서약한다.

성명: 갑
주소: 서울 00구 00동…

성명: 을
주소: 경기도 00시…

이후 갑은 검찰에서 다이아몬드가 관세장물인지 알 수 없다는 이유로 기소중지 처분을 받았고,

현재 A의 소재를 알 수 없고 다이아몬드가 관세장물인지 알 수 없으니 일단 기소중지 처분을 할 겁니다.

위 다이아몬드에 대해서는 계속 보관결정이 내려졌다.

아니! 내 다이아를 왜?

다이아몬드는 검찰에서 계속보관을 합니다.

이에 갑은 법원에 다이아몬드에 대한 보관결정의 취소를 구하였다.

압수를 계속할 필요성이 없잖아요!

수사에 필요하지도 않은데 왜 물건을 돌려주지 않습니까!

소유권포기서를 써서 포기한다고 하고선 왜 돌려달라는 것인지 모르겠습니다!

피압수자가 수사기관에 환부청구권을 포기하는 의사표시를 해도, 환부를 청구할 절차법상 권리는 소멸하지 않는다.

필요없어지면 빨랑빨랑 돌려줘야지 왜 갖고 안돌려주남.

적법한 절차에 따라 물건을 압수했다고 해도, 압수의 필요성이 없어졌다면 굳이 수사기관이 이를 계속 갖고 있을 이유는 없고, 압수물을 돌려줘야 할 것이다.

'압수물환부'(押收物還付)라 함은 이처럼 압수를 계속할 필요성이 없어진 압수물을 사건 종결 전이라도 돌려주는 것을 말하고, 가환부는 압수의 효력을 존속시키면서 압수물을 잠정적으로 돌려주는 것을 말한다.

관련하여 법은 아래와 같이 규정한다.

> 제133조(압수물의 환부, 가환부) ① 압수를 계속할 필요가 없다고 인정되는 압수물은 피고사건 종결 전이라도 결정으로 환부하여야 하고 증거에 공할 압수물은 소유자, 소지자, 보관자 또는 제출인의 청구에 의하여 가환부할 수 있다.
> (…)

그런데 수사절차에서 수사기관이 피압수자로부터 '소유권포기서'를 받은 경우에도 압수물을 돌려줘야 하는지 문제되었다.

■ 사건 개요
- 갑은 을과 같이 관세법위반혐의로 적발되어 조사를 받으면서 다이아몬드를 압수당하였고, 수사관은 갑과 을로부터 '앞으로 위 다이아몬드에 대한 어떠한 권리나 소유권을 주장하지 않을 것임을 이에 서약한다'는 내용의 '소유권포기서'를 작성 받았다.
- 이후 갑은 검찰에서 관세장물인지 여부를 알 수 없다는 이유로 기소중지 처분을 받았고, 위 다이아몬드에 대하여는 계속 보관결정이 내려졌다.
- 이에 갑은 위 다이아몬드에 대하여 압수를 계속할 필요성이 없어졌음을 이유로 위 보관결정의 취소를 구하는 준항고를 하였다.

■ 결정 요지
- 압수물의 환부는 실체법상의 권리와 관계없이 압수 당시의 소지인에 대

하여 행하는 것이므로, 실체법상 권리의 유무나 변동이 압수물의 환부를 받을 자의 형사소송법상의 지위에 영향을 미치지는 않으므로, 피압수자가 압수물의 소유권을 포기하는 등에 의하여 실체법상 권리를 상실하는 일이 있더라도 수사기관의 환부의무에는 영향을 미치지 않는다.

○ 피압수자 등 압수물을 환부받을 자가 수사기관에 대하여 형사소송법상의 환부청구권을 포기한다는 의사표시를 한 경우에 있어서도, 그 효력이 없어 그에 의하여 수사기관의 필요적 환부의무가 면제된다고 볼 수는 없으므로, 그 환부의무에 대응하는 압수물의 환부를 청구할 수 있는 절차법상의 권리가 소멸하는 것은 아니다.

해설

○ 압수를 계속할 필요가 없는 압수물은 이를 환부하여야 한다(법 제133조, 제219조). 이러한 법원 또는 수사기관의 압수물 환부의무는 필요적이고 의무적이다.

○ 사안에서는 압수를 계속할 필요가 없어졌음에도, 피압수자들이 소유권을 포기하였으므로, 환부청구권을 상실하였고, 그로 인해 수사기관의 환부의무가 면제되었다고 볼 것인가가 문제되었다.

○ 위 판결은 압수물 환부는 압수를 해제하는 것에 불과하고 실체법상 권리와 관계없이 소지인에 대하여 행해지는 것인 점, 특히 소유권포기각서를 받는 등의 방법으로 환부의무를 면하게 된다면, 압수물환부의무를 필요적, 의무적으로 규정한 위 형사소송법 규정의 취지 및 몰수제도를 잠탈할 위험이 있다는 점에서 수사기관의 환부의무가 면제되지 않는다고 판단하였다.

* 참고 – 현재의 기소중지 처분은 피의자가 소재불명 등 사유가 있을 때, 참고인중지는 범죄혐의를 입증할 참고인이 소재불명일 때 하는 불기소처분을 말하고, 본건은 참고인중지에 해당하나 아직 참고인중지 처분제도가 도입되기 전 기소중지 처분된 사건이다.

(대법원 1992. 2. 28. 선고 91도2337 판결)

갑은 피해자 A의 유방을 만지는 등 행위로

우히히~!

꺅!

강제추행치상죄 혐의로 기소되었다.

멀쩡한 사람이 그렇게 추잡한 짓을 하고 그래?!

그런데 1회 공판기일 전 피해자 A에 대한 증거 보전절차가 있었고, A는 기일에 증언을 했으나,

검사님, 증인신문 시작하시죠~!

넵~!

갑 또는 변호인에게는 그 일시나 장소 등을 미리 통지하지 않아 해당 절차에 참여할 기회가 없었다.

네, 갑이 저의 뒷편 에서 덮쳐서 제 가슴을 만지고요…,

1심은 증거보전 절차의 A의 증인신문조서와 증언 등에 기하여 유죄를 선고하였다.

피고인 갑은 유죄!

뭣이 상소한다!

이에 갑측은 증인신문조서에 관하여 이의신청을 하였다.

쟁점

증거보전절차는 법원이 공판정에서 정상적 으로 증거를 조사할 때까지 기다릴 경우 증 거의 사용에 곤란한 사정이 있는 때에는 공 판기일 전에 미리 증거조사를 하여 결과를 보전해두는 제도를 말합니다.
증거가 곧 없어질 위험이 있으면 정식 재판 전에 급하게 증거를 확보해 놓는 것이죠.
이 절차에서 피고인의 참여권 보장이 문제된 사안입니다.

피고인과 변호인이 알지도 못하고, 참여도 하지 못한 증인신문을 근거로 유죄를 선고할 수 없습니다!

법에 피고인, 변호인의 참여권 근거가 없으니, 부당한 주장입니다!

피의자와 변호인에게 신문 참여 기회를 주지 않았고 피고인측이 증인신문조서의 증거조사에 관해 이의신청을 하였다면 증인신문조서는 증거능력이 없다.

증인이 법정에서 조서의 진정성립을 인정해도, 다시 증거능력을 취득하는 것이 아니다.

증거보전절차에서도 피고인 또는 변호인의 참여기회가 보장되어야 한다네요~.

피고인과 변호인은 소송의 주체로서 공판기일의 소송절차 등 소송절차 전반에 참여할 권리인 '소송절차참여권'이 있다. 이러한 권리는 피고인의 방어권 행사와 소송절차의 공정을 보장하기 위한 것이다.

한편 증거보전(證據保全)절차란 법원이 공판정에서 정상적으로 증거를 조사할 때까지 기다릴 경우 증거의 사용에 곤란한 사정이 있는 때에는 공판기일 전에 미리 증거조사를 하여 결과를 보전해두는 제도를 말한다.

본건에서는 이러한 증거보전절차에서 피고인, 변호인의 참여권이 제대로 보장되었는지, 만약 이러한 권리가 보장되지 않으면 어떤 효과를 인정할 것인지가 문제되었다.

■ 사건 개요

○ 갑은 피해자 A에 대한 강제추행치상죄로 기소되었다. 갑은 법정에 이르러 범행을 부인하였고, 1심은 1회 공판기일 전 증거보전 절차에서 A를 증인 신문한 증인신문조서와 A의 증언 등에 기하여 유죄를 선고하였다.

○ 그런데 위 증거보전절차에서 A를 증인 신문할 당시 갑이나 갑의 변호인에게는 그 일시와 장소를 미리 통지하지 않아 참여할 수 있는 기회를 주지 않았고. 이에 갑측은 증인신문조서에 관하여 이의신청을 하였다.

■ 판결 요지

○ 제1회 공판기일 전에 형사소송법 제184조에 의한 증거보전절차에서 증인신문을 하면서, 위 증인신문의 일시와 장소를 피의자 및 변호인에게 미리 통지하지 아니하여 증인신문에 참여할 수 있는 기회를 주지 아니하였고, 변호인이 제1심 공판기일에 위 증인신문조서의 증거조사에 관하여 이의신청을 하였다면, 위 증인신문조서는 증거능력이 없다 할 것이고,

○ 그 증인이 후에 법정에서 그 조서의 진정성립을 인정한다 하여 다시 그 증거능력을 취득한다고 볼 수도 없다.

■ 해설

○ 형사소송법 제184조는 피고인 및 변호인의 참여권에 대하여 명시하지는

않았지만, 증거보전의 청구를 받은 판사는 법원 또는 재판장과 동일한 권한이 있으므로(동조 제2항), 수소법원이 행하는 증인신문에 관한 규정도 그대로 적용된다(제163조는 검사, 피고인 또는 변호인은 증인신문에 참여할 수 있고, 증인신문의 시일과 장소를 이들에게 미리 통지하여야 한다고 규정하고 있다).

o 따라서 소송관계인의 참여권 역시 수소법원이 증거조사를 행하는 경우와 동일하게 인정되어야 하고, 위 판결은 이러한 점을 확인한 것이다.

o 또한 증거보전절차에서 작성한 조서는 법원 또는 법관의 조서로서 당연히 증거능력이 인정되나(제311조 후문), 이는 전문법칙의 예외를 인정한 것에 불과하고, 피고인측의 참여권을 보장하지 않은 경우에는 위법하게 수집된 증거로서 증거능력이 없다고 할 것이므로, 전문증거의 증거능력을 인정하기 위한 요건을 갖춘다고 하여 증거능력을 갖게 된다고 할 수도 없다(전문법칙, 전문증거에 대해서는 뒤에서 자세히 살펴본다).

Ⅱ

기소(공소의 제기)

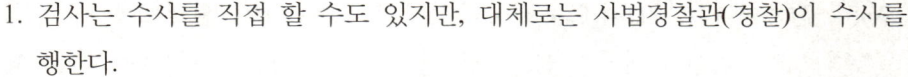
1. 검사는 수사를 직접 할 수도 있지만, 대체로는 사법경찰관(경찰)이 수사를 행한다.

   즉결 심판을 제외한 모든 형사 사건은 검사만이 수사를 종결할 수 있으므로, 사법경찰관은 수사한 모든 기록과 증거물, 그리고 피의자를 구속한 경우에는 피의자를 검찰청으로 보내야 하는데, 이를 '송치'라고 한다. 이때 수사한 결과를 종합하여 해당 사건에 관한 사법경찰관의 의견을 함께 보내는데, 이것을 '송치 의견'이라고 한다.

   검사는 사법경찰관으로부터 받은 의견(기소 또는 불기소, 기소 중지, 무혐의 등)을 참고하여 사건에 대해 최종적인 판단을 한다.

2. 수사결과 피의자에 대하여 혐의가 인정되고 유죄판결을 받을 수 있다고 판단되면 검사는 피의자에 대해 정식으로 재판을 해달라는 취지로 법원에 공소를 제기한다[공소제기와 '기소'(起訴)는 같은 뜻이다].

3. 반면 검사가 사건의 수사 결과 재판에 회부하지 않는 것이 상당하다고 판단되면 기소를 하지 않고 사건을 종결하는 불기소 처분을 한다.

   불기소 처분 중에서 가장 중요한 것이 무혐의 처분과 기소유예 처분이다. '무혐의' 처분은 검사가 수사를 한 결과 범죄를 인정할 만한 증거가 없는 경우에 피의자가 무고하다고 판단하는 처분이다. 법원의 무죄 판결과 비슷하다.

   '기소유예'는 죄는 인정되지만 피의자의 연령이나 성행, 환경, 피해자에 대한 관계, 범행의 동기나 수단, 범행 후의 정황 등을 참작하여, 기소를 하는 것보다는 다시 한번 성실히 살아가라는 취지에서 피의자를 기소하지 않고 용서해 주는 것이다.

   형사절차 전반에 걸쳐 문제되는 것으로 '합의'가 있다. 범죄를 저질러 남에게 피해를 입히면 적절히 피해를 보상해 주는 것이 합당하므로, 가해자는 적당한 정도의 보상을 하고, 피해자는 보상을 받았으니 더 이상 처벌을 원하지 않는다는 취지로 쌍방 의사가 일치하는 것을 말한다. 형사절차에서 합의가 이루어진 경우에는 정상이 참작되어 가벼운 처분이나 판결이 내려지는 것이 관례이다. 합의 여부는 검사의 기소유예 처분에도 크게 고려가 된다.

최근에는 비행을 저지른 청소년에 대해서 '선도조건부 기소유예'라는 제도를 많이 활용하고 있다. 이는 검사가 청소년이 민간인 선도위원의 선도를 받으며 자신의 잘못을 뉘우치고 앞으로 같은 잘못을 저지르지 않을 것을 조건으로 기소를 유예하는 것이다.

4. 공소제기 또는 불기소처분에 의하여 수사는 일단 종결된다. 다만 기소 후에도 수사가 허용되지 않는 것은 아니며, 불기소처분의 경우도 고소인의 검찰항고, 재정신청 등이 인용되어 수사가 재기될 수도 있다.

검사의 공소제기가 있으면, 피의자(被疑者)는 피고인(被告人)의 지위로 바뀌게 된다. 즉, 수사단계에서 범죄의 혐의를 받고 수사의 대상이 된 사람을 '피의자'라 하고, 검사의 기소로 재판을 받게 된 사람을 '피고인'이라 한다.

MEMO

공소권 남용

(대법원 2001. 9. 7. 선고 2001도3026 판결)

갑은 운전면허 없이 피해자 A의 차를 운전하여가 절취하였고

히힛… 이 차 나름 잘 나가는데?

절도죄로 지명수배 및 기소중지가 되었다가 검거되었으나 무면허운전에 대해서만 기소되었다.

네, 제가 자동차를 훔쳐서 무면허로 몰고 다닌 것이 맞습니다.

그 후 갑은 징역 6개월을 선고받고 복역을 하였고

어휴, 6개월? 어떻게든 좀 참아보자.

복역 중 가석방으로 출소하였으나, 출소 당일 다시 절도죄로 긴급체포되었다.

또 체포한다고요? 감옥에서 나가는 날에? 이게 왠 날벼락이오?

긴급체포 합니다!

검사는 갑을 신문하면서 갑이 무면허 운전으로 처벌받은 사실을 알면서도,

지난번에 차를 절취해 무면허로 운전해서 6개월간 살고 나오던 길이었습니다.

그랬나~

종전 사건 내용을 확인하지 않고, 절도죄와 아울러 이미 처벌받은 무면허운전죄도 다시 기소하였다.

절도죄, 무면허운전죄로 기소합니다.

아니 무면허운전은 지난번에 처벌받았다니까요.

절도, 무면허운전 모두 기소를 할 수 있었는데 하나만 기소를 해서 제가 다시 처벌받게 되었으니, 위법합니다!

법상 근거도 없는 공소권 남용이라는 이론으로 검사의 공소권을 부인할 수 없습니다!

검사가 자의적으로 공소권을 행사, 소추 재량권을 현저히 일탈했다면 공소권 남용으로 공소제기의 효력을 부인할 수 있다.

자의적 공소권 행사는 직무상 과실만으로는 인정할 수 없고, 적어도 미필적으로라도 어떤 의도가 있어야 한다.

이 정도면 좀 심했다는 생각이 들죠? 이런 경우는 공소권 남용이 된다고 합니다!

이제 수사기관이 수사를 마치고 법원에 공소를 제기하는 단계를 살펴보자.

공소제기(公訴提起) 또는 기소(起訴)란 검사가 형사사건에 대하여 법원의 심판을 구하는 행위를 말한다.

공소권(公訴權)은 이처럼 검사가 형사사건의 심판을 법원에 청구하는 권리를 말한다. 형사소송법은 공소권을 검사만이 행사할 수 있도록 검사에게 독점시키고 있는데, 이를 '기소독점주의'(起訴獨占主義)라고 말한다.

때로는 검사의 공소권 행사가 부적정하거나 부당한 경우도 있는데, 이처럼 검사의 공소권의 행사가 형식적으로는 적법하지만 실질적으로는 부당한 경우를 '공소권 남용'이라고 한다.

본건에서는 검사의 공소권 남용이 문제되었다.

■■ 사건 개요

○ 갑은 운전면허 없이 피해자 A의 차를 운전하여 가 절취하였고, 절도죄로 지명수배 및 기소중지되었다가, 검거되었으나 무면허운전의 점에 대하여만 기소되었다.

○ 이후 갑은 징역 6개월을 선고받고 복역하던 중 가석방으로 출소하였으나, 같은 날 다시 위 절도죄로 긴급체포되었다. 검사는 피의자신문시 갑이 차를 절취하여 무면허운전을 하다가 검거되었다는 진술을 받았고, 무면허운전으로 처벌받은 사실을 알면서도 종전 사건의 내용을 확인하지 아니한 채, 절도죄와 아울러 이미 처벌받은 무면허운전죄도 기소하였다.

■■ 판결 요지(공소권 남용 부분에 한함)

○ 검사가 자의적으로 공소권을 행사하여 피고인에게 실질적인 불이익을 줌으로써 소추재량권을 현저히 일탈한 경우에는 이를 공소권의 남용으로 보아 공소제기의 효력을 부인할 수 있고,

○ 여기서 자의적인 공소권의 행사는 단순히 직무상의 과실에 의한 것만으로는 부족하고 적어도 미필적이나마 어떤 의도가 있어야 한다.

○ 이 사건의 경우 절도의 점은 공소권 남용의 여지가 있다는 이유로 파기

환송. 무면허 운전의 점은 면소판결[7].

▋ 해설

○ 사안의 경우 절도와 무면허운전 모두에 대하여 동시에 기소가 가능하였음에도, 무면허운전에 대하여만 기소하여 형이 확정된 뒤, 다시 절도죄로 기소한 것이 소추재량권을 남용한 것으로 볼 수 있는지가 문제된다.

○ 이와 같이 공소권의 행사가 형식적으로는 적법하지만 실질적으로는 재량의 범위를 일탈한 경우 이를 형식재판으로 종결시켜야 한다는 이론을 공소권남용이론이라고 한다.

○ 공소권남용을 인정하는 명문규정이 없는 점과 검사에게는 광범위한 소추재량권이 인정되는 점에서 이를 인정할지 여부의 논란이 있으나, 검사의 자의적인 공소권행사의 통제 및 피고인을 조기에 형사절차에서 해방시킬 수 있다는 점에서 이를 인정하는 것이 통설이다.

위 판결 역시 "검사가 자의적으로 공소권을 행사하여 피고인에게 실질적인 불이익을 줌으로써 소추재량권을 현저히 일탈한 경우"를 공소기각사유(형사소송법 제327조 제2호 공소제기의 절차가 법률의 규정에 위반하여 무효인 때)로 보고 있어, 공소권남용이론을 받아들인 것으로 판단된다.

다만, 대법원이 공소권남용을 이유로 공소기각사유로 본 경우는 위 판결 이외에는 함정수사의 경우가 유일하고, 학설상 주로 논의되는 다른 유형의 경우 - 혐의없는 사건의 공소제기 유형, 소추재량을 일탈한 공소제기 유형, 차별적 공소제기 유형 - 는 찾아보기 어렵다.

---

7) 형사사건에서 실체적 소송조건이 결여된 경우에 선고하는 판결.

(대법원 2004. 4. 27. 선고 2004도482 판결)

정치인 갑과 을은 대통령 선거 운동을 하면서

예상 선거자금이 얼마나 되지?

예상 모금액수와 차이가 나는데요, 국세청과 한번 접촉해 보겠습니다.

국세청 차장인 병에게 정치자금을 모금해 달라고 요청하였고,

이건 국운이 달린 거사요, 기업들도 잘 알고 있을 테니 성금을 모아봅시다!

병은 기업 관계자들로부터 정치자금을 모금하였다.

후보님 당선을 꼭 기원드리며 국가발전 잘 부탁드립니다~.

결국 갑, 을, 병은 불법적으로 정치자금을 모금하였다는 이유로 기소가 되었지만

피고인들, 정치자금에 관한 법률 위반죄로 기소된 사실 잘 알죠?

검찰은 대통령 당선자를 낸 다른 당에 대해서는 적극적으로 수사, 기소를 하지 않았다.

아니 왜 B당은 수사를 안합니까?

갑 등에 대한 검사의 기소가 적법한지, 검사는 공소권을 남용하지 않았는지 문제되었다.

＊쟁점＊

검사의 공소권의 행사가 형식적으로는 적법하지만 실질적으로는 부당한 경우를 '공소권 남용'이라고 합니다.

이 사건에서 검사가 A당의 정치인만 기소를 하고 B당 관련자들은 기소를 않은 것이 공소권 남용에 해당할까요?

정치적인 고려를 한 공소제기는 소추재량권을 남용한 것으로 위법합니다!

검사는 적절히 판단해 기소할 수 있는 재량이 있습니다. 괜한 시비에 불과합니다!

검사가 자의적으로 공소권을 행사, 피고인에게 실질적인 불이익을 줘 소추재량권을 현저히 일탈했다면 공소권 남용이다.

검찰이 수사, 기소에서 대통령 당선자와 낙선자를 불공평하게 취급하는 정치적 고려를 했어도, 공소제기가 소추권을 현저히 일탈했다고 할 수 없다.

차별적 공소제기도 공소권의 남용으로 볼 수 있다! 다만 이 사안은 공소권 남용이 아니라네요~.

공소권 남용의 유형으로는 보통 '무혐의사건에 대한 기소', '소추재량권의 남용', '차별적 공소제기' 등을 들고 있다.

여기서 '차별적 공소제기'란 범죄의 내용, 성질 등이 비슷한 자들 중 일부만을 기소하고, 일부는 기소하지 않는 경우를 말한다. 쉽게 얘기해서 '똑같은 잘못을 했는데 왜 누구는 처벌을 하고, 누구는 처벌을 하지 않느냐'라는 경우를 생각하면 되겠다.

본건에서는 검사의 공소권 행사가 차별적 공소제기에 해당하는지가 문제되었다.

■■ 사건 개요

○ 정치인인 피고인 갑과 을은 국세청 차장인 병에게 정치자금을 모금하여 달라고 요청하였고, 병은 해당 기업의 관계자들로부터 정치지금을 모금하였다는 사실로(정치자금에 관한 법률위반 등) 기소되었다.

○ 이에 대하여 갑 등은 검찰이 수사와 기소 단계에서 제15대 대통령 선거의 당선자측과 낙선자측을 불평등하게 취급하는 정치적인 고려가 있었으므로, 자신들에 대한 공소제기는 소추재량권을 남용한 것으로 위법하다고 주장하였다.

■■ 판결 요지

○ 검사가 자의적으로 공소권을 행사하여 피고인에게 실질적인 불이익을 줌으로써 소추재량권을 현저히 일탈하였다고 보여지는 경우에는 이를 공소권의 남용으로 보아 공소제기의 효력을 부인할 수 있다.

○ 기업들에 대하여 막강한 영향력을 가지고 있던 국세청의 고위 공무원들과 공모하여 기업들로부터 거액의 정치자금을 모금한 행위는 정치자금의 투명한 조달을 왜곡하고 공정한 선거를 방해할 뿐만 아니라 기업들에 대하여는 막중한 경제적 부담을 지우는 것으로서, 검찰이 수사와 기소 단계에서 제15대 대통령 선거의 당선자측과 낙선자측을 불평등하게 취급하는 정치적인 고려가 있었다고 하더라도, 그 범죄행위에 상응한 책임을 묻

는 검사의 공소제기가 소추재량권을 현저히 일탈하였다고 볼 수 없다.

■ 해설

○ 범죄의 내용, 성질 등이 비슷한 자들 중 일부만을 기소하고, 일부는 기소
하지 않는 경우(차별적 공소제기의 유형) 불평등한 공소제기로서 공소권
남용이 되는지가 논의되는데,

○ 차별적 공소제기의 경우에 대하여는 1) 형사소송법이 기소편의주의를 채
택하고 있고, 차별적 공소제기를 공소기각 사유로 할 때에는 공소제기되
지 않은 사건까지 심리의 대상에 포함시키지 않을 수 없어 불고불리의
원칙에 반하므로, 이 경우도 우무죄의 실체판결을 해야 한다는 견해(실체
판결설)와 2) 검사가 차별적으로 공소제기 권한을 행사하는 것은 평등원
칙에 반하는 것으로서 법 제327조 제2호의 공소제기의 절차가 법률의 규
정에 위반하여 무효인 때에 해당하여 공소기각판결을 해야 한다는 견해
(공소기각판결설)가 대립하고 있다.

위 판례는 "소추재량권을 현저히 일탈하였다고 보여지는 경우에는 이
를 공소권의 남용으로 보아 공소제기의 효력을 부인할 수 있다."고 하여
기본적으로는 공소기각판결설을 취한 것으로 이해된다. 다만, 아직까지
차별적 공소제기를 이유로 공소기각판결을 한 예는 발견되지 않고 있다.

공소제기와 공소사실의 특정

(대법원 2005. 12. 9. 선고 2005도7465 판결)

갑은 필로폰을 투약한 혐의로 체포되었지만, 혐의 사실을 부인하였다.

아니 저 이제 약 안한다니까요!!

않아요!

이에 수사관이 갑의 모발에 대한 검사를 하였는데,

그럼 모발검사를 해보자구.

좋소, 해보죠.

검사 결과 필로폰 양성 반응이 나왔다.

갑의 모발에서 필로폰 성분이 검출되었습니다.

앗싸~!

검사는 모발 감정 결과와 통상적인 투약량에 기초하여(모발길이에서 투약시기를 역추산),

감정결과를 참고해서 거꾸로 계산을 해보면 아마 투약한 것이…

공소사실을 작성하여 갑을 기소하였다.

공소장 작성이 은근 어렵다니까…

공소장의 공소사실이 제대로 특정되었는지가 문제되었다.

이 정도면 잘 썼지?

공 소 사 실

갑은 마약류취급자가 아님에도 불구하고,

2004. 11. 14.경부터 2005. 2. 4.경까지 사이에 군산시 이하 번지 불상지에서 향정 신성의약품인 메스암페타민(속칭 '필로폰') 약 0.05g 내지 0.1g을 1회용 주사기에 넣고 생수에 희석한 후 왼쪽 팔뚝에 주사하거나 맥주 등 음료에 타서 마시는 방법으로 투약하였다.

제가 언제, 어디서 투약을 했는지 제대로 특정이 안 되어 있으니 공소장 기재는 위법합니다!

특정이 가능한 범위에서 최대한 파악한 결과를 기재했으니, 문제가 없습니다!

법 규정 취지는 심판의 대상을 한정해 심판의 능률과 신속을 꾀하고 방어권 행사를 쉽게 해주기 위함이다. 검사는 위 요소를 종합해 다른 사실과 식별이 가능하도록 구성요건에 해당하는 구체적 사실을 기재해야 한다.

투약시기, 장소를 공소장처럼 기재한 것은 법에 맞는 구체적 사실의 기재로 볼 수 없다.

공소사실의 특정은 결국 피고인의 방어권을 침해했는지 아닌지 여부로 판단!

공소제기는 검사가 피의자의 이름, 죄명, 공소사실(범법행위의 내용), 법조문을 적은 공소장(公訴狀)을 법원에 제출하면서 이루어진다. 피고인과 변호인은 공소장을 보고 방어 준비를 하여 재판에 임하게 된다.

공소장의 핵심적인 내용은 공소사실인데, 법원은 원칙적으로 검사가 기재한 공소사실에 대해서만 판단을 하고, 피고인도 공소사실에 적힌 내용에 대해서만 방어를 하면 되므로 공소사실 특정은 매우 중요하다.

관련하여 법 제254조(공소제기의 방식과 공소장)에서는 "④ 공소사실의 기재는 범죄의 시일, 장소와 방법을 명시하여 사실을 특정할 수 있도록 하여야 한다."라고 규정한다.

이에 관한 법원의 입장을 살펴보자.

■■ 사건 개요

○ 검사는 갑의 모발 감정결과 및 통상적인 투약량에 기초하여(모발 길이에서 투약시기를 역추산) "피고인은 2004. 11. 14.경부터 2005. 2. 4.경까지 사이에 군산시 이하 번지 불상지에서 향정신성의약품인 메스암페타민(속칭 '필로폰') 약 0.05g 내지 0.1g을 1회용 주사기에 넣고 생수에 희석한 뒤 왼쪽 팔뚝에 주사하거나 맥주 등 음료에 타서 마시는 방법으로 투약하였다."는 공소사실로 기소하였다. 공소사실이 특정되었다고 볼 수 있는지 여부가 쟁점.

■■ 판결 요지

○ 형사소송법 제254조 제4항이 "공소사실의 기재는 범죄의 시일, 장소와 방법을 명시하여 사실을 특정할 수 있도록 하여야 한다."라고 규정한 취지는, 심판의 대상을 한정함으로써 심판의 능률과 신속을 꾀함과 동시에 방어의 범위를 특정하여 피고인의 방어권 행사를 쉽게 해 주기 위한 것이므로, 검사로서는 위 세 가지 특정요소를 종합하여 다른 사실과의 식별이 가능하도록 범죄 구성요건에 해당하는 구체적 사실을 기재하여야 한다.

○ 위 공소사실에 기재된 범행일시는 피고인의 모발을 대상으로 실험을 한

결과 필로폰 양성반응이 나왔다는 감정 결과만에 기초하여 그 정도 길이의 모발에서 필로폰이 검출된 경우 그 투약 가능한 기간을 역으로 추산한 것이고,

○ 투약량이나 투약방법 역시 마약복용자들의 일반적인 통례이거나 피고인의 종전 전과에 나타난 투약량과 투약방법을 근거로 한 것에 불과하며,

○ 그 투약의 장소마저 위와 같이 기재한 것만으로는 형사소송법 제254조 제4항의 요건에 맞는 구체적 사실의 기재라고 볼 수 없으므로, 이 사건 공소는 그 공소사실이 특정되었다고 할 수 없다.

■ 해설

○ 사안의 경우 공소사실 범죄의 일시, 장소, 방법의 기재가 불명확하므로 공소제기가 적법한지 문제된다.

○ 판례와 학설은 범죄의 '시일'은 이중기소나 시효에 저촉되지 않을 정도로 기재하면 되고, 범죄의 '장소'는 토지관할을 갈음할 수 있을 정도, 범죄의 '방법'은 범죄구성요건을 밝히는 정도로 특정될 것을 요한다고 한다. 어느 경우든 피고인의 방어권 행사에 지장이 있는지를 기준으로 한다.

○ 다만, 필요한 특정의 정도는 일률적으로 판단할 수 없고, 판례는 공소범죄의 성격에 비추어 그 개괄적 표시가 부득이한 경우, 마약 투약의 경우와 같이 그 투약의 시기 및 장소를 구체적으로 밝힐 증거를 확보하기가 용이하지 않은 경우 등에는 특정이 요구되는 정도를 완화하여 해석하고 있다.

○ 사안의 경우도 투약시기와 장소, 방법을 밝힐 증거를 확보하기 어려운 면이 있는 것은 사실이다. 그러나 단기간 내에 반복되는 공소 범죄사실의 특성에 비추어 볼 때 위 기간 내에 복수의 투약 가능성이 농후하여 심판대상이 한정되었다고 보기도 어렵고, 결국 공소사실이 특정되었다고 할 수 없다고 판단한 것이다.

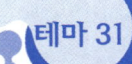
하나의 죄의 일부에 대한 기소

(대법원 1999. 11. 26. 선고 99도1904 판결)

A는 병무 비리 관련, 뇌물수수 등 혐의로 지명수배가 되었다.

아들을 군대에서 빼고 싶으시다고요?

방법이 없는 건 아닌데요…,

갑은 국방부 합동조사단장으로부터 수배 중인 A를 체포하도록 임무를 부여받았다.

군의 명예를 실추시킨 을을 책임지고 검거해오도록!

그러나 갑은 오히려 A와 여러번 전화통화를 하고, 서류를 전달하고, 예금통장까지 만들어주고

선배님, 어려움은 없으시구요? 필요한 건 말씀하세요.

보고도 하지 않았다.

열심히 찾고 있습니다만 쉽지 않네요!

군검찰은 갑을 기소하였다. 그런데 검사는 직무유기죄로만 기소, 범인도피죄는 기소하지 않았다.

갑을 직무유기죄로 기소합니다.

상상적 경합 관계에 있는 소송법상 일죄의 일부만을 기소할 수 있는지 문제되었다.

＊쟁점＊

하나의 행위가 수개의 죄에 해당하는 경우를 '상상적 경합'이라고 하고, 본 사안에서 갑은 직무유기죄와 범인도피죄의 상상적 경합에 해당합니다.

이때 검사가 그 중 직무유기죄에 대해서만 기소한 것이 적법한지 문제됩니다.

제가 뭘 잘못했나요? 두 가지 모두 기소해서 무죄 판결을 해주세요!

검사는 적절히 판단해 과형상 일죄의 일부에 대해서만 기소할 수 있습니다!

하나의 행위가 부작위범인 직무유기죄와 작위범인 범인 도피죄의 구성요건을 동시에 충족시, 재량으로 범인 도피죄로 기소하지 않고 직무유기죄로만 기소할 수도 있다.

2심이 갑을 직무유기죄로 처벌한 것은 적절하다.

앗!

검사의 기소에 상당히 재량을 인정하는 결론이네요~!

피고인의 여러 피의사실이 있을 때, 검사는 수사를 하여 죄가 있는 행위(범죄)에 대해서는 기소를 하고, 죄가 없는 행위는 기소를 하지 않을 수 있다. 그런데 하나의 죄의 일부는 기소를 하고, 일부는 기소를 하지 않을 수 있을까?

형법을 배우면 '죄수(罪數)'를 배우는데, 하나의 죄인지, 수개의 죄인지 등을 분석하게 된다. 죄수론 중 일죄(一罪)의 하나로 '상상적 경합(想像的 競合)'이 있는데, 하나의 행위가 수개의 죄에 해당되는 경우를 말한다(형법 제40조). 예를 들어서 흉기를 한 번 휘둘러서 사람에게 상처를 입힘과 동시에(상해죄), 옆에 있던 도자기도 파손하는 경우(손괴죄)를 말한다.

이렇게 하나의 죄의 일부에 대해서만 기소를 할 수 있을까?

이에 관한 법원의 입장을 살펴보자.

■■ 사건 개요

○ 피고인은 국방부 합동조사단장으로부터 병무비리사건과 관련하여 뇌물수수 등의 혐의로 수배 중인 A를 체포하도록 구체적인 임무를 부여받아 그 직무를 수행함에 있어 A와 여러 차례에 걸쳐 통화를 하고, 나아가 A를 위하여 서류를 전달해주는 한편, 그의 예금통장까지 개설해 주고서도 그와 같은 사실을 보고조차 하지 아니하였다.

○ 이에 대하여 군검찰관은 갑을 직무유기로만 공소제기하였고(범인도피죄에 대하여는 공소제기를 하지 않았음), 원심이 이를 유죄로 인정하자, 갑이 상고. 상상적 경합관계에 있는 소송법상 일죄의 일부만을 기소하는 것이 허용되는지가 문제되었다.

■■ 판결 요지

○ 하나의 행위가 부작위범인 직무유기죄와 작위범인 범인도피죄의 구성요건을 동시에 충족하는 경우 공소제기권자는 재량에 의하여 작위범인 범인도피죄로 공소를 제기하지 않고 부작위범인 직무유기죄로만 공소를 제기할 수도 있다.

○ 따라서 원심이 그 공소범위 내에서 갑을 직무유기죄로 인정하여 처벌한

조치는 적절하다.

■ 해설

○ 소송법상 일죄로 취급되는 단순일죄 또는 과형상의 일죄의 일부에 대한
  공소제기가 허용되는가에 대하여(사안은 후자에 해당),

○ 학설은 1) 이를 인정하는 것은 검사의 자의를 인정하는 것이 되어 허용되
  어서는 안 된다는 견해(소극설), 2) 일죄의 일부에 대한 공소제기는 원칙
  적으로 허용되지 않으나 검사가 범죄사실의 일부를 예비적·택일적으로
  기재한 경우에는 예외적으로 허용된다는 견해(절충설), 3) 형사소송법은
  기소편의주의를 채택하고 있고, 형사소송법 제248조 제2항(공소효력의
  범위)은 일죄의 일부에 대한 공소제기를 허용한다는 전제에서 규정된 것
  으로 볼 수 있으므로, 이를 허용하는 것이 타당하다는 견해(적극설) 등이
  대립되고 있다.

○ 이 판결은 과형상의 일죄의 일부에 대한 공소제기의 적법성을 긍정하고
  있다는 점에서 의의가 있다.

  나아가 일죄의 일부를 기소한 경우에도 공소제기의 효력은 전부에 미
  치므로(공소불가분의 원칙), 기소되지 아니한 부분은 공소장 변경에 의한
  잠재적 심판대상이 되고, 이중기소금지의 원칙과 기판력이 미친다.

범죄의 수단이 된 범죄의 분리기소

(대법원 2002. 5. 16. 선고 2002도51 전원합의체 판결)

갑은 1999. 10. 1. 을을 꼬셔 승용차에 태운 다음,

우리 같이 드라이브나 갈까?

어머, 어디로요?

밤에 한적한 국도변으로 데리고 가서

너무 외진 데로 가는 거 아녜요?

내가 좋은 데를 안다니까~,

을의 하의를 벗기고 폭행한 다음 강간하였다.

진짜 이러지 마세요!

말 안들으면 가만 안둬!

을은 2001. 3. 14. 갑을 강간죄로 고소하였다.

1999년 10월경 갑에게 강간을 당했습니다. 갑을 처벌해 주세요.

검사는 갑을 강간죄로 기소하지 못하고, 폭행죄로만 기소하였다.

친고죄의 고소기간은 이미 지나갔구만…, 어떻게 하지?

아하! 폭행죄 공소시효!

강간의 수단이 된 폭행을 분리하여 기소하고 처벌하는 것이 가능한지, 불가능하다면 법원은 어떤 판단을 해야 하는지 문제되었다.

쟁점

강간죄는 '폭행 또는 협박으로 사람의 반항을 곤란하게 하고 간음하는 죄'를 말합니다. 그런데 강간죄의 일부이자 강간죄의 수단인 폭행을 따로 떼어내서 기소할 수 있을까요?

강간에서 폭행을 따로 떼어내 기소하는 것은 편법적입니다!

갑은 분명히 폭행도 저질렀고, 이런 흉악한 자를 그냥 둘 수 없습니다!

강간죄에서 강간의 수단 또는 강간에 수반한 폭행, 협박은 강간죄의 구성요소로서 흡수되는 법조경합 관계다.

따라서 강간죄에서 따로 떼어내서 폭행죄, 협박죄, 폭처법위반죄로 처벌할 수 없다. 이런 공소는 공소기각 판결을 해야 한다.

검사의 편법적인 기소는 제어해야겠죠? 갑은 나쁜 사람이지만···.

강간죄는 '폭행 또는 협박으로 사람의 반항을 곤란하게 하고 간음하는 죄'를 말한다. 그런데 강간죄는 최근 법개정 전까지 친고죄였으므로 피해자의 고소가 없으면 처벌을 할 수 없었고, 고소기간이 정해져 있기 때문에 기간이 지나면 역시 처벌을 할 수 없었다.

그런데 강간죄의 일부인 '폭행, 협박'은 친고죄도 아니고, 고소기간도 문제되지 않는다. 그렇다면 강간죄는 고소를 할 수 없다고 해도, 이러한 폭행, 협박을 별도로 분리하여 기소할 수는 없을까?

본건에서는 이러한 점이 문제되었다.

사건 개요

○ 갑은 1999. 10. 1. 14:00경 을을 승용차에 태워 한적한 국도변으로 데리고 가서 하의를 벗기고 폭행한 다음 강간하였고, 을은 2001. 3. 14. 갑을 강간죄로 고소하였다.

○ 그러나 검사는 을의 고소가 친고죄인 강간죄의 고소기간을 도과하여 강간죄로 기소하지 못하고, 갑을 폭행죄로 기소하였다. 친고죄의 수단을 분리하여 기소할 수 있는지 문제되었다.

판결 요지

○ 성폭력범죄의처벌및피해자보호등에관한법률이 시행된 이후에도 여전히 친고죄로 남아 있는 강간죄의 경우, 고소가 없거나 고소가 취소된 경우 또는 강간죄의 고소기간이 경과된 후에 고소가 있는 때에는 강간죄로 공소를 제기할 수 없음은 물론, 나아가 그 강간범행의 수단으로 또는 그에 수반하여 저질러진 폭행·협박의 점 또한 강간죄의 구성요소로서 그에 흡수되는 법조경합의 관계에 있는 만큼 이를 따로 떼어내어 폭행죄·협박죄 또는 폭력행위 등 처벌에 관한 법률위반의 죄로 공소제기할 수 없다고 해야 마땅하고,

○ 이는 만일 이러한 공소제기를 허용한다면, 강간죄를 친고죄로 규정한 취지에 반하기 때문이므로, 결국 그와 같은 공소는 공소제기의 절차가 법률

에 위반되어 무효인 경우로서 형사소송법 제327조 제2호에 따라 공소기
각의 판결을 하여야 한다.

■■ 해설

○ 강간죄(친고죄)의 고소가 없거나 고소가 취소된 경우 또는 고소기간이 도
  과된 경우(사안)에는 소송조건이 구비되지 않았다는 점에서 일죄의 일부
  에 대한 공소제기의 문제와는 성질을 달리하고, 고소의 객관적 불가분과
  의 관계에서 논해지고 있다.

○ 학설로는 1) 폭행·협박만으로 공소제기하는 것을 인정할 경우 강간죄를
  친고죄로 한 취지에 반하며, 고소불가분의 원칙과도 일치하지 않는다는
  이유로 허용되지 않는다는 견해, 2) 강간죄와 같은 결합범의 경우 법이
  친고죄로 정한 취지를 해하지 않는 범위에서 강간의 수단인 폭행·협박
  부분을 분리하여 처벌하는 것이 불가능하다고 볼 것만은 아니라는 견해
  (위 판결 소수의견 등) 등이 대립하고 있다.

○ 판례는 그와 같은 공소는 허용되지 않는다는 입장에서 공소제기의 절차
  가 법률에 위반되어 무효로 보아 형사소송법 제327조 제2호에 따라 공소
  기각의 판결을 하였다.

  기존 대법원 판례는 강간죄에 대하여 고소취소가 있는 경우에 그 수단
  인 폭행만을 분리하여 공소제기하였다면 무죄를 선고하여야 한다고 하였
  으나 이를 변경한 것이다.

* 참고 - 현재 강간죄는 친고죄가 아니므로 고소가 문제되지 않지만 관련 법리
  를 설명하기 위한 판결로 수록하였다.

공소시효의 기산점

(대법원 2006. 11. 9. 선고 2004도4234 판결)

갑은 주식회사의 회장이다.

에헴~ 제가 이 회사 회장이올시다!

1993. 7. 9.부터 1996. 6. 11.까지 사이에 자재 가공 매입, 노무비와 외주공사비의 과다계상,

공사는 잘 되고 있나? 남은 돈은 비밀계좌로 보내는 거 알지?

이중계약서 작성 등의 방법으로 회사자금 102억 여 원 상당을 인출하여 횡령하였다는 혐의로

이 계약서에 날인해도 별 문제가 없을까요?

물론~

검사는 2003. 6. 16. 갑에 대하여 공소를 제기하였다.

갑을 업무상횡령죄로 기소합니다!

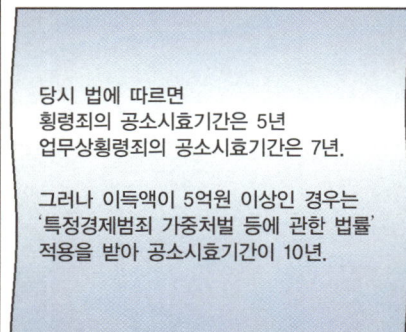

공소시효기간은 아래와 같다.

당시 법에 따르면 횡령죄의 공소시효기간은 5년 업무상횡령죄의 공소시효기간은 7년.

그러나 이득액이 5억원 이상인 경우는 '특정경제범죄 가중처벌 등에 관한 법률' 적용을 받아 공소시효기간이 10년.

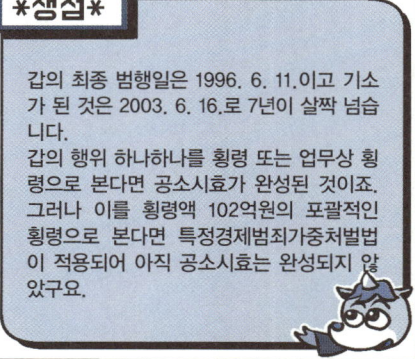

쟁점

갑의 최종 범행일은 1996. 6. 11.이고 기소 가 된 것은 2003. 6. 16.로 7년이 살짝 넘습 니다.
갑의 행위 하나하나를 횡령 또는 업무상 횡 령으로 본다면 공소시효가 완성된 것이죠. 그러나 이를 횡령액 102억원의 포괄적인 횡령으로 본다면 특정경제범죄가중처벌법 이 적용되어 아직 공소시효는 완성되지 않 았구요.

저의 행위가 횡령이건 업무상횡령이건 공소시효는 이미 완성되었습니다!

피고인은 포괄일죄로 횡령액 합계가 10억이 넘습니다! 공소시효는 아직 완성되지 않았습니다!

각 자금이 모두 비정상적 회계절차를 통해 비정상적 용도로 사용하기 위한 것인 점 등에 비추어 각 업무상 횡령행위는 포괄일죄다.

공소시효기간은 최종범행일로부터 일관하여 진행하는데, 검사가 기간 내에 공소를 제기했으니 공소시효는 완성되지 않았다.

결국 포괄일죄를 저지른 갑 회장은 처벌을 피할 수 없게 되었네요.

검사는 공소장을 법원에 제출함으로써 공소제기를 한다. 재판 과정에서 검사는 법원의 허가를 받아서 공소장의 내용을 바꿀 수 있는데 이를 '공소장 변경'이라고 한다.

한편 민사상 일정한 기간이 지나면 더 이상 권리행사를 할 수 없는 '소멸시효' 제도가 있는 것과 마찬가지로, 어떤 범죄사실에 대해서 일정한 기간이 지나면 형벌권이 소멸하는 제도를 '공소시효(公訴時效)'라고 한다(언론에서 '공소시효를 며칠 앞두고 범인을 잡았다'라는 기사를 본 기억이 있을 것이다).

공소시효는 일정한 기간이 지나면 완성되는데, 그 기간의 계산이 시작되는 시점을 공소시효의 '기산점(起算點)'이라고 한다.

그런데 하나의 창고에 있는 물건을 도둑질할 각오를 하고 상당한 기간 동안 매일 물건을 조금씩 도둑질하는 경우(이런 경우를 포괄일죄[8]라고 한다), 공소시효의 기산점은 언제로 보아야 할까?

매일매일 도둑질을 한 하루하루를 각 기산점으로 보아야 할까, 아니면 최종 범행일인 도둑질한 마지막 날을 기산점으로 보아야 할까?

이에 관한 법원의 입장을 살펴보자.

■■ 사건 개요

o 본건 공소사실은 주식회사의 회장인 갑이 1993. 7. 9.부터 1996. 6. 11.까지 사이에 자재가공매입, 노무비와 외주공사비의 과다계상, 이중계약서 작성 등의 방법으로 회사자금 102억여 원 상당을 인출하여 횡령하였다는 것이고, 검사는 2003. 6. 16. 본건 공소를 제기하였다.

o 갑은 본건은 단순한 횡령죄에 해당하여 공소시효가 완성되었다고 주장하였으나(법정형은 횡령죄는 5년 이하의 징역, 업무상횡령죄는 10년 이하 징역, 공소시효기간은 2007. 12. 21. 개정전법에 의거 5년 또는 7년). 2심은 위 주장을 받아들이지 아니하고 유죄를 선고하였고, 피고인이 상고

---

8) 수개의 행위가 포괄적으로 1개의 구성요건에 해당하여 일죄를 구성하는 경우.

■■ 판결 요지

○ 피고인의 행위는 자재가공매입, 노무비와 공사비의 과다계상, 이중계약서 작성 등 여러 가지 방법으로 수회에 걸쳐서 부외자금을 조성하여 사용하여 온 사실을 인정할 수 있으나, 위 각 부외자금이 모두 정상적인 회계절차가 아닌 비정상적 회계절차를 통하여 비정상적인 용도로 사용하기 위하여 조성된 것인 점 등에 비추어 보면, 피고인의 위 각 업무상횡령행위는 피해법익이 단일하고, 범죄의 태양이 동일 또는 유사하며, 단일 범의의 발현에 기인하는 일련의 행위로서, 포괄하여 1개의 범죄가 된다고 할 것이다.

○ 피고인의 위 각 업무상횡령행위는 그 횡령액의 합계가 102여억 원에 달하여 포괄하여 특정경제범죄 가중처벌 등에 관한 법률 제3조 제1항 제1호 위반죄(법정형 무기징역 또는 10년 이상의 징역)를 구성한다고 할 것이고, 또 위 죄에 대한 공소시효 기간인 10년(2007. 12. 21. 개정전법에 의거)도 위 각 업무상횡령행위를 저지른 때부터가 아니라 그 최종범행일인 1996. 6. 11.부터 일괄하여 진행한다고 할 것인데, 검사가 2003. 6. 16. 공소를 제기하였으므로 공소시효가 완성되지 않았다.

■■ 해설

○ 본건은 수개의 업무상횡령행위라 하더라도 피해법익이 단일하고, 범죄의 태양이 동일하며, 단일 범의의 발현에 기인하는 일련의 행위라고 인정될 때에는 포괄하여 1개의 범죄라 할 것이고(대법원 2005. 9. 28. 선고 2005도3929 판결 참조), 포괄일죄의 공소시효는 최종의 범죄행위가 종료한 때부터 진행한다(대법원 2002. 10. 11. 선고 2002도2939 판결 참조)는 기존의 판례를 적용한 판례이다.

(대법원 2008. 12. 11. 선고 2008도4101 판결)

갑은 1995년 6월~11월에 부정수표단속법위반죄를 범하였다.

이 수표들 어떻게 할 거요?!

히히~!

갑은 1996년 6월 중국으로 출국하여 사업을 하던 중 죄를 범하여 14년 형을 선고받고

대륙에서 한번 놀아보자~!

1998년 3월경부터 약 8년 10개월 동안 중국의 수감시설에 수감되어 있었다.

크윽, 중국에 와서 감옥생활을 하다니,

갑은 2007년 1월 우리나라로 추방되었다. 그 후 검사는 2007년 9월 갑을 기소하였다.

피고인이 이제 한국에 왔으니 공소를 제기합니다!

아니, 제가 중국에서 몇 년 감방생활을 했는데요?!

관련 형사소송법 규정은 다음과 같은데,

법 253조(시효의 정지와 효력)
① 시효는 공소의 제기로 진행이 정지되고 공소기각 또는 관할위반의 재판이 확정된 때로부터 진행한다.
③ 범인이 형사처분을 면할 목적으로 국외에 있는 경우 그 기간 동안 공소시효는 정지된다.

공소시효가 완성되었는지 문제되었다.

쟁점

부정수표단속법의 당시 법정형은 최고 5년으로 공소시효기간이 5년이어서 2000년경이면 공소시효가 완성되었고, 기소가 된 2007년 9월이면 당연히 공소시효가 완성되었죠. 그러나 중국에 출국한 10년여 기간 동안 공소시효가 정지한다고 보면 기소 시점에는 아직 공소시효가 아직 완성되지 않았죠. 갑이 '형사처분을 면할 목적으로 국외에 있었는지'가 문제되었습니다.

제가 중국에 있는 동안 공소시효가 진행, 시효가 완성되었습니다. 저는 형사처분을 면할 목적으로 거기 있던 게 아니구요!

중국에서 수감된 기간은 시효가 정지되었습니다. 따라서 공소시효는 완성되지 않았습니다!

공소시효 정지 사유인 '형사처분을 면할 목적'은 여러 국외 체류 목적에 포함되어 있으면 되고, 유일한 목적이어야 하는 것은 아니다.

외국 형이 국내보다 월등히 높고, 외국 범죄의 수감기간이 우리 공소시효 기간보다 현저히 길다면, 그런 목적이 아니라고 보인다.

중국의 감옥에서 처벌을 받았는데 '형사처분을 면할 목적'으로 중국에 머물렀다고 보기는 어렵겠죠?

공소시효가 지나면 더 이상 범인을 처벌할 수 없다.

영화 "친구"를 보면, 유오성이 장동건에게 "하와이로 가라."라고 말하는 장면이 나온다. 장동건이 그 말에 따라 하와이로 가서 10년, 20년이 지나면 공소시효가 완성되어 더 이상 처벌할 수 없다면 범죄를 저지른 사람은 너도 나도 해외로 도망갈 생각만 할 것이다.

그래서 우리 법은 제253조(시효의 정지와 효력)에서 "③ 범인이 형사처분을 면할 목적으로 국외에 있는 경우 그 기간 동안 공소시효는 정지된다."라고 규정한다. 범인이 형사처벌을 피하기 위해 외국으로 달아나면 그 기간 동안 공소시효의 진행이 정지되는 것이다.

이에 관한 법원의 입장을 살펴보자.

■■ 사건 개요

○ 갑은 1995. 6.부터 같은 해 11.경까지 부정수표단속법위반죄를 범하고, 1996. 6. 22.경 우리나라에 가족을 그대로 둔 채 중국으로 출국하여 그곳에서 사업을 하던 중 범한 죄로 징역 14년의 형을 선고받고, 1998. 3. 13. 경부터 약 8년 10개월 동안 중국의 수감시설에 수감되어 있다가 2007. 1. 13. 우리나라로 추방되어 2007. 9. 19. 이 사건 공소가 제기되었다.

○ 1심은 갑이 중국에서 수감기간 동안 부정수표단속법 위반죄에 대한 공소시효가 진행되어 이 사건 공소제기 당시에는 그 공소시효가 완성되었다는 이유로 갑에게 면소를 선고하였고, 2심도 이를 유지하였다. 검사가 상고.

■■ 판결 요지

○ 공소시효 정지에 관한 형사소송법 제253조 제3항이 정한 '형사처분을 면할 목적'은 국외 체류의 유일한 목적으로 되는 것에 한정되지 않고 범인이 가지는 여러 국외 체류 목적 중에 포함되어 있으면 족하다.

○ 통상 범인이 외국에서 다른 범죄로 외국의 수감시설에 수감된 경우, 그 범행에 대한 법정형이 당해 범죄의 법정형보다 월등하게 높고, 실제 그 범죄로 인한 수감기간이 당해 범죄의 공소시효 기간보다도 현저하게 길

어서 범인이 수감기간 중에 생활근거지가 있는 우리나라로 돌아오려고 했을 것으로 인정할 수 있는 사정이 있다면, 그 수감기간에는 '형사처분을 면할 목적'이 유지되지 않았다고 볼 여지가 있고,

○ 법정최고형이 징역 5년인 부정수표단속법 위반죄를 범한 사람이 중국으로 출국하여 체류하다가 그곳에서 징역 14년을 선고받고 8년 이상 복역한 후 우리나라로 추방되어 위 죄로 공소제기된 본건의 경우, 위 수감기간 동안에는 형사소송법 제253조 제3항의 '형사처분을 면할 목적'을 인정할 수 없어 공소시효의 진행이 정지되지 않는다. 검사상고 기각.

■■ 해설

○ 공소시효는 공소의 제기로 정지되고, 그 외 정지사유로는 1) 공범인에 대한 공소제기, 2) 범인이 형사처분을 면할 목적으로 국외에 있는 기간 등 형사소송법상 사유(법 제253조)와 3) 미성년자, 아동·청소년에 대한 성폭력범죄의 특례(성폭력범죄의 처벌 등에 관한 특례법 제20조 제1항, 아동·청소년의 성보호에 관한 법률 제7조의3 제1항) 등이 있다.

○ 이 판례는 그 중 '형사처분을 면할 목적'의 판단 기준에 대해 자세히 판시하였다.

공소장 변경과 공소시효

(대법원 2002. 10. 11. 선고 2002도2939 판결)

갑은 피해자들로부터 토지를 매입하여 주겠다는 명목으로 A로부터 받은 돈을 1997. 5.경 임의로 소비하고,

> 좋은 땅 사주세요~!

> 히히 신난다~,

B, C로부터 받은 돈을 1996. 12.경부터 1997. 1. 말경까지 역시 임의로 소비하였다.

> 잘 부탁합니다~!

> 돈 한번 원없이 써보네~!

검사는 2002. 1. 12. 갑을 사기죄로 기소하였으나 (* 이때를 기준으로 하면 당시 법의 횡령죄 공소시효는 완성되지 않았음)

> 사기죄로 기소합니다! 피해액도 상당합니다!

2002. 5. 14. 횡령죄로 공소장변경신청 및 허가가 있었다(* 이때를 기준으로 하면 당시 법의 횡령죄 공소시효는 이미 완성).

> 횡령죄로 공소장변경을 신청합니다,

> 허가합니다!

법원은 변경된 횡령죄 공소사실을 유죄로 인정했다.

> 피고인은 횡령죄에 대하여 유죄!

갑은 횡령죄로 공소장이 변경된 시점에는 이미 횡령죄 공소시효가 완성되었다고 주장하며 상고.

쟁점

○ 공소시효 완성 기준은 공소제기시 또는 공소장 변경시 중 어느 쪽을 기준으로 해야 하는지?

○ 공소시효기간의 기준은 변경 전 공소사실(사기죄) 또는 변경 후 공소사실(횡령죄) 중 어느 쪽을 기준으로 해야 하는지? 등이 문제되었습니다.

공소장이 변경된 시점에는 이미 횡령죄 공소시효가 완성되었습니다!

피고인은 횡령죄의 포괄일죄로서, 공소제기시를 기준으로 보면, 공소시효가 완성되지 않았습니다!

공소장 변경으로 공소사실이 변경시, 변경된 공소사실의 형이 공소시효 기간의 기준이다.

공소장 변경시, 공소시효의 완성은 공소장 변경시가 아닌 당초 공소제기 시점을 기준으로 판단한다.

포괄일죄는 최종 범죄행위 종료시부터 공소시효가 진행한다.

정교한 법리들이 설시되었네요, 재미있는 논리 전개에 따른 결론 같습니다.

공소시효는 해당 죄가 어떤 형을 두고 있는가에 따라 시효기간을 달리한다 (예를 들어 법정형에 사형을 두고 있으면 공소시효는 25년이다). 공소시효 완성 전에 공소가 제기되면 공소시효는 정지된다(법 제253조 제1항).

그런데 재판 중 공소장이 변경된 경우, 공소시효 완성 기준 시점은 언제일까? 공소시효기간의 기준은 어떤 공소사실을 기준으로 할까?

■■ 사건 개요

○ 갑은 피해자들로부터 토지를 매입하여 주겠다는 명목으로 피해자 A로부터 받은 1억 4,400만 원을 1997. 5.경 임의로 소비하고, 피해자 B로부터 받은 2억 4천만 원, 피해자 C로부터 받은 6천만 원을 1996. 12.경부터 1997. 1. 말경까지 임의 소비하였다.

○ 검사는 갑을 2002. 1. 12. 사기죄로 기소하였으나, 2002. 5. 14. 같은 공소사실에 대하여 횡령죄로 공소장변경신청 및 허가가 있었고, 법원은 변경된 공소사실에 대하여 유죄로 인정하였다.

○ 갑은 횡령죄로 공소장이 변경된 시점인 2002. 5. 14.경에는 횡령죄의 공소시효가 완성되었다고 주장하며 상고.

■■ 판결 요지

○ 공소장 변경이 있는 경우에 공소시효의 완성 여부는 당초의 공소제기가 있었던 시점을 기준으로 판단할 것이고 공소장 변경시를 기준으로 삼을 것은 아니고,

○ 공소장변경절차에 의하여 공소사실이 변경됨에 따라 그 법정형에 차이가 있는 경우에는 변경된 공소사실에 대한 법정형이 공소시효기간의 기준이 된다고 보아야 하며, 포괄일죄의 공소시효는 최종의 범죄행위가 종료한 때로부터 진행한다.

○ 피고인은 단일하고도 계속된 범의 하에 동종의 수법으로, 피해자 B, C에 대한 횡령행위를 일정기간 반복하여 행하였다고 보여져 이는 각 포괄일죄로서 그 범행종료일이 각 1997. 1. 말경이라 할 것이고, 피해자 A에 대

한 횡령죄의 종료일은 1997. 5.경이므로, 위 각 범죄행위가 종료된 때로부터 5년(2007. 12. 21. 개정전 법)이 경과하기 전인 2002. 1. 12.에 최초로 피고인에 대한 공소가 제기되었음이 역수상 명백하여 위 공소제기 당시 변경된 공소사실인 횡령죄에 대하여 아직 공소시효가 완성되지 않았다고 할 것이다.

■■ 해설

○ 본건은 공소장이 변경된 경우 변경된 죄의 공소시효 완성 여부의 기준시점은 공소장변경시가 아닌 공소제기시를 기준으로 하여야 하고(최초 사기죄로 기소한 때 공소시효가 정지된다), 공소사실이 변경됨에 따라 법정형에 차이가 있는 경우, 공소시효기간의 기준이 되는 법정형은 변경된 공소사실에 대한 법정형(본건의 경우 변경된 횡령죄)이 된다는 판례이다.

III

공판절차 및

증거(재판)

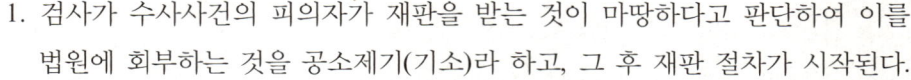
1. 검사가 수사사건의 피의자가 재판을 받는 것이 마땅하다고 판단하여 이를 법원에 회부하는 것을 공소제기(기소)라 하고, 그 후 재판 절차가 시작된다.

   공판(公判)절차는 검사의 공소제기로 사건이 법원에 계속되어 그 소송절차가 종결될 때까지의 법원에서 일어나는 절차를 말하고, 이때부터 피의자는 피고인이 된다. 사건에 대한 법원의 심리는 모두 공판절차에서 이루어지므로, 공판절차는 형사절차의 핵심이다.

   형사 재판은 보통 공개 재판이다. 피고인은 재판 과정에서 자기의 억울함이나 정당함을 주장할 수 있고, 또 변호인의 도움도 받을 수 있다.

   공소가 제기되면 법원은 공소장(公訴狀. 검사가 공소를 제기할 때 작성해서 법원에 제출하는 서면) 부본(복사본)을 피고인 또는 변호인에게 송달하고, 공판기일을 지정하여 검사, 피고인 또는 변호인에게 소환장을 보낸다.

2. 공판기일에서의 절차는 크게 ① 모두절차, ② 사실심리절차, ③ 판결선고절차로 나누어 볼 수 있다.

   모두절차(冒頭節次)는 세부적으로 재판장의 피고인에 대한 진술거부권고지 → 피고인의 성명·연령·등록기준지·주거·직업 등을 물어 피고인임을 확인하는 인정신문(人定訊問) → 검사가 공소장에 의하여 공소사실, 죄명 및 적용법조를 낭독하는 모두진술 → 피고인이 공소사실의 인정여부 등을 진술하는 절차 → 재판장에 의한 쟁점정리 및 검사와 변호인의 증거관계에 대한 의견 진술 등의 순으로 이루어져 있다.

3. 사실심리절차는 각종 증거방법을 조사하여 사실관계를 파악하는 증거조사절차, 피고인신문 절차, 당사자의 최종적인 의견진술을 하는 절차로 이루어져 있다. 피고인신문은 원칙적으로 증거조사 종료 후에 행한다.

   형사 재판에서 가장 중요하게 여겨지는 것이 증거이다. 어떤 증거가 있을 때 이것이 유죄의 증거로 사용될 수 있는가(증거능력), 증거로 사용될 수 있다고 해도 유죄의 증거로 믿을 수 있는가(증명력)의 문제가 다투어지는데,

특히 전자의 문제는 형사소송 절차에서 가장 중요한 문제 중 하나이다.

4. 2008년부터 일반 시민이 배심원으로 참여하여 피고인의 유무죄에 대한 평결을 내리고 유죄 양형에 대한 의견을 개진하는 국민참여재판 제도가 도입되었다. 그 대상은 1심 합의부에서 심판하는 비교적 중한 사건이다. 배심원은 유무죄에 대하여 평결하고, 양형에 관한 의견을 개진한다. 다만 평결과 양형의견은 법원을 기속하지 않으므로 판사는 해당 의견에 구애받지 않는다.

5. 정식 공판절차와 다소 다른 제도로 약식명령제도와 즉결심판제도가 있다.
   약식명령절차는 공판절차 없이 서면심리만으로 피고인에게 벌금을 과하는 간단한 형사절차를 말한다. 검사는 공소제기와 동시에 법원에 약식명령을 청구할 수 있다. 판사는 서면심사를 하여 약식명령을 발령하거나 공판절차에 회부한다. 피고인이 약식명령을 받아들여 벌금을 내면 해당 절차는 그대로 종료한다.
   즉결심판제도는 경미한 범죄사건에 대하여 경찰서장이 법원에 직접 심판을 청구하여 처리하는 절차이다. 즉결심판을 받은 피고인은 정식재판을 청구할 수 있다.

6. 판결선고와 그에 대한 불복절차에 관해서는 뒤에서 다시 본다.

MEMO

(대법원 2002. 4. 12. 선고 2002도944 판결)

갑은 다단계조직의 가입자에게 상품의 판매를 알선하게 하는 행위를 하였다는 이유로

여기 계신 김영란 회원님은 이미 작년 매출이 억대에…,

방문판매등에 관한 법률위반죄로 약식기소되었다.

당신에 대해 고소가 들어왔소!

검사가 약식명령을 청구하자 판사 A는 약식명령을 발령했다.

으이구,, 이 많은 사건 언제 다 보나?

약식명령을 받은 갑은 정식재판을 청구했다.

벌금이 왜 이리 많아? 정식재판청구닷!

그런데 약식명령을 발령한 판사 A가 정식재판 절차에서 다시 심리하고 판결을 선고하였다.

아니? 저 판사는 약식명령 발령한 사람이잖아?!

이름 기억난다구!

피고인 벌금형!!

관련 규정은 아래와 같은 바, A에게 제척 사유가 있지 않나 문제되었다.

제17조(제척의 원인) 법관은 다음 경우에는 직무집행에서 제척된다.
7. 법관이 사건에 관하여 전심재판 또는 그 기초되는 조사, 심리에 관여한 때

약식명령을 하고, 정식재판을 하는 것은 전심재판에 관여한 것이죠!

전심은 이전 심급, 즉 다른 심급을 말하는 것인데 양자는 같은 1심입니다.

약식절차와 정식재판 절차는 다른 심급이 아니다. 같은 심급 내에서 절차만 다른 경우이다.

약식명령을 발부한 법관이 정식재판절차의 1심 판결에 관여해도 '전심재판에 관여한 때'가 아니다. 제척 사유가 되지 않는다.

전심이라는 것은 '이전' 심급이라는 소리니까요. 약식명령은 이에 불복해 정식재판 청구를 하면 정식재판이 시작되는 같은 심급의 절차입니다.

이제 수사와 공소제기 절차에서 법원의 관여가 본격적으로 시작되는 공판절차로 넘어왔다.

공판절차에서 가장 먼저 생각할 문제는 해당 사건을 재판하는 법관이 과연 공정한 재판을 할 수 있는 사람인가 하는 문제이다. 쉬운 예로, 피고인이 해당 재판 법관의 아들인 경우를 생각해 보자. 누가 봐도 해당 법관에게 공정한 재판을 기대하기 어려울 것이다.

그리하여 형사소송법은 제17조 이하에서는 법원직원의 제척, 기피, 회피 제도를 두고 있는데, 불공정한 재판을 할 우려가 있는 법관을 배제하여 공정한 재판을 보장하기 위한 제도이다.

관련 규정은 아래와 같다.

제17조(제척의 원인) 법관은 다음 경우에는 직무집행에서 제척된다.
 1. 법관이 피해자인 때
 2. 법관이 피고인 또는 피해자의 친족 또는 친족관계가 있었던 자인 때
 3. 법관이 피고인 또는 피해자의 법정대리인, 후견감독인인 때
 4. 법관이 사건에 관하여 증인, 감정인, 피해자의 대리인으로 된 때
 5. 법관이 사건에 관하여 피고인의 대리인, 변호인, 보조인으로 된 때
 6. 법관이 사건에 관하여 검사 또는 사법경찰관의 직무를 행한 때
 7. 법관이 사건에 관하여 전심재판 또는 그 기초되는 조사, 심리에 관여한 때

형사소송절차로는 정식재판 절차 외에도, 비교적 경미한 사건의 경우 공판절차를 거치지 않고 서면 심리만으로 법원이 벌금·과료 또는 몰수형을 과하는 '약식명령' 절차도 있다. 약식명령에 불복을 하면 정식재판 절차로 넘어간다.

본건에서는 약식명령과 정식재판과 관련하여 제척사유 중 '전심재판에 관여한 때'가 문제되었다.

■■ 사건 개요
○ 갑은 다단계조직의 가입자에게 상품의 판매를 알선하게 하는 행위를 하

였다는 방문판매 등에 관한 법률위반죄로 약식 기소되었고,

○ 이에 대하여 판사 A는 약식명령을 하였다. 이에 대하여 갑이 정식재판을 청구하였는데, 판사 A가 다시 그 정식재판절차에서 갑에 대하여 심리하고 판결을 선고하였다.

■■ 판결 요지

○ 약식절차와 정식재판절차는 동일 심급 내에서 절차만 달리하는 경우이므로,

○ 약식명령을 발부한 법관이 정식재판절차의 제1심 판결에 관여하였다고 하여 형사소송법 제17조 제7호에 정한 '법관이 사건에 관하여 전심재판 또는 그 기초되는 조사, 심리에 관여한 때'에 해당하여 제척의 원인이 된다고 볼 수는 없다.

■■ 해설

○ 법관이 사건에 관하여 전심재판 또는 그 기초되는 조사·심리에 관여한 때는 제척사유가 되어 당해사건의 직무집행에서 당연히 배제되고, 제척사유 있는 법관이 재판에 관여한 때에는 상소이유가 된다.

○ 이때 '전심'이란 상소에 의하여 불복이 신청된 재판으로서, 2심에 대한 1심, 3심에 대한 2심이나 1심을 말하고, '재판'은 종국재판을 의미한다.

○ '전심관여'와 관련하여 약식명령을 한 판사가 정식재판을 담당하게 된 경우가 이에 해당하는지 논란이 있는데, 1) 약식명령의 경우에도 판사는 사건의 실체에 관하여 조사·심리에 관여하는 것이므로 예단·편견의 가능성이 있다는 이유로 이에 해당한다는 견해와 2) 약식명령은 정식재판과 심급을 같이 하는 재판이므로 이에 해당하지 않는다는 견해가 대립되고 있다(이러한 논의는 즉결심판을 한 판사가 그 정식재판 사건에 관여하는 경우에도 마찬가지로 적용된다).

○ 위 판례는 후자의 견해를 따른 것이다. 다만, 약식명령을 한 판사가 그 정식재판의 항소심에 관여한 때에는 심급이 다르므로, 위 제척사유에 해당함을 유의하여야 한다.

(대법원 1991. 12. 7. 선고 91모79 결정)

갑은 항소심에서 불구속 상태로 재판을 받으면서 공판기일에 3회나 불출석하였다가,

피고인, 주소와 주민번호를 말해보세요.

공동피고인의 구속기간 만료가 거의 다 된 시점의 공판기일에 출석해서

피고인 갑, 또 안 나왔어요?

1심에서 증언을 한 증인을 다시 증인으로 신청하고 해외출장 중인 수사검사를 증인으로 신청했다.

음,, 공동피고인의 구속기간이 거의 만료가 되어가네…, 이번엔 재판에 나가보자,

11

1 2 3 4
5 6 7 8 9 10 11
12 13 14 15 16 17 18
19 20 21 22 23 24 25
26 27 28 29 30 31

재판부가 증인신청을 기각하자, 갑은 재판부 전원에 대해 기피신청을 하였다.

재판부 전원에 대해 기피신청을 하겠습니다!!

재판부가 기피신청을 각하했다.

기피신청은 각하합니다!

우린 기피신청 별로 안 좋아해,

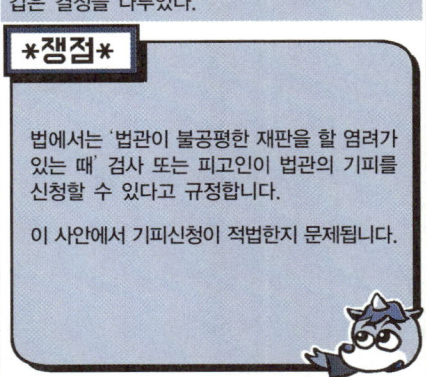

갑은 결정을 다투었다.

쟁점

법에서는 '법관이 불공평한 재판을 할 염려가 있는 때' 검사 또는 피고인이 법관의 기피를 신청할 수 있다고 규정합니다.

이 사안에서 기피신청이 적법한지 문제됩니다.

저한테 꼭 필요한 증인신청을 받아주지 않았으니 기피 사유가 있습니다!

증거의 채택 여부는 법원의 재량이고, 피고인의 증인 신청은 소송지연 목적입니다!

재판부가 증거신청을 채택하지 않은 것만으로는 '재판의 공정을 기대하기 어려운 객관적인 사유'라고 보기 힘들다.

소송지연만을 목적으로 한 기피신청은 부적법하므로, 기피당한 법관들의 재판부가 신청을 각하할 수 있다.

기피신청도 정말 이유가 있는지, 필요한지 잘 생각해보고 해야겠죠?

앞에서 본 '제척'과 유사한 제도인 '기피'란 검사 또는 피고인이 재판의 법관을 살펴보니 법관에게 제척의 사유가 있거나 또는 모종의 '불공평한 재판을 할 염려가 있는 때'에는 해당 법관을 재판 절차에서 배제해달라고 신청하는 제도를 말한다.

관련 규정은 아래와 같다.

제18조(기피의 원인과 신청권자) ① 검사 또는 피고인은 다음 경우에 법관의 기피를 신청할 수 있다.
1. 법관이 전조 각 호의 사유에 해당되는 때
2. 법관이 불공평한 재판을 할 염려가 있는 때
② 변호인은 피고인의 명시한 의사에 반하지 아니하는 때에 한하여 법관에 대한 기피를 신청할 수 있다.

본건에서는 위 규정의 '불공평한 재판을 할 염려가 있는 때'의 의미가 문제되었다.

■■ 사건 개요

○ 갑은 항소심에서 불구속 상태로 재판을 받으면서, 공판기일에 3회나 불출석하였다가, 관련 공동피고인들의 구속기간 만료(12. 15.)가 거의 다된 1991. 11. 22. 공판기일에 출석하여 이미 수사기관에서 조사되어 1심에서 증언까지 마친 증인과 해외출장 중인 담당 수사검사를 증인으로 신청하였으나 재판부가 증인신청을 기각하자,

○ 불공정한 재판이 염려된다는 이유로 재판부의 법관 전원에 대하여 기피신청을 하였고, 항소심은 소송지연만을 목적으로 한 신청임이 분명하다며 기피신청을 각하하였다. 이에 갑은 재항고.

■■ 판결 요지

○ 형사소송법 제18조 제1항 제2호의 '불공평한 재판을 할 염려가 있는 때'라 함은 당사자가 불공평한 재판이 될지도 모른다고 추측할 만한 주관적 사정이 있는 때를 의미하는 것이 아니고, 법관과 사건과의 관계상 불공평

한 재판을 할 것이라는 의혹을 갖는 것이 합리적이라고 인정할 만한 객관적인 사정이 있는 때를 말하는 것이므로,

o 재판부가 당사자의 증거신청을 채택하지 아니하였다는 사정만으로는 재판의 공평을 기대하기 어려운 객관적인 사유가 있다 할 수 없다.

o 소송지연만을 목적으로 한 기피신청은 그 신청 자체가 부적법한 것이므로 그러한 신청에 대하여는 기피당한 법관에 의하여 구성된 재판부가 스스로 이를 각하할 수 있다.

■ 해설

o 기피신청의 원인은 제척의 원인이 있는 때(형사소송법 제18조 제1항 제1호, 제17조)와 법관이 불공평한 재판을 할 염려가 있는 때(동법 제18조 제1항 제2호)이다.

o 사안은 법관이 증거신청을 채택하지 않은 경우도 불공평한 재판을 할 염려가 있는 때에 해당하는가가 문제되는데, 이와 관련하여 1) 증거채택 결정은 기속재량의 성질을 가지므로, 당사자의 증거신청권에 대한 자의적인 침해가 인정될 경우에는 기피사유에 해당한다는 견해(기속재량설)도 있으나, 2) 위 판결은 증거신청에 대하여 채택하지 않은 것만으로는 기피신청사유가 되지 않는다고 판단하였고, 이는 증거의 채택여부는 법원의 자유재량이라는 점에 기초한 것으로 볼 수 있다.

o 다만, 위 사안의 경우에는 갑이 소송지연만을 위해 불필요한 증인에 대하여 증인신청을 한 것으로 볼 수 있으므로, 기속재량설에 따르더라도 기피사유에 해당하지 않는다고 볼 수 있을 것이다.

테마 38 공소사실의 동일성

(대법원 1994. 3. 22. 선고 93도2080 전원합의체 판결)

갑은 을이 피해자로부터 강취한 신용카드를 장물인 사정을 알면서도 교부받아 취득하였다는 내용으로

> 피고인, 을이 강도짓을 한 신용카드 취득한 사실 있죠?

장물취득죄로 징역형을 선고받아 확정되었다.

> 피고인 갑을 장물취득죄로 징역형에 처한다,

> 큭…

그런데 이후, 갑과 을이 인접한 일시, 장소에서

> 이게 뭐야… 당신, 갑이라는 사람하고 같이 강도를 했다는 건가?

갑은 망을 보고, 을은 술에 취해 졸던 피해자를 때려 상해하고 카드 등을 강취한 사실이 밝혀졌다.

> 갑이라는 사람은 이미 장물취득죄로 처벌 받았구만, 하지만 이건 다르지!

이에 검사는 다시 이들을 강도상해죄로 기소했다.

> 실은 장물취득 정도가 아니었더라구요! 강도 상해죄로 기소합니다,

이 기소가 적법한지 문제되었다.

쟁점

판결이 확정된 장물취득사실과 추후 기소된 강도상해죄가 동일성이 있는지 문제됩니다. 법에서는 '공소사실의 동일성'이라고 합니다.

만약 동일성이 인정된다면 다시 처벌할 수 없고 면소판결을 해야죠.

두 행위는 동일성이 있을까요?

똑같은 행위에 대해 왜 두 번이나 처벌을 합니까! 면소판결해 주세요!

두 행위는 범죄사실의 내용 등에 비추어 볼 때 동일성이 있다고 볼 수 없습니다!

공소사실의 동일성은 '기본적 사실관계가 동일한가'로 판단되는데, 동일성은 사회적, 전법률적 관점 외에 규범적 요소도 고려해 판단한다.

이 사건 장물취득죄, 강도상해죄는 범죄사실 내용이나 행위가 별개이고, 행위태양이나 피해법익, 죄질이 달라 동일하다고 보기 어렵다.

공소사실의 동일성이 인정되느냐 아니냐에 따라서 '면소냐 유죄냐', '천국이냐 지옥이냐' 아주 큰 차이가 있네요!

공소장에서 가장 핵심되는 부분은 '공소사실'이다.

재판 과정에서 공소장을 변경할 수 있지만, 법에 따라 '공소사실의 동일성' 범위 내에서만 가능하다.

> **제298조(공소장의 변경)** ① 검사는 법원의 허가를 얻어 공소장에 기재한 공소사실 또는 적용법조의 추가, 철회 또는 변경을 할 수 있다. 이 경우에 법원은 공소사실의 동일성을 해하지 아니하는 한도에서 허가하여야 한다.

여기서 '공소사실의 동일성'이 어떤 의미인지에 대해서 많은 견해가 제시되고 있는데, 통설, 판례의 입장인 '기본적 사실동일설'에 따르면 공소사실을 그 기초가 되는 사회적 사실로 환원하여 판단할 때 공소사실과 기초적인 사회적 사실 사이에 지엽적으로는 다소 차이가 있더라도 기본적인 점에서 동일하면 동일성을 인정한다.

이에 관한 법원의 입장을 살펴보자.

■■ 사건 개요

○ 갑은 을이 피해자로부터 강취한 피해자 소유의 카드를 장물인 정을 알면서도 교부받아 취득하였다는 내용의 장물취득죄로 징역형을 선고받아 확정되었는데,

○ 이후 갑과 을이 합동하여 위 장물취득과 인접한 일시, 장소에서 갑은 망을 보고, 을은 술에 취해 졸고 있던 피해자를 때려 반항을 억압한 후 카드 등이 들어 있는 지갑을 꺼내어 가 강취하고, 그로 인하여 피해자에게 안면부 타박상 등을 입혔다는 공소사실로 기소되었다. 장물취득죄와 강도상해죄 사이에 동일성이 있는가가 쟁점이 된 사건이다.

■■ 판결 요지

○ 공소사실의 동일성은 기본적 사실관계가 동일한가에 의하여 판단되는데, 기본적 사실관계의 동일성 여부는 순수하게 사회적, 전 법률적인 관점에

서만 판단할 수 없고, 규범적 요소(피해법익, 죄질 등)도 고려해서 판단하여야 한다.

o 이 사건 장물취득죄와 강도상해죄 사이에는 범죄사실의 내용이나 행위가 별개이고, 행위태양이나 피해법익도 다르고, 죄질에도 현저한 차이가 있어 동일성이 있다고 보기 어려우므로, 강도상해죄의 공소사실로 처벌하는 것이 일사부재리의 원칙에 어긋나지 않는다(면소판결사유가 아님).

■■ 해설

o 사안의 경우 판결이 확정된 장물취득사실과 나중에 기소된 강도상해죄가 동일한 사실인지 여부가 문제된다. 양자 간에 동일성이 인정된다면 위 강도상해 공소는 확정판결이 있는 사건과 동일한 사건에 대하여 공소의 제기가 있는 경우에 해당하여 면소판결을 하여야 하기 때문이다(법 제326조 제1호).

o 공소사실의 동일성의 판단기준에 있어 대법원과 다수설은 공소사실을 그 기초가 되는 사회적 사실로 환원하여 판단할 때 공소사실과 기초적인 사회적 사실 사이에 지엽적인 점에서 다소 차이가 있더라도 기본적인 점에서 동일하면 동일성을 인정하는 견해(기본적 사실동일설)를 취하여 왔고, 위 판결의 경우에도 기본적으로는 이러한 태도를 유지하고 있다.

o 다만, 본래 기본적 사실동일설은 법적 평가를 문제 삼지 않고, 순수하게 자연적·전 법률적 관점에서 판단하는 것임에 반하여, 위 판결은 규범적 요소를 고려하여야 한다는 태도를 취하고 있다.

이에 위 장물취득 사실과 강도상해 공소사실이 범행일시와 장소가 근접하고 피해품이 중복됨에도 불구하고, 양자는 행위의 태양이나 피해법익도 다르고 죄질에도 현저한 차이가 있어 동일성이 인정되지 않는다고 판단하였다.

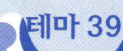
공소장변경의 필요 여부

(대법원 2001. 6. 29. 선고 2001도1091 판결)

갑과 을은 이틀 동안 과음하여 만취가 된 상태에서 시비가 붙어 서로 싸우던 중

네가 아주 보이는 게 없냐, 지금?

어쭈, 이게 지금! 한번 해볼 꺼야?

갑이 격분하여 우발적으로 모래사장에 엎어진 을의 뒷머리를 눌러 을은 질식사를 하였다.

너 이 자식아! 어디서 까불어!

사람 살려~!!

켁켁

이에 검사는 갑을 살인죄로 공소제기를 하였고, 갑은 살인의 고의가 없었다고 주장하였다.

당시 제가 취해서 잠시 기억을 상실했습니다!

저는 정말 살인할 고의가 없었습니다!

1심은 살인죄 유죄를 선고했으나, 2심은 살인의 고의는 인정하기 어려우나 폭행치사는 인정된다며

피고인 말대로, 살인의 고의는 없었다고 보입니다~, 하지만!

검사의 공소장변경절차 없이 직권으로 갑에 대해 폭행치사죄를 인정하였다.

폭행치사죄 혐의는 충분히 인정되는군요, 갑을 징역형에 처합니다!

살인죄로 공소제기된 사건에 대해 공소장 변경 없이 폭행치사죄를 인정할 수 있는지가 문제되었다.

＊쟁점＊

공소장의 변경은 검사가 공소사실의 동일성을 해하지 않는 범위 내에서 법원의 허가를 얻어 공소장에 기재한 공소사실 또는 적용법조의 추가, 철회 또는 변경을 하는 것을 말합니다.
과연 공소장 변경은 언제 필요하고, 변경을 하지 않아도 법원이 처벌할 수 있는 범위는 어디까지일까요?

재판 과정에서 공소장을 변경할 수 있음은 살펴보았다.

공소장변경은 검사가 공소사실의 동일성을 해하지 않는 범위 내에서 법원의 허가를 얻어 공소장에 기재한 공소사실 또는 적용 법조의 추가, 철회 또는 변경을 하는 것을 말한다(제298조 제1항).

공소장변경절차는, 이런 절차를 거쳐야만 공소사실 또는 적용법조를 바꿀 수 있기 때문에 한편으로는 피고인의 방어권을 보장하는 역할을 하고, 다른 한편으로는 공소장을 변경하지 않으면 죄를 범한 자가 무죄가 될 수도 있기 때문에 형벌권을 적정하게 행사하도록 하는 역할을 한다.

공소장변경과 관련하여 우선 공소장 변경이 어떤 경우에, 왜 필요한지 살펴보자.

■■ 사건 개요

○ 갑은 을과 이틀 동안 과음하여 만취된 상태에서 시비가 되어 서로 싸우던 중 갑이 격분하여 모래사장에 엎어진 을의 뒷머리를 잠시 누르게 되었고, 을은 그로 인해 질식사하였다.

○ 검사는 갑을 살인죄로 공소 제기하였고, 갑은 살인의 고의를 다투었다(당시 취해서 잠시 기억을 상실하였다고 진술).

○ 이에 대하여 1심은 살인죄로 유죄를 선고하였으나, 2심은 살인의 고의는 인정하기 어렵고, 다만 갑이 을을 폭행하여 을로 하여금 질식으로 사망에 이르게 한 사실이 인정된다며, 검사의 공소장변경절차 없이 직권으로 갑에 대하여 폭행치사죄를 인정하였다.

■■ 판결 요지

○ 공소가 제기된 살인죄의 범죄사실에 대하여는 그 증명이 없으나 폭행치사죄의 증명이 있는 경우에도 살인죄의 구성요건이 반드시 폭행치사 사실을 포함한다고 할 수 없고,

○ 따라서 공소장의 변경 없이 폭행치사죄를 인정함은 결국 폭행치사죄에 대한 피고인의 방어권 행사에 불이익을 주는 것이므로, 법원은 위와 같은

경우에 검사의 공소장변경 없이는 이를 폭행치사죄로 처단할 수는 없다.

해설

○ 검사가 공소제기한 사실과 법원의 심리결과 인정되는 사실이 다르다고 하여 언제나 공소장변경을 요하는 것은 아니다. 이 경우에도 피고인의 방어권행사에 실질적인 불이익을 초래할 염려가 없는 경우에는 공소사실과 기본적 사실이 동일한 범위 내에서 법원이 공소장변경절차를 거치지 않고도 공소사실과 다르게 인정할 수 있다(사실기재설).

○ 따라서 공소사실과 법원이 인정할 범죄사실 사이에 구성요건이 다른 경우라도 (1) 구성요건을 달리하는 사실이 공소사실에 포함되어 있는 경우(예컨대, 강간치상죄와 강간죄)나 (2) 사실의 변화 없이 법적 평가만을 달리하는 경우(예컨대, 배임죄와 횡령죄)에는 원칙적으로 공소장변경을 요하지 않는다.

○ 이 사안과 같은 살인죄와 폭행치사죄의 경우는 위 (1)의 경우에 해당하여 공소장변경을 요하지 않는다고 판단할 여지도 있다.

그러나 대법원은 위 살인죄의 공소사실은 폭행치사죄와 달리 피고인에게 그 행위로 인한 사망이라는 결과의 예견가능성이 있었다는 요건에 관한 기재가 없다는 점을 중시해(즉, 방어의 초점이 달라지는 점을 고려한 듯하다) 폭행치사죄와 살인죄와의 사이에 공소사실의 동일성 또는 흡수성이 인정되지 아니하므로 공소장변경이 요구된다고 판단하였다.

공소장변경의 필요성 판단 기준

(대법원 2007. 12. 27. 선고 2007도4749 판결)

갑은 소속 군부대에서 현금을 19회 절취하고

미안하다 전우들아~! 피곤하지~? 잘 자~~

야간에 취사병 생활관에 침입하여 현금을 2회 절취하였다.

오늘은 취사장을 한번 털어보자~

검찰관은 형법 332조, 329조, 330조를 적용해 형법상 상습절도죄로 기소하였다.

군내 상습 절도범입니다! 상습절도죄로 기소합니다!

2심 법원은 갑의 행위에는 '특정범죄 가중처벌 등에 관한 법률'이 적용된다고 판단하여

같은 내용을 특가법에서 가중처벌하고 있으니, 특가법이 적용되어야겠네요!

공소장 변경 없이 특가법 5조의4 1항, 형법 329조, 330조를 적용해 형을 선고했다.

2심 판결은 위법합니다!

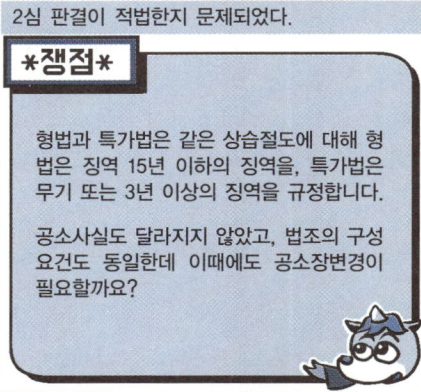

2심 판결이 적법한지 문제되었다.

✳쟁점✳

형법과 특가법은 같은 상습절도에 대해 형법은 징역 15년 이하의 징역을, 특가법은 무기 또는 3년 이상의 징역을 규정합니다.

공소사실도 달라지지 않았고, 법조의 구성요건도 동일한데 이때에도 공소장변경이 필요할까요?

공소장변경도 없이 형이 무거운 특별법을 적용해서 처벌하다뇨! 2심 판결은 위법합니다!

구성요건이 동일하고, 법정형만이 달라 피고인 방어권행사에 불이익이 없습니다! 2심 판결은 적법합니다!

일반법, 특별법 양자의 구성요건이 같으나 특별법 형이 무거운 경우, 적용법조를 변경하면 피고인 방어권 행사에 불이익을 초래한다.

따라서 법원은 공소장변경 없이 형이 더 무거운 특별법 위반죄로 처벌할 수 없다.

상당히 엄격하고 까다로운 입장이죠? 절차법은 이런 절차적, 형식적 측면이 있어서 실제 사건을 통해서 익히는 것이 훨씬 유용합니다.

공소사실을 변경할 때에는 공소사실의 동일성을 해치지 않는 범위 내에서 법원의 허가를 얻어야 변경할 수 있다(제298조 제1항).

그런데 공소제기된 공소사실과 재판 과정에서 드러난 범죄사실이 어느 정도 차이가 있을 때 공소장을 변경해야 하는지 문제된다.

이에 관한 법원의 입장을 살펴보자.

사건 개요

○ 갑은 소속 군부대 내에서 현금을 19회 절취하고, 야간에 취사병 생활관에 침입하여 역시 현금을 2회 절취하였다.

○ 검찰관이 형법 제332조, 제329조, 제330조를 적용하여 형법상의 상습절도죄로 기소한 데 대하여, 2심 법원은 특정범죄 가중처벌 등에 관한 법률 제5조의4 제1항은 형법상의 상습절도와 구성요건이 동일하고 법정형만이 가중되어 있어서 피고인의 방어권 행사에 아무런 불이익을 초래하지 아니한다는 이유로, 새로운 공소장변경 없이 이 사건 공소사실에 대하여 특정범죄 가중처벌 등에 관한 법률 제5조의4 제1항, 형법 제329조, 제330조를 적용하여 갑에게 형을 선고하였고,

○ 갑은 공소장 변경 없이 불리한 법률을 적용한 것은 위법하다고 주장하며 상고.

판결 요지

○ 원심의 조치가 피고인의 방어권 행사에 실질적인 불이익을 초래할 염려가 있는지 여부에 관하여 보면, 그러한 불이익 여부는 그 공소사실의 기본적 동일성이라는 요소 외에도 법정형의 경중 및 그러한 경중의 차이에 따라 피고인이 자신의 방어에 들일 노력·시간·비용에 관한 판단을 달리할 가능성이 뚜렷한지 여부 등의 여러 요소를 종합하여 판단하여야 한다.

○ 이 사건과 같이 일반법과 특별법이 동일한 구성요건을 가지고 있으나, 그 일반법을 적용한 때의 형의 범위가 '징역 15년 이하'이고, 특별법을 적용한 때의 형의 범위가 '무기 또는 3년 이상의 징역'으로서 차이가 나는 경

우에는, 그러한 적용법조의 변경이 피고인의 방어권 행사에 실질적인 불이익을 초래한다고 보아야 하며, 다라서 법원은 공소장변경 없이는 형이 더 무거운 특별법의 법조를 적용하여 특별법 위반의 죄로 처단할 수는 없다.

■ 해설

○ 검사는 법원의 허가를 얻어 공소장에 기재한 공소사실 또는 적용법조의 변경을 할 수 있고, 이때에도 공소사실의 동일성을 해하지 않는 범위 내에서만 인정된다(형사소송법 제298조 제1항).

○ 공소제기된 공소사실과 인정되는 범죄사실간 불일치가 있을 때 공소장변경이 필요한지 여부는 "피고인에게 불이익을 증가할 염려(형사소송법 제298조 제4항)"가 있는지를 기준으로 판단하여야 한다.

○ 본건은 법원이 비록 그 공소사실에 변경이 없고 적용법조의 구성요건이 완전히 동일하다 하더라도, 적용법조의 변경이 피고인의 방어권 행사에 실질적인 불이익을 초래한다고 보아야 하며, 따라서 법원은 일반법 위반 죄로 기소된 사건을 공소장변경 없이는 형이 더 무거운 특별법의 법조를 적용하여 특별법 위반의 죄로 처단할 수 없다고 판단하였다.

축소사실의 인정과 공소장변경

테마 41

(대법원 1999. 4. 15. 선고 96도1922 전원합의체 판결)

갑은 9세 여아인 A를 강제추행하여

애, 너 몇살이니? 집에 가는 거야? 이리 좀 와봐~

외음부 열상을 입게 하였다는 강제추행치상죄 공소사실로 기소되었다.

당시 피해자가 10살도 안된 어린이라는 사실, 알고 있었죠?

네, 제가 잘못했습니다.

1심은 강제추행치상죄 유죄판결을 하였는데, 갑은 2심에서 고소취소가 포함된 합의서를 제출하였다.

갑을 강제추행치상죄로 징역형에 처합니다!

생각같아서는 최고형에 처하고 싶네요!

2심은 A가 입은 상처는 극히 경미하여 상해로 볼 수 없다고 1심 판결을 파기하고,

A의 상처는 형법상 상해의 정도로 보기 힘들군요!

공소장변경절차 없이 갑을 강제추행죄로 처벌 하였다.

피고인 갑은 강제추행죄 유죄!

2심 판결이 적법한지 문제되었다.

쟁점

공소장변경의 필요성 여부를 판단함에 있어서 가장 주요한 기준은 '피고인의 방어권 행사에 실질적 불이익이 있는지' 여부입니다.

그런데 재판과정에서 인정된 범죄사실이 공소사실에 포함된 더 작은 사실(축소사실)인 경우에도 공소장변경이 필요할까요?

저는 강제추행치상죄에 대비해 준비를 해왔습니다. 강제추행죄로 처벌함은 제 방어권 침해입니다.

피고인의 방어권 행사에 불이익을 줄 우려가 없으니, 공소장변경이 필요 없습니다!

강제추행치상의 공소사실에는 강제추행의 공소사실이 포함되어, 전자의 방어는 후자에 대한 방어행위를 겸한다. 친고죄인 강제추행죄의 처벌에 대비해 고소취소의 원용 등 방어행위를 할 수 있다.

따라서 공소장변경 없이 강제추행죄로 처벌해도 방어권행사에 불이익 준 것이 아니다.

판례의 결론대로, 이 사안에서는 방어권 행사에 불이익이 있었다고 보기는 힘들 것 같죠? 그나저나 요즘 세상 참 험합니다…-_-

공소장변경의 필요성 여부를 판단함에 있어서 가장 주요한 기준은 '피고인의 방어권 행사에 실질적 불이익이 있는지' 여부이다.

그런데 재판과정에서 인정된 범죄사실이 공소사실에 포함된 더 작은 사실(축소사실)인 경우에도 공소장변경이 필요할까?

피고인은 인정된 축소사실보다 더 큰 공소사실을 기준으로 방어권을 행사해왔으므로, 축소사실을 인정하는 경우에는 방어권 행사에 불이익은 없으며, 따라서 공소장변경의 필요 없이 법원은 축소사실을 인정할 수 있지 않을까?

이에 관한 법원의 입장을 살펴보자.

■ 사건 개요

○ 갑은 A(9세)를 강제로 추행하여 치료일수 미상의 외음부 열상을 입게 하였다는 공소사실(강제추행치상죄)로 기소되었다. 이에 대해 1심은 유죄판결을 하였고, 갑은 2심에서 고소취소가 포함된 합의서를 제출하였다.

○ 2심은 A가 입은 상해는 극히 경미하여 상해로 볼 수 없다는 이유로 1심판결을 파기하고, 공소장변경절차를 거치지 아니한 채 피고인을 강제추행죄로 처벌하였다. 이에 갑이 상고.

■ 판결 요지

○ 강제추행치상의 공소사실에는 강제추행의 공소사실도 포함되어 있어 전자에 대한 방어행위는 동시에 후자에 대한 방어행위를 겸하고 있으며, 친고죄인 강제추행죄로 처벌하는 경우에 대비하여 고소취소의 원용 등 방어행위를 할 수 있으므로, 공소장변경절차를 거치지 아니하고 강제추행치상죄의 공소사실에 대하여 강제추행죄를 인정·처벌하였다고 하더라도, 그로 인하여 피고인에게 미처 예기하지 못한 불의의 타격을 가하여 강제추행죄에 관한 방어권 행사에 어떠한 불이익을 주었다고는 할 수 없다.

■ 해설

○ 사안의 경우에는 비친고죄(강제추행죄치상)로 기소되었다가 친고죄(강제추행죄)로 인정된 경우에도 축소사실 인정의 경우와 같이 공소장변경을

요하지 않는다고 판단할 것인지가 문제된다.

○ 위 판결의 소수의견은 비친고죄와 친고죄의 경우 피해자와의 합의(고소취소) 등 방어수단이 달라지는 점에서 공소장변경절차를 거치지 않는 경우 피고인에게 불의의 타격을 주어 방어권행사에 불이익을 줄 우려가 있다고 보았으나,

○ 다수의견은 강제추행치상의 공소사실에 대한 방어행위가 이미 강제추행의 방어행위를 겸하고 있으므로, 방어권행사에 불이익을 주지 않는다고 판단하였다. 이러한 다수의견의 태도는 현실의 불이익 유무보다는 공소사실과 인정사실을 비교하여 일반적·유형적으로 피고인에게 불이익한지 여부를 기준으로 판단하는 추상적 방어설의 입장으로 보인다.

한편 위 판결에서는 "항소심에서 공소장의 변경에 의하여 또는 공소장변경절차를 거치지 아니하고 법원 직권에 의하여 친고죄가 아닌 범죄를 친고죄로 인정하였더라도 항소심을 제1심이라 할 수는 없는 것이므로, 항소심에 이르러 비로소 고소인이 고소를 취소하였다면 이는 친고죄에 대한 고소취소로서의 효력은 없다."고 판시하였다.

* 참고 – 형법 개정 전 강제추행죄는 강제추행치상죄와 달리 친고죄(형법 제306조)였는데, 친고죄의 고소취소는 1심 판결 선고 전까지 할 수 있으므로(형사소송법 제232조 제1항), 본건은 공소기각판결(법 제327조 제5호)이 아닌 유죄가 선고되었다. 또한 위 판결은 아동·청소년의 성보호에 관한 법률이 제정되기 전의 판결로서 현재는 청소년·아동에 대한 통상의 성범죄는 친고죄가 아니다(법 제16조).

(대법원 2006. 9. 14. 선고 2005도2518 판결)

갑은 갑과 A 공동 명의의 입금확인서를 위조하여

입금확인서를 제출하면 은행에서 입금한 돈을 내준단 말이지~! 큭큭

지잉~

행사한 사실로 기소되었다.

돈을 인출하러 왔습니다.

그런데 왜 A의 날인은 없죠?

그런데 그 문서는 컴퓨터 활자로만 작성되고, A의 이름 다음 날인이 없는 등 허술한 점이 있었다.

아… 그게 저도 처음으로 만든 아니 전해받은 거라서…,

이에 2심은 위 입금확인서를 진정한 문서로 잘못 알 정도의 문서로 보기 어렵다는 이유로

이렇게 허술한 문서로 누가 속겠나?

정말 그러네요.

갑에 대해 무죄를 선고하였다.

피고인은 무죄!

아싸~!

검사는 법원이 사문서위조미수죄로 공소장변경을 요구하거나 스스로 심리 판단하였어야 한다고 상고.

＊쟁점＊

법에서는 '법원은 심리의 경과에 비추어 상당하다고 인정할 때에는 공소사실 또는 적용법조의 추가 또는 변경을 요구하여야 한다'라고 하여 공소장변경요구 의무를 규정합니다.
이 사건에서도 법원은 그런 요구를 해야 하거나 스스로 판단했어야 할까요?

공소장변경요구는 재량이니까, 요구를 안 했다고 위법은 아니죠~!

2심은 사문서위조미수죄로 공소장변경을 요구했어야 합니다. 또는 스스로 사문서 위조미수죄 여부를 판단해야 합니다.

법원이 검사에게 공소장변경을 요구할 것인지 여부는 재량에 속하므로, 공소장의 변경을 요구하지 아니하였다고 하여 위법하다고 볼 수 없다.

공소사실보다 가벼운 범죄사실이 인정되는 경우 직권으로 인정할 수도 있지만, 특별한 사정이 없으면 꼭 인정하지 않아도 위법하지는 않다.

가벼운 범죄사실을 인정할 수 있지만, 특별한 경우가 아니라면 그것을 인정하지 않는다고 해서 위법하지는 않다네요. 복잡하죠?^^

만약 검사가 A라는 공소사실로 피고인을 기소하였는데, 법원이 검토한 결과 A라는 범죄는 인정되지 않지만, B라는 범죄가 인정된다고 하자. 그런데 재판이 끝날 때까지 검사가 공소장의 공소사실을 A로만 고집하고, B로 변경하지 않을 경우, 법원은 어떻게 판단해야 할까?

원칙적으로 이러한 경우 법원은 A에 대한 무죄판결을 선고할 수 있을 뿐, 기소도 되지 않은 B사실에 대해서는 판단을 하지 않는다.

그런데 이는 실체적 진실의 발견과 소송경제라는 점에서 부당하므로 형사소송법에서는 검사가 공소장 변경을 신청하는 경우 외에도 일정한 경우에는 법원이 적극적으로 검사에게 공소장 변경을 요구하여야 한다고 규정한다.

> 제298조(공소장의 변경) ② 법원은 심리의 경과에 비추어 상당하다고 인정할 때에는 공소사실 또는 적용법조의 추가 또는 변경을 요구하여야 한다.

이에 관한 법원의 입장을 살펴보자.

■■ 사건 개요

- ○ 갑은 자신과 A 공동명의의 입금확인서를 위조하여 행사한 사실로 기소되었는데,
- ○ 항소심은 위 입금확인서가 컴퓨터 활자로만 작성되었고, A의 이름 다음에 날인이 없는 점 등에 비추어 진정한 문서로 오신하기에 충분한 정도의 외관과 형식을 갖춘 완성된 문서라고 보기 어렵다는 이유로 무죄를 선고하였다.
- ○ 검사는 항소법원이 사문서위조미수죄로 공소장변경을 요구하거나 스스로 사문서위조미수죄의 성립 여부를 심리·판단하지 않은 위법이 있다며 상고.

■■ 판결 요지

- ○ 법원이 검사에게 공소장 변경을 요구할 것인지 여부는 재량에 속하는 것

이므로, 법원이 검사에게 공소장의 변경을 요구하지 아니하였다고 하여 위법하다고 볼 수 없다.

○ 공소사실의 동일성이 인정되는 범위 내에서 공소가 제기된 범죄사실에 포함된 보다 가벼운 범죄사실이 인정되는 경우에 심리의 경과에 비추어 피고인의 방어권행사에 실질적인 불이익을 초래할 염려가 없다고 인정되는 때에는 직권으로 공소장에 기재된 공소사실과 다른 범죄사실을 인정할 수 있지만,

○ 이와 같은 경우라고 하더라도 현저히 정의와 형평에 반하는 것으로 인정되는 경우가 아닌 한 법원이 직권으로 그 범죄사실을 인정하지 아니하였다고 하여 위법한 것이라고까지는 볼 수 없다.

■ 해설

○ 사안에서 갑의 행위는 사문서위조죄는 되지 않지만, 사문서위조미수죄에는 해당할 여지가 크고, 기수범으로 기소된 경우는 공소장변경 없이도 미수범으로 처벌이 가능하다.

○ 법원은 심리에 비추어 상당하다고 인정되는 때에는 공소장변경을 요구하여야 하는데(제298조 제2항), 사안은 공소장변경 없이도 미수범으로 처벌할 수 있음에도, 법원이 공소장변경의 요구 없이 무죄판결을 선고하는 것이 위법한지 여부가 쟁점이 되었다.

○ 공소장변경이 없음을 이유로 무죄판결을 하는 것은 위법하지 않은지와 관련하여, 학설은 법원의 공소장변경요구를 의무라고 해석하는 견해도 있으나(의무로 보는 경우에는 사안의 경우 심리미진의 위법이 있게 된다), 위 판결은 재량으로 보고 있다.

　　다만, 판례는 공소장변경이 없음을 이유로 현저히 정의와 형평에 반하는 것으로 인정되는 경우에는 예외적으로 유죄판결을 하여야 한다고 판단함으로써(99도3674), 법원의 예외적 심판의무(공소장변경요구의무가 아닌)를 인정하고 있다.

(대법원 2002. 11. 8. 선고 2002도3881 판결)

갑은 메스암페타민을 제조, 판매하여 영리를 취할 목적으로

이거 좀 어렵군… 빨리 메돈을 벌어야 하는데…,

메스암페타민의 원료가 되는 물질(에칠 에텔 등)을 숨겨두어 소지하였다는 혐의로 기소되었다.

거기 서라!

당신같으면 서겠소~?

갑은 원료물질을 보관한 것은 사실이나, 영리목적이 없었다고 주장하였다.

원료는 갖고 있었지만 정말로 수사기관에 정보를 제공해서 선처받을 목적밖에 없었어요,

2심도 그런 이유로 무죄를 선고했다.

영리목적을 인정할 수 없으니 피고인 갑은 무죄!

영리를 취할 목적이 없었더라도 마약을 제조할 목적으로 원료물질을 소지한 건 누가 봐도 유죄잖아! 그런데 무죄라니?!

2심 판결이 타당한지 문제되었다.

＊쟁점＊

법원이 공소장변경 없이 직권으로 공소장에 기재된 공소사실과 다른 범죄사실을 인정할 수 있는 경우, 원칙적으로 심판할 의무는 없지만 일정한 경우에는 판단을 해야 할 듯 합니다.

과연 이 사건에서도 심판을 해야 할 의무가 있을까요?

검사가 기소한 사실이 인정 안되면 당연히 무죄죠! 뭐가 문제입니까?

그대로도 다른 죄가 되는 것을 뻔히 알면서 무죄를 선고하다뇨! 정말 너무합니다!

공소제기된 범죄사실에 비해 실제 인정되는 범죄 사실이 중대해서, 공소장이 변경되지 않았다고 하여 처벌하지 않으면 현저히 정의와 형편에 반한다면, 직권으로 그 범죄사실을 인정해야 한다.

향정신성의약품 제조 목적으로 원료 물질을 소지한 범죄사실은 공소장 변경이 없어도 유죄로 인정해야 한다.

이런 경우는 검사가 공소장 변경을 하지 않아도 법원이 직권으로 그 범죄사실을 인정해야 한다네요.

법원은 공소사실 외의 사실에 대해서는 심판을 할 의무가 없음을 살펴보았다(그것이 공소장 제도의 취지이기도 하다).

그런데 우리 법원은 일정한 경우에는 검사의 공소장 또는 공소장 변경과 무관하게 법원이 직무상의 권한으로 검사가 기소하지 않은, 하지만 심리 결과 인정되는 범죄사실을 유죄로 인정해야 한다고 보고 있다.

다만 이러한 법원의 심판의무를 지나치게 넓게 인정하면 검사에 의한 기소제도나 공소장, 공소장변경 제도가 무의미해지는 바, 이는 예외적인 경우에 한정적으로 인정된다.

이에 관한 법원의 입장을 살펴보자.

■■ 사건 개요

○ 갑은 마약류취급자가 아님에도 불구하고 메스암페타민을 제조, 판매하여 영리를 취할 목적으로 그 원료가 되는 물질(에칠 에텔 등)을 숨겨두어 소지하였다는 내용으로 기소되었고, 갑은 위와 같이 보관한 것은 사실이나, 영리목적이 아니었다며 공소사실을 부인하였다.

○ 2심은 갑에게 영리목적이 있었음을 인정할 증거가 부족하다는 이유로 무죄를 선고하였다. 검사는 적어도 마약을 제조할 목적으로 원료물질을 소지한 점에 대하여는 공소장변경 없이도 유죄로 처단할 수 있음에도, 무죄를 선고한 것은 위법하다며 상고.

■■ 판결 요지

○ 법원이 공소장변경 없이 직권으로 공소장에 기재된 공소사실과 다른 범죄사실을 인정할 수 있는 경우, 공소가 제기된 범죄사실과 대비하여 볼 때 실제로 인정되는 범죄사실의 사안이 중대하여 공소장이 변경되지 않았다는 이유로 이를 처벌하지 않는다면 적정절차에 의한 신속한 실체적 진실의 발견이라는 형사소송의 목적에 비추어 현저히 정의와 형평에 반하는 것으로 인정되는 경우라면 법원으로서는 직권으로 그 범죄사실을 인정하여야 한다.

o 이 사건의 경우, 피고인의 변소에 의하더라도 적어도 이 사건 화공약품이 제조기술자가 향정신성의약품을 제조하는 데 사용될 것이라는 인식 아래 그에게 제공하기 위하여 소지하고 있었음은 명백하고(구 향정신성의약품 관리법 제40조 제1항 제3호, 제3조 제3항에 의하면, 누구든지 향정신성 의약품을 제조할 목적으로 그 원료가 되는 물질을 소지하여서는 아니 되고, 이를 위반한 때에는 그 동기 여하에 관계없이 죄책을 면할 수 없다), 향정신성의약품을 제조할 목적으로 그 원료를 다량 소지한 경우 사안이 중대하다고 할 것이어서 공소장이 변경되지 않았다는 이유로 이를 처벌하지 않으면 현저히 정의와 형평에 반한다.

o 공소사실에 포함된 향정신성의약품을 제조할 목적으로 그 원료가 되는 물질을 소지한 범죄사실을 공소장변경 없이 유죄로 인정하여야 한다.

■■ 해설

o 법원은 공소사실에 대하여는 심판의무가 있으나, 불고불리의 원칙상 이와 동일성이 인정되는 사실에 대해서까지도 심판의무가 있는 것은 아니다. 따라서 공소사실과 동일성이 인정되고 피고인의 방어에 실질적 불이익을 초래할 염려가 없는 경우라도 공소장변경이 없는 한 이를 심판할 의무를 부담하지 않음이 원칙이다.

o 다만, 대법원은 "적정절차에 의한 신속한 실체적 진실의 발견이라는 형사소송의 목적에 비추어 현저히 정의와 형평에 반하는 것으로 인정되는 경우"에는 예외적으로 법원의 심판의무를 인정하고 있다.

한편, 허위사실적시 명예훼손죄로 기소된 사안에서 공소장 변경 없이 사실적시 명예훼손죄를 직권으로 인정할 수 있음에도 무죄를 선고한 사건에서는 처벌하지 않는 것이 현저히 정의와 형평에 반한다고 보기 어렵다고 판단하여(대법원 2008. 10. 9. 선고 2007도1220 판결), 심판의무를 인정하지 않았다.

공소장변경과 법원의 심판의무(2)

(대법원 1999. 11. 9. 선고 99도3674 판결)

갑은 을과 공모하여 메스암페타민(히로뽕)을 맥주컵에 넣어 마셨다는 범죄사실로 기소되었다.

우리 기분 한번 내볼래?
맥주에 타마셔도 된다더라구~.

갑은 법정에서 줄곧 범행을 부인하였지만

아뇨, 저는 정말 마신 적은 없어요! 너무 억울합니다!

1심은 유죄 판결을 하였지만

피고인 갑, 유죄!

아, 왜 내 말을 안 믿어주나!

2심은 히로뽕 투약 사실이 인정되지 않는다며,

갑이 히로뽕을 산 증거는 있다.

그러나 갑은 맥주를 버리고 마시지 않았다 하고, 소변 감정 결과를 봐도 그렇다.

미수가 인정될지 몰라도 미수로 기소된 바도 없고….

따라서 피고인은 무죄!

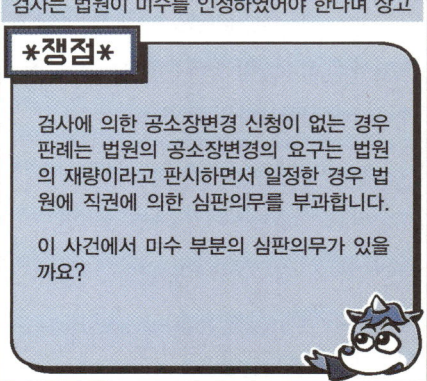

검사는 법원이 미수를 인정하였어야 한다며 상고

＊쟁점＊

검사에 의한 공소장변경 신청이 없는 경우 판례는 법원의 공소장변경의 요구는 법원의 재량이라고 판시하면서 일정한 경우 법원에 직권에 의한 심판의무를 부과합니다.

이 사건에서 미수 부분의 심판의무가 있을까요?

검사가 기소한 사실이 인정 안되면 당연히 무죄죠! 미수로 기소도 안 하고 그걸로 처벌해 달라니, 검사도 웃기네요!

법원은 직권으로 공소사실에 포함된 히로뽕 투약 미수의 범죄사실을 유죄로 인정했어야 합니다!

공소사실 동일성 범위 내에서 가벼운 범죄사실이 인정되고 방어권 행사에 실질적 불이익 염려가 없으면 공소장 변경 없이도 직권으로 그 범죄사실을 인정할 수 있다.

인정되는 범죄사실이 중대해서, 공소장이 변경되지 않았다고 하여 처벌하지 않으면 현저히 정의와 형평에 반한다면, 법원은 직권으로 그 범죄사실을 인정해야 한다.

OK!

인정할 수 있다, 인정하여야 한다~, 미묘한 차이를 잘 알아야겠습니다.

본건에서도 공소사실과 인정된 사실이 일치하지 않고, 검사가 공소장 변경도 하지 않을 때, 법원은 어떤 경우에 직권으로 범죄사실을 인정해야 하는지 (심판의무)가 문제되었다.

■ 사건 개요

- ○ 갑은 제1심 공동피고인 을과 공모하여 향정신성의약품인 메스암페타민 (속칭 히로뽕)을 맥주컵 2개에 나누어 넣은 다음 각자 한 잔씩 마셔 히로뽕을 투약하였다는 범죄사실로 기소되었고, 1심은 갑에게 유죄를 선고하였으나, 2심에서는 히로뽕 투약의 점에 대하여 공소사실에 증명이 없다며 무죄를 선고하였고, 이에 검사가 상고.
- ○ 2심이 무죄를 선고한 이유는 갑은 검찰에서 자백하였으나 1심 법정 이후 부인하면서 히로뽕을 을과 공동으로 매수하였으나 히로뽕을 탄 맥주를 쏟아버려 마시지 않아 투약한 사실이 없다고 하고, 을도 같은 취지로 증언하고, 갑에 대한 소변감정결과 등이 음성으로 나온 점 등을 종합하면 위 투약의 공소사실은 그 증명이 없는 때에 해당한다는 것이었다.
- ○ 검사는 설령 히로뽕을 투약하였다는 위 공소사실에 대한 증거가 없다고 판단하였더라도 직권으로 공소사실에 포함된 히로뽕 투약 미수의 범죄사실을 유죄로 인정하였어야 함에도 불구하고, 위 공소사실에 대하여 무죄를 선고한 것은 잘못이라고 주장하며 상고.

■ 판결 요지

- ○ 법원은 공소사실의 동일성이 인정되는 범위 내에서 공소가 제기된 범죄사실에 포함된 보다 가벼운 범죄사실이 인정되는 경우에 피고인의 방어권행사에 실질적인 불이익을 초래할 염려가 없다고 인정되는 때에는 공소장이 변경되지 않았더라도 직권으로 공소장에 기재된 공소사실과 다른 범죄사실을 인정할 수 있고,
- ○ 공소가 제기된 범죄사실과 대비하여 볼 때 실제로 인정되는 범죄사실의 사안이 중대하여 공소장이 변경되지 않았다는 이유로 이를 처벌하지 않

는다면 적정절차에 의한 신속한 실체적 진실의 발견이라는 형사소송의 목적에 비추어 현저히 정의와 형평에 반하는 것으로 인정되는 경우라면 법원으로서는 직권으로 그 범죄사실을 인정하여야 한다.

○ 히로뽕 투약죄의 기수범으로 기소된 공소사실에 대하여 실행행위에 착수한 사실은 인정되나 기수에 이른 사실은 인정되지 않는 경우, 마약류의 심각한 폐해와 마약사범의 급속한 증가현상에 비추어 볼 때 히로뽕 투약의 경우 그 미수범도 기수범에 못지않게 그 사안이 중대하다고 할 것이어서 공소장이 변경되지 않았다는 이유로 이를 처벌하지 않으면 현저히 정의와 형평에 반한다고 여겨지고, 그 미수의 범죄사실을 인정한다고 하여 피고인의 방어권행사에 실질적인 불이익을 초래할 염려가 있다고 보여지지 않는다면 법원은 공소사실에 포함된 히로뽕 투약 미수의 범죄사실을 유죄로 인정하여야 한다.

■ 해설

○ 검사에 의한 공소장변경 신청이 없는 경우 판례는 법원의 공소장변경의 요구는 법원의 재량이라고 판시하는 한편 일정한 경우 법원에 직권에 의한 심판의무를 부과하고 있다.

○ 법원에 직권에 의한 심판의무를 지우는 기준으로 처벌하지 않는 것이 "적정절차에 의한 신속한 실체적 진실의 발견이라는 형사소송의 목적에 비추어 현저히 정의와 형평에 반하는 것"이라는 기준을 제시하고 있다. 본건과 유사하게 법원이 공소장 변경이 없는 경우라도 직권으로 심판할 의무가 있다고 본 판결례로는 형법 제347조 제1항 사기를 동조 제2항 사기로, 장물취득을 장물보관으로, 피고인과 공범에 공모에 의한 사문서위조를 피고인과 공범 및 제3자의 공모에 의한 사문서위조로 심판한 사건 등이 있다.

공소장 변경이 필요없는 경우

(대법원 2006. 4. 14. 선고 2005도9743 판결)

갑은 차를 운전하면서 중앙선을 침범하여 진행하다가

우히히~ 내 운전실력 죽이지~?

어어~!

101

피해자들을 사망 또는 치상케하고도 운전하여 가 도주하였다는 내용으로 기소되었다.

저저,, 저 놈 잡아라~!

검사는 공소장에 적용법조로 특가법 5조의3 1항 2호(치상후 도주), 형법 268조만 기재, 기소했다.

특가법 위반죄로 기소합니다! 적용 법조와 자세한 공소사실은 공소장을 봐주시고요~,

관련 특가법 규정은 다음과 같다.

제5조의3(도주차량 운전자의 가중처벌)
① 도로교통법 제2조에 규정된 자동차…의 교통으로 인하여 형법 제268조의 죄를 범한 해당 차량의 운전자가 피해자를 구호하는 등…조치를 하지 아니하고 도주한 경우에는 다음 각 호의 구분에 따라 가중처벌한다.
1. 피해자를 사망에 이르게 하고 도주하거나, 도주 후에 피해자가 사망한 경우에는 무기 또는 5년 이상의 징역에 처한다.
2. 피해자를 상해에 이르게 한 경우에는 1년 이상의 유기징역 또는 500만원 이상 3천만원 이하의 벌금에 처한다.

그런데 1심 법원은 '치사후 도주죄'를 적용해 판결을 선고했다.

특가법 5조의3 1항 1호! 2호, 형법 268조를 적용해서…,

?

이 판결이 적법한지 문제되었다.

＊쟁점＊

이 사건에서 공소장의 적용법조는 잘못 기재되었지만 피고인의 방어에 큰 불이익은 없는 듯 합니다.

이런 경우 공소장 변경을 하지 않고 다른 법률 규정을 적용해서 판결을 할 수 있을까요?

검사가 기소도 하지 않은 치사후 도주죄로 처벌을 한다니 말이 됩니까 위법한 판결입니다!

공소장 적용법조에 1호가 단순히 누락 되었을 뿐입니다, 피고인도 치사후 도주죄에 대해 방어를 해왔구요!

뻔히 그 사실도 변론을 해오고선 모른척 하기는~!

적용법조의 기재에 오기나 누락이 있어도 피고인의 방어에 실질적 불이익을 주지 않으면 공소제기 효력에 영향이 없다, 법원도 공소장에 기재되지 않은 법조를 적용할 수 있다,

어느 범죄사실이 일반법, 특별법 모두에 해당시, 공소장 적용법조에 규정된 법정형보다 법원이 직권 적용한 법조의 법정형이 더 무거워도 위법하지는 않다,

법원은 검사가 기소하면서 제출한, 공소장에 적힌 내용에 대해 판단을 하는 것이 원칙입니다, 그런데 이 사안에서는 예외적으로 공소장에 기재되지 않은 법조를 적용해 판결을 했네요,

공소사실이나 적용법조가 바뀌는 경우에는 공소장변경이 필요하다.

그런데 공소장의 사소한 부분까지 모두 이러한 절차가 필요한지는 의문인바, 누가 보아도 쉽게 알 수 있는, 사소한 잘못된 기재[오기(誤記), 누락 등]까지 공소장 변경을 해야 한다면 소송경제에 반하기 때문이다.

그렇다면 어떤 기준으로, 어떤 범위까지 공소장 변경이 필요하거나 필요 없을까?

이에 관한 법원의 입장을 살펴보자.

■■ 사건 개요

○ 갑은 차를 운전하면서 중앙선을 침범하여 진행하다가 사고를 야기하여 피해자들을 사망, 치상케하고도 운전하여 가 도주하였다는 내용으로 기소되었다.

○ 검사는 공소장에 특정범죄 가중처벌 등에 관한 법률 제5조의3 제1항 제2호(치상후 도주), 형법 제268조를 적용법조로 하여 기소하였고, 1심 법원은 법정형이 더 무거운 특정범죄 가중처벌 등에 관한 법률 제5조의3 제1항 제1호(치사후 도주) 및 제2호, 형법 제268조를 적용하여 형을 선고하였으나,

○ 2심에서는 직권으로 위 제1호를 적용한 것은 불고불리의 원칙에 위배된다며 1심 판결을 파기하였다. 이에 검사가 상고.

■■ 판결 요지

○ 공소장에 적용법조를 기재하는 이유는 공소사실의 법률적 평가를 명확히 하여 공소의 범위를 확정하는 데 보조기능을 하도록 하고, 피고인의 방어권을 보장하고자 함에 있으므로, 적용법조의 기재에 오기나 누락이 있는 경우라 할지라도 이로 인하여 피고인의 방어에 실질적인 불이익을 주지 않는 한 공소제기의 효력에는 영향이 없고, 법원으로서도 공소장 변경의 절차를 거침이 없이 곧바로 공소장에 기재되어 있지 않은 법조를 적용할 수 있다.

○ 어느 범죄사실이 일반법과 특별법에 모두 해당하는 경우라 하여도 검사가 형이 보다 가벼운 일반법의 죄로 기소하면서 그 일반법의 적용을 청구하고 있는 이상 법원은 형이 더 무거운 특별법을 적용하여 특별법위반의 죄로 처단할 수는 없지만, 이러한 경우가 아니라면 공소장의 적용법조의 오기나 누락으로 잘못 기재된 적용법조에 규정된 법정형보다 법원이 그 공소장의 적용법조의 오기나 누락을 바로잡아 직권으로 적용한 법조에 규정된 법정형이 더 무겁다는 이유만으로 그 법령적용이 불고불리의 원칙에 위배되어 위법하다고 할 수 없다.

○ 본건 제1심의 제2회 공판조서에 검사가 "공소장의 적용법조에 '특정범죄 가중처벌 등에 관한 법률 제5조의3 제1항 제1호'를 추가하겠다고 진술" 하였고, 제1심법원은 검사의 위 진술에 대해 공소장변경 허가결정을 한 바는 없는 것으로 되어 있음에 비추어 보면, 제1심법원은 검사의 위 진술을 공소장변경 허가신청이 아닌 단순한 공소장의 오기의 정정으로 취급하였음을 알 수 있다.

○ 본건의 경우 불고불리의 원칙에 위배되거나 법령적용을 잘못한 위법이 있다고 할 수 없다. 파기환송.

■■ 해설

○ 본건의 경우 1심 법원이 공소장의 적용법조의 오기 내지 누락의 점을 바로잡아 특정범죄 가중처벌 등에 관한 법률 제5조의3 제1항 제1호, 제2호, 형법 제268조를 적용한 뒤 그 법정형에 따라 처단하였다고 하여 피고인의 방어에 실질적인 불이익을 주었다고 할 수 없고, 단지 그 법정형이 더 무겁다는 이유만으로 불고불리의 원칙에 위배되거나 법령적용을 잘못한 위법이 있다고 할 수 없다고 판단한 것이다.

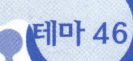

테마 46 필요적 변호사건

(대법원 1991. 6. 28. 선고 91도865 판결)

갑은 시위 중에 현존건조물방화미수를 저지른 사건으로 기소가 되었는데,

집권당은 물러가라!

가까이 오면 불 지른다!

각성하라!

물러가라!

변호인의 출석이 반드시 필요한 '필요적 변호' 사건이었다.

이건은 재판 진행을 하려면 반드시 변호인이 있어야 해요!

제282조(필요적 변호)
사형, 무기 또는 단기 3년 이상의 징역이나 금고에 해당하는 사건에 관하여는 변호인 없이 개정하지 못한다. 단, 판결만을 선고할 경우에는 예외로 한다.

그런데 갑은 1심 재판 중 재판 거부의 의사표시를 하고 퇴정하였고,

나는 이런 재판 받을 수 없습니다!

재판을 거부한다!

변호인 또한 재판에 불출석했다.

피고인의 요청에 따라 저도 재판에 불출석합니다.

재판장은 피고인, 변호인 없이 모든 재판 절차를 진행하고 징역형 등 판결까지 선고하였다.

검사 더 이상 진행하실 것 없죠? 다음 기일에 선고합니다.

네 알겠습니다!

이 판결이 위법한지 문제되었다.

쟁점

우리 법은 피고인이 구속된 때, 미성년자인 때, 사형, 무기 또는 단기 3년 이상의 징역이나 금고에 해당하는 사건으로 기소된 때 등의 경우 필요적 변호사건으로서 반드시 변호인이 있어야 한다고 규정합니다.

본건의 경우 변호인이 없이 재판절차가 진행되었는데 문제가 없을까요?

필요적 변호사건에서 변호인이 없는 재판진행이라뇨! 위법합니다!

피고인측의 방어권 남용이자 변호권의 포기입니다! 판결에 아무런 문제 없습니다!

필요적 변호사건에서도 피고인이 재판거부 의사를 표시하고 임의퇴정하고 변호인도 퇴정한다면 방어권의 남용 내지 변호권의 포기이다, 법원은 피고인, 변호인 없이도 심리, 판결할 수 있다,

이 경우 법 규정상 피고인의 본 뜻과 관계없이 증거동의가 있는 것으로 간주하게 되어 있다,

음… 이런 판례에 따르면, 피고인과 변호인이 임의로 퇴정을 해버리면 결과적으로 불이익한 재판을 감수해야 할 것 같네요,

형사재판을 받을 때에는 피고인 혼자 재판을 받는 경우도 있고, 변호인(보통 변호사)의 도움을 받는 경우도 있다.

그런데 형사소송법은 일정한 경우에는 변호인이 반드시 있어야 한다고 규정하고 있는데, 이를 '필요적 변호'라고 하고, 관련 규정은 아래와 같다.

제282조(필요적 변호) 제33조 제1항 각 호의 어느 하나에 해당하는 사건 및 같은 조 제2항·제3항의 규정에 따라 변호인이 선정된 사건에 관하여는 변호인 없이 개정하지 못한다. 단, 판결만을 선고할 경우에는 예외로 한다.

제33조(국선변호인) ① 다음 각 호의 어느 하나에 해당하는 경우에 변호인이 없는 때에는 법원은 직권으로 변호인을 선정하여야 한다.
1. 피고인이 구속된 때
2. 피고인이 미성년자인 때
3. 피고인이 70세 이상인 때
4. 피고인이 농아자인 때
5. 피고인이 심신장애의 의심이 있는 때
6. 피고인이 사형, 무기 또는 단기 3년 이상의 징역이나 금고에 해당하는 사건으로 기소된 때

한편 형사소송법에서는 재판을 받던 피고인이 재판장의 허가 없이 퇴정한 경우에는 피고인의 진술 없이도 판결을 할 수 있다고 규정하는데(제330조), 필요적 변호사건에서 변호인이 퇴정한 경우에는 명확한 규정이 없다.

필요적 변호사건에서 변호사가 재판장의 허가 없이 퇴정한 경우에 관한 법원의 입장을 살펴보자.

▪▪ 사건 개요

○ 갑은 시위 중의 현존건조물방화미수(필요적 변호사건임) 등으로 기소되었는데, 1심 법원 제3회 공판기일에 갑은 재판거부의 의사를 표시하고 퇴정해 버렸고, 제4회 공판기일에도 갑은 재판거부의 의사를 표명하고

퇴정해 버렸다.

○ 변호인은 제4회 공판일 하루 전에 법원에 갑의 요청에 따라 불출석하겠다는 의사를 표명하였다. 이에 제1심 재판장은 피고인과 변호인 없이 재판하겠다고 고지하고, 증거조사 절차를 거쳐 변론을 종결한 다음 제5차 공판기일에 제1심 판결을 선고하였다.

판결 요지

○ 필요적 변호사건이라 하여도 피고인이 재판거부의 의사를 표시하고 재판장의 허가 없이 퇴정하고 변호인마저 이에 동조하여 퇴정해 버린 것은 모두 피고인측의 방어권의 남용 내지 변호권의 포기로 볼 수밖에 없는 것이므로, 수소법원으로서는 형사소송법 제330조에 의하여 피고인이나 변호인의 재정 없이도 심리판결 할 수 있다.

○ 피고인과 변호인들이 출석하지 않은 상태에서 증거조사를 할 수밖에 없는 경우에는 형사소송법 제318조 제2항의 규정상 피고인의 진의와는 관계없이 형사소송법 제318조 제1항의 동의가 있는 것으로 간주하게 되어 있다.

해설

○ 사안과 같은 필요적 변호사건에 있어서는 피고인뿐 아니라 변호인의 출석도 공판개정의 요건이 된다(법 제282조).

○ 그런데, 법 제330조는 피고인이 재판장의 허가 없이 퇴정한 경우(임의퇴정) 피고인의 진술 없이도 판결할 수 있도록 하고 있으므로,

○ 필요적 변호사건에서 피고인뿐 아니라, 변호인조차도 이에 동조하여 임의퇴정한 경우에도 제330조의 적용이 있는지, 있다면 어느 범위에서 피고인과 변호인 없이 재판이 가능한지가 문제된다.

○ 이에 대하여 위 판결은 이와 같은 경우 피고인측의 방어권의 남용 내지 변호권의 포기이므로, 판결뿐 아니라 심리(증거조사, 최종변론 등)가 가능하고, 이때는 법 제318조 제2항에 따라 증거동의가 의제된다고 판단하였다.

(대법원 2008. 6. 26. 선고 2008도3300 판결)

갑은 게임장 종업원, 을은 게임장 운영자로서

오픈 준비는 차질 없는 거지?

공모하여 관할관청의 허가를 받지 않고 게임장 영업을 했다는 공소사실로 공동 기소되었다.

게임산업진흥에 관한 법률 위반죄로 기소합니다.

그런데 갑은 위 재판에서 을의 공소사실에 관해 증인으로 채택되어

갑을 증인으로 신청합니다~

제, 제가 증인이요?

선서하고 증언하였다.

증인, 게임장의 실제 업주 따로 있죠? 거짓말 말고

아니, 제가 오너라니까요~.

검사는 갑의 증언이 허위 진술이라며 갑을 위증죄로 기소하였다.

선서하고 허위의 내용을 증언했습니다!

갑의 위증죄 성립 여부가 문제되었다.

쟁점

갑은 을과 공범인 공동피고인입니다. 즉, 범행의 공범이기도 하고 같이 재판을 받는 공동피고인이기도 하죠.

위증죄가 되려면 증인임을 전제로 하는데 갑과 같은 공범인 공동피고인도 공범과의 관계에서 증인이 될 수 있을까요?

저는 공범으로 기소된 공동피고인 입니다. 증인이 아니라고요. 증인이 아니면 위증죄 주체가 아니죠!

증인으로 채택이 되어 선서를 하였으면 위증을 하면 안 됩니다! 당연히 위증죄!

공범인 공동피고인은 피고인의 지위이므로 다른 공동피고인에 대해 증인이 될 수 없다. 단, 소송절차가 분리되어 피고인의 지위에서 벗어나면 증인이 될 수 있다.

갑과 을의 변론이 분리되지 않으면 서로에 대해 증인이 될 수 없다. 따라서 갑이 을에 대해 허위증언을 해도 위증죄가 되지 않는다.

피고인과 증인의 지위는 완전히 다르죠? 공동피고인 갑과 을의 변론이 분리되어야 증인이 될 수 있다는군요.

형사소송법에서 자주 문제가 되는 '공범인 공동피고인'을 생각해본다.

'공범(共犯)'이란 하나의 범죄를 2명 이상이 같이 실행한 경우, 같이 범행을 한 자를 말한다. 한편 '공동피고인(共同被告人)'이란 하나의 소송절차에서 같이 피고인이 된 자를 말한다.

공범이 하나의 사건에서 공동피고인이 될 수도 있고, 아닐 수도 있다(공범 중 하나만 먼저 잡혀서 재판을 받고, 다른 공범은 나중에 잡혀서 재판을 받게 된 경우).

다른 한편 공동피고인은 공범일 수도 있고(공범인 공동피고인. 예를 들어 갑과 을이 공모하여 A를 때려주었고, 같이 재판을 받게 된 경우), 공범이 아닐 수도 있다(공범이 아닌 공동피고인. 예를 들어 서로 모르는 갑과 을이 둘 다 A를 때린 혐의로 함께 재판을 받게 된 경우).

그런데 공범인 공동피고인은 다른 공범인 피고인에 대한 관계에서 증인이 될 수 있을까? 증인이란 '자신이 경험한 사실을 진술하는 사람'을 말하는데, 공범인 공동피고인은 어떤 측면에서는 '피고인'의 지위에 있는 것 같기도 하고, 자신이 경험한 사실을 말한다는 측면에서는 '증인'의 지위에 있는 것 같기도 하다.

이에 관한 법원의 입장을 살펴보자.

■■ 사건 개요

○ 갑은 "피고인 갑은 게임장 종업원, 공소외 을은 게임장 운영자로서 공모하여 관할관청의 허가를 받지 않고 게임장 영업행위를 하였다."는 게임산업 진흥에 관한 법률위반죄의 공소사실로 별건 형사사건에서 공소외 을과 공동으로 기소되어 심리가 진행되던 중

○ 갑은 피고인의 지위에 있음에도 불구하고, 을과 갑의 변론이 분리되지 아니한 상태에서 을에 대한 공소사실에 관하여 증인으로 채택되어 선서하고 증언하였다.

○ 검사는 갑이 한 위 증언이 기억에 반하는 허위의 진술이라면서 본건 위증죄로 기소하였고, 항소심은 갑과 을의 변론이 분리되지 아니한 이상 갑

은 공범인 을에 대한 공소사실에 관하여 증인이 될 수 없고, 위증죄가 성립하지 아니한다며 무죄를 선고하였다. 검사가 상고.

판결 요지

○ 공범인 공동피고인은 당해 소송절차에서는 피고인의 지위에 있으므로 다른 공동피고인에 대한 공소사실에 관하여 증인이 될 수 없으나, 소송절차가 분리되어 피고인의 지위에서 벗어나게 되면 다른 공동피고인에 대한 공소사실에 관하여 증인이 될 수 있다 할 것이다(대법원 1999. 9. 17. 선고 99도2449 판결, 대법원 2007. 11. 29. 선고 2007도2661 판결 등 참조).

○ 피고인 갑과 공소외 을의 변론이 분리되지 아니한 이상 피고인 갑은 공범인 공소외 을에 대한 공소사실에 관하여 증인이 될 수 없고, 따라서 피고인 갑이 공소외 을에 대한 공소사실에 관하여 증인으로 출석하여 선서한 다음 증언함에 있어 기억에 반하는 허위의 진술을 하였다고 하더라도 위증죄가 성립하지 아니한다.

해설

○ 증인의 자격과 관련하여(법 제146조), 공동피고인은 당해 절차에서는 피고인의 지위에 있으므로, 원칙적으로 그 공소사실에 대하여 증인이 될 수 없으나 변론을 분리하여(법 제300조) 피고인의 지위에서 벗어나면 그 공소사실에 대하여 증인이 될 수 있다는 판례이다.

○ 다만, 공범인 공동피고인의 법정 자백도 증거능력이 있고, 자백 외의 보강증거도 될 수 있다(대법원 1985. 6. 25. 선고 85도691 판결).

(대법원 2004. 7. 9. 선고 2004도2116 판결)

갑은 술에 취한 상태에서 운전을 하다가 사고를 내

어이구,, 알딸딸하니 좋다, 그런데 왜 이리 세상이 흔들리지?

도로교통법위반(음주운전) 및 특가법위반(도주차량)죄로 기소되었다.

와장창!

GoGoGo!

콰광!

갑은 1심 법정에서 공소사실은 사실이라면서도 당시 술에 만취되어 기억이 없다고 진술하였다.

공소사실은 모두 사실입니다만…

다만 제가 당시 너무 술에 취해서 하나도 기억이 나지 않습니다,

피고인이 자백을 한 경우 간이공판절차로 진행할 수 있다.

제286조의2(간이공판절차의 결정)
피고인이 공판정에서 공소사실에 대하여 자백한 때에는 법원은 그 공소사실에 한하여 간이공판절차에 의하여 심판할 것을 결정할 수 있다.

1심은 갑이 공소사실을 모두 자백한 것으로 보아 간이공판절차를 거쳐, 갑을 유죄로 인정했다.

피고인이 자백한 듯하니

앞으로는 간이공판절차로 진행합니다~!

해당 판결이 위법한지 문제되었다.

＊쟁점＊

간이공판절차의 경우 정식의 증거조사방식에 의할 필요 없이 법원이 상당하다고 인정하는 방법으로 증거조사를 할 수 있고 전문법칙이 적용되는 증거에 대하여도 증거동의가 있다고 보아 증거능력이 부여됩니다.

갑이 공소사실에 대한 자백을 한 것인지가 문제되었습니다.

저는 고의가 없었다, 제정신이 아니었다고 했습니다, 이것이 자백인가요? 황당하네요! 간이공판절차는 위법합니다!

공소사실이 모두 사실이라면서요? 자백을 해놓고 다른 소리를 하니 참 어이가 없습니다,

피고인 진술은 범의를 부인하고 심신상실 또는 심신미약 이었다는 주장이다, '법률상 범죄의 성립을 조각하는 이유'거나 '형의 감면 이유가 되는 사실의 진술'이다,

따라서 간이공판절차로 진행할 수 없다,

이 사건은 내용을 보아도 유죄 자백이 아닌 듯 하죠? 그러면 간이공판절차로 진행하면 안 되겠죠, ^^;

형사재판을 통해서 국민에게 가해지는 불이익이 크기 때문에 형사소송법은 다수의 관련 규정들을 두고 있다.

하지만 형사재판의 상당수 사건들은 피고인 스스로 잘못을 인정하는, 경미하고 다툼이 없는 사건이다. 이러한 유형의 사건들을 비교적 간단한 절차로 신속하게 처리하기 위한 절차가 간이공판절차(簡易公判節次)이다.

피고인이 유죄임을 자백한 경우에 한하여 절차가 적용 가능한데, 간이공판절차에서는 증거조사절차를 간이화하고 증거능력의 제한을 완화할 수 있다(보통 피고인이 범죄사실을 자백하고 '양형에서 선처해달라'는 태도이면 증거조사 절차를 매우 간이화하는 식으로 절차가 진행된다).

관련 규정은 아래와 같다.

> 제286조의2(간이공판절차의 결정) 피고인이 공판정에서 공소사실에 대하여 자백한 때에는 법원은 그 공소사실에 한하여 간이공판절차에 의하여 심판할 것을 결정할 수 있다.

이에 관한 법원의 입장을 살펴보자.

■■ 사건 개요

○ 갑은 도로교통법위반(음주운전) 및 특정범죄 가중처벌 등에 관한 법률위반죄로 기소되었다.

○ 갑은 1심 법정에서 "공소사실은 모두 사실과 다름없다"고 하면서 술에 만취되어 기억이 없다는 취지로 진술하였는데, 1심은 공소사실을 모두 자백한 것으로 보아 이를 간이공판절차에 회부하여 증거조사를 마친 다음 유죄로 인정하였다.

○ 이에 갑은 심신장애에 관한 법령위반 및 양형부당을 이유로 항소하였으나, 항소심은 양형부당 주장만 받아들였다. 이에 갑이 상고.

■■ 판결 요지

○ 피고인이 법정에서 "공소사실은 모두 사실과 다름없다."고 하면서 술에

만취되어 기억이 없다는 취지로 진술한 경우, 이는 피고인이 술에 만취되어 사고 사실을 몰랐다고 범의를 부인함과 동시에 그 범행 당시 심신상실 또는 심신미약의 상태에 있었다는 주장으로서

o 형사소송법 제323조 제2항에 정하여진 법률상 범죄의 성립을 조각하거나 형의 감면의 이유가 되는 사실의 진술에 해당하므로 피고인은 적어도 공소사실을 부인하거나 심신상실의 책임조각사유를 주장하고 있는 것으로 볼 여지가 충분하므로 간이공판절차에 의하여 심판할 대상에 해당하지 아니한다(파기환송).

■■ 해설

o 피고인이 공판정에서 공소사실에 대하여 자백한 때에는 법원은 그 공소사실에 한하여 간이공판절차에 의하여 심판할 것을 결정할 수 있는데, 간이공판절차의 경우 정식의 증거조사방식에 의할 필요 없이 법원이 상당하다고 인정하는 방법으로 증거조사를 할 수 있을 뿐 아니라, 전문법칙이 적용되는 증거에 대하여도 증거동의가 있는 것으로 보아 증거능력이 부여된다.

o 이때, "공소사실에 대한 자백" 요건과 관련하여, 대법원은 단순히 공소사실을 인정하는 것뿐 아니라, 범죄성립조각사유에 대하여도 진술이 없을 것도 요하므로, 사안의 경우 간이공판절차에 의할 수 없다고 판단한 것이다.

변호인의 기록 열람·등사권

(헌법재판소 1997. 11. 27. 94헌마60)

갑은 국가보안법위반혐의로 구속기소되었고,

갑을 기소합니다. 구속사유가 있어 구속 기소하였습니다.

갑의 변호사는 변론준비에 착수했다.

안심하시고, 마음 단단히 먹으세요.

정말 감사합니다. 너무 힘드네요…

변호사는 자술서, 피의자신문조서 등 서류를 검토해야겠다고 판단,

우선 수사기록을 좀 봐야 대응책을 마련하겠는데…

검사에게 수사기록 일체를 열람, 등사하겠다는 신청을 하였다.

갑의 자술서, 피의자신문조서, 참고인 진술조서 등 수사기록 일체를 열람, 등사하겠습니다.

검

그러나 검사는 거부사유를 밝히지 않고 거부했다.

왜 안 된다는 거에요?

근거는 밝힐 수 없소! 하여튼 안 된다니까!

갑은 헌법재판소에 헌법소원심판을 청구하였다.

검사가 저의 기본권을 침해하였습니다!

제가 신속하고 공정한 재판을 받기 위해, 변호인의 조력을 받을 권리를 위해 열람, 등사가 꼭 필요합니다!

법상 근거가 없는 요구를 하고 있습니다! 피고인측의 요구는 부당합니다!

검사 보관 수사기록에 대한 변호인의 열람·등사는 실질적 당사자 대등 확보, 신속·공정한 재판 실현을 위해 필요불가결하다. 지나친 제한은 신속·공정한 재판을 받을 권리 침해이다.

피고인 방어를 위해 특히 중요하고, 증거인멸, 증인협박같은 폐해를 초래할 우려가 없으면 열람·등사가 허용된다.

위헌임을 확인한다!

변호사로서 응당 해야 할 행동이죠! 헌법재판소 사건이네요.

형사소송법은 피고인과 변호인의 방어권 보장을 위해서 아래와 같이 규정한다.

> 제35조(서류·증거물의 열람·등사) ① 피고인과 변호인은 소송계속 중의 관계 서류 또는 증거물을 열람하거나 등사할 수 있다.

그런데 현실적으로 변호인이 수사기관이 보관하고 있는 수사 관련 자료에 접근하려고 해도 수사기관에서는 수사의 필요성, 비닉성(비밀로 보관해야 하는 성질) 등 여러 가지 이유를 대며 이를 거부하여, 원활한 접근이 쉽지 않은 것이 현실이다.

본건은 변호인의 기록 열람, 등사 요구에 대한 수사기관의 거부 처분에 대해 헌법재판소에까지 가서 다투어진 경우인데 이에 관한 헌법재판소의 입장을 알아보자.

■■ 사건 개요

○ 갑은 국가보안법위반죄로 구속기소되었는데, 그의 변호인이 변론 준비를 위해 검사에게 갑의 자술서 및 피의자신문조서, 참고인 진술조서 등 수사기록 일체를 열람, 등사하겠다는 신청을 하였으나 위 검사는 거부사유를 일체 밝히지 아니한 채 이를 거부하였다. 갑은 헌법소원심판 청구.

■■ 결정 요지

○ 검사가 보관하는 수사기록에 대한 변호인의 열람·등사는 실질적 당사자 대등을 확보하고, 신속·공정한 재판을 실현하기 위하여 필요불가결한 것이며, 그에 대한 지나친 제한은 피고인의 신속·공정한 재판을 받을 권리를 침해하는 것이다.

○ 검사가 보관중인 수사기록에 대한 열람·등사는 당해 사건의 성질과 상황, 열람·등사를 구하는 증거의 종류 및 내용 등 제반 사정을 감안하여 그 열람·등사가 피고인의 방어를 위하여 특히 중요하고 또 그로 인하여 국가기밀의 누설이나 증거인멸, 증인협박, 사생활침해, 관련사건 수사의 현저한 지장 등과 같은 폐해를 초래할 우려가 없는 때에 한하여 허용된

다고 할 것이다.

○ 이 사건에 있어서 청구인의 변호인이 1994. 3. 22. 국가보안법위반죄로 구속기소된 청구인의 변론준비를 위하여 피청구인인 검사에게 그가 보관 중인 수사기록일체에 대한 열람·등사신청을 하였으나 같은 달 26. 피청구인은 국가기밀의 누설이나 증거인멸, 증인협박, 사생활침해의 우려 등 정당한 사유를 밝히지 아니한 채 이를 전부 거부한 것은 청구인의 신속·공정한 재판을 받을 권리와 변호인의 조력을 받을 권리를 침해하는 것으로 헌법에 위반된다 할 것이다.

■ 해설

○ 변호인은 소송계속 중의 관계서류 또는 증거물을 열람·등사할 수 있는데(법 제35조), 종래에는 여기서 "소송계속 중의 관계서류 또는 증거물"에 검사가 공소제기 후 아직 법원에 제출하지 아니한 것도 포함되는지 여부가 논란이 되어 왔다. 이에 대하여 위 헌재결정은 검사가 보관하고 있는 수사기록에 대하여도 변호인이 열람·등사를 청구할 수 있고, 그 범위도 일정한 경우 제한될 수 있다고 판단한 데 의미가 있다.

○ 개정 형사소송법(2007. 6. 1.)은 증거개시제도를 도입하면서 위 결정의 취지를 반영하여 위와 같은 문제를 해소하였다. 즉, 피고인 또는 변호인은 검사에게 공소제기된 사건에 관한 서류 또는 물건의 목록과 공소사실의 인정 또는 양형에 영향을 미칠 수 있는 서류 등의 열람·등사를 신청할 수 있고, 검사는 국가안보, 증인보호의 필요성, 증거인멸의 우려, 관련사건의 수사에 장애를 가져올 구체적인 사유 등 상당한 이유가 있을 때에 한하여 열람·등사의 거부 또는 그 범위를 제한할 수 있도록 하였다(제266조의3).

테마 50 공판조서에 대한 열람·등사청구권

(대법원 2003. 10. 10. 선고 2003도3282 판결)

갑은 모 군청에서 욕설을 하고 고함을 질러 공무원들 직무집행을 방해하고(공무집행방해),

군수 나오라고 해!

이거 못 봐?

왜 저런대?

공무원 A에게 커터칼을 휘둘러 상해를 가했다는 사실로 기소되었다.

피고인을 상해죄 등으로 기소합니다!

1심 재판 공판기일에 A와 B가 출석하여 증인으로 진술을 하였다.

군청에서 난동을 부리고 커터칼로 저를 그었습니다,

와 정말 죽는 줄 알았어요,

자기네 신문사 광고 예산을 삭감했다고…,

합의도 안 하고… 엄벌해 주세요!

갑은 해당 공판조서의 등사를 청구하였으나, 1심 법원은 아무 조치 없이 A, B의 증언 등 증거에 기초하여 유죄를 선고하였다.

공판조서 등사 신청한다고 말씀드렸는데요, 조치를 빨리 해주세요~!

A, B가 뭐라고 헛소리 증언을 했는지 분명히 좀 봐야겠습니다!

2심 또한 A, B의 진술을 증거로 사용해 유죄를 선고했다.

A, B의 진술을 보면 증거가 너무 명확하네요, 피고인 갑, 유죄!

열람·등사청구권이 침해된 공판조서에 기재된 증인 진술이 증거로 사용될 수 있는지 문제되었다.

＊쟁점＊

법은 피고인에게 공판조서의 열람 또는 등사를 청구할 수 있다고 규정합니다.

그럼 이런 열람, 등사권이 침해된 공판 조서에 기재된 증인 진술은 증거로도 사용할 수 없는 것일까요?

열람·등사청구권이 보장되지 않은 조서로 유죄판결을 함은 위법합니다!

열람, 등사를 하지 못한 것은 유감이지만 그것과 증거로의 사용 여부는 별개입니다!

형사소송법이 피고인에게 공판조서의 열람 또는 등사청구권을 부여한 이유는 조서의 정확성을 담보하고 피고인의 방어권을 보장하려 함이다.

열람 또는 등사청구권이 침해된 경우에는 공판조서를 유죄의 증거로 할 수 없고, 조서에 기재된 피고인, 증인 진술도 증거로 할 수 없다.

공판조서의 열람, 등사를 못했다는 이유로 유죄의 증거로 쓸 수 없다네요. 꽤 엄격한 입장이죠?

사건에 대해 공소가 제기되어 재판이 시작되면, 법원에서 열리는 공판기일에서 진행되는 재판 내용은 '공판조서'라는 법원의 문서에 모두 기록이 된다(예컨대 증인신문의 결과도 공판조서에 기재가 된다).

공판조서를 보면서 재판에 대비하는 것은 피고인의 방어권 보장을 위해서 매우 중요하므로 형사소송법은 아래와 같은 규정을 두고 있다.

> 제55조(피고인의 공판조서열람권 등) ① 피고인은 공판조서의 열람 또는 등사를 청구할 수 있다.

본건에서는 피고인의 공판조서 열람, 등사청구권이 침해된 경우에 해당 공판조서에 기재된 내용을 증거로 사용할 수 있느냐(증거능력 인정) 여부가 다루어졌다.

■■ 사건 개요

- ○ 갑은 군청 기획감사실 등에서 욕설을 하고 고함을 질러 공무원인 A, B 등 공무원 15명의 기획, 감사, 마케팅 등에 관한 직무집행을 방해하고(공무집행방해), A에게 커터칼을 휘둘러 좌전흉부개방창상 등을 가하였다는 사실로 기소되었다.
- ○ 1심 재판의 2회 공판기일에 A와 B가 증인으로 출석하여 진술하였고, 갑은 1회 및 2회 공판조서의 등사를 청구하였으나, 1심 법원은 아무런 조치를 취하지 않은 채, A와 B의 증언 등 증거에 기초하여 유죄를 선고하였다.
- ○ 갑이 항소하였으나, 2심은 1심 제2회 공판기일에서의 증인 A와 B의 각 진술이 기재된 공판조서에 대한 갑의 열람 또는 등사청구가 거부되기는 하였지만, 그 공판기일에서의 증인 A와 B의 각 진술 자체는 증거로 사용할 수 있다고 판단하였다.
- ○ 갑의 공판조서 열람·등사청구권이 침해된 경우 공판조서에 기재된 증인의 진술이 증거로 사용할 수 있는지 여부가 문제됨.

■ 판결 요지

○ 형사소송법 제55조 제1항이 피고인에게 공판조서의 열람 또는 등사청구권을 부여한 이유는 공판조서의 열람 또는 등사를 통하여 피고인으로 하여금 진술자의 진술내용과 그 기재된 조서의 기재내용의 일치 여부를 확인할 수 있도록 기회를 줌으로써 그 조서의 정확성을 담보함과 아울러 피고인의 방어권을 충실하게 보장하려는 데 있으므로,

○ 피고인의 공판조서에 대한 열람 또는 등사청구에 법원이 불응하여 피고인의 열람 또는 등사청구권이 침해된 경우에는 그 공판조서를 유죄의 증거로 할 수 없을 뿐만 아니라, 공판조서에 기재된 당해 피고인이나 증인의 진술도 증거로 할 수 없다.

■ 해설

○ 피고인이나 피고인 아닌 자의 진술을 기재한 당해사건의 공판조서는 형사소송법 제311조 전문의 규정에 의하여 당연히 증거능력이 인정되는 바,

○ 피고인에게 공판조서의 열람 또는 등사 청구권(법 제55조 제1항)을 부여한 것은 공판조서의 정확성을 담보하고, 피고인의 방어권을 충실하게 보장하는데 있는 것이므로, 이러한 피고인의 권리를 침해한 경우에는 공판조서에 기재된 당해 피고인이나 증인의 진술도 형사소송법 제55조 제3항에 의하여 유죄의 증거로 할 수 없다는 취지의 판결이다.

테마 51 구속영장의 발부와 검사의 신청 요부

(대법원 1996. 8. 12. 자 96모46 결정)

갑은 전직 대통령 비자금 관련 사건으로

구속기소되어 재판을 받았다.

어휴,, 구치소는 정말 사람 살 곳이 아니네,

도대체 밖에선 뭣들 하는 거야

갑이 재판을 받던 중 법상 구속기간이 만료되어 갔다.

며칠만 더 버티자! 거꾸로 매달아도 며칠 뒤면 나간다!!

6월

이에 재판장은 검사의 청구 없이 직권으로

피고인이 나가면 곤란한데,, 검사는 왜 가만히 있는거지?

6월

종전 구속영장의 범죄사실과 다른 범죄사실로 구속영장을 발부하여 다시 구속하였다.

어디 가세요? 영장 나왔어요!

영장? 무슨 영장?

이런 구속영장 발부가 적법한지 문제되었다.

＊쟁점＊

헌법은 "체포·구속·압수 또는 수색을 할 때에는 적법한 절차에 따라 검사의 신청에 의하여 법관이 발부한 영장을 제시하여야 한다."라고 규정합니다. 형사소송법에서도 검사가 신청하는 구속영장 발부절차에 대해서만 규정합니다.

그렇다면 검사의 신청이 없는데도 법원이 구속영장을 발부할 수 있을까요?

검사 청구 없이 판사가 구속영장을 발부하는 것은 위법합니다! 판사가 혼자 북치고 장구치고 해도 됩니까?!

판사가

검사냐!

법 규정은 수사절차에서 검사만 영장을 청구할 수 있다는 뜻이고, 공판절차에서는 법원이 영장 발부시 검사의 영장청구가 필요한 건 아닙니다!

구속의 효력은 구속영장에 기재된 범죄사실에만 미치는 점 등을 보면, 구속기간 만료시 종전 구속영장과 다른 범죄사실로 구속해도 위법하지 않다.

헌법 규정은 구속 등 강제처분에는 법관이 발부한 영장이 필요하고 검사만 영장을 신청할 수 있다는 뜻이고, 법원이 구속영장 발부시 검사의 신청이 꼭 필요한 것은 아니다.

공판절차에서는 검사가 영장 청구를 안 해도 법원이 구속영장을 발부할 수 있답니다! 역시 재판에서는 법원이 주도권이 있네요~.

우리 헌법 제12조 제3항은 "체포·구속·압수 또는 수색을 할 때에는 적법한 절차에 따라 검사의 신청에 의하여 법관이 발부한 영장을 제시하여야 한다."라고 규정하고 있고, 형사소송법에서도 검사가 청구하는 구속영장 발부절차에 대해서만 규정을 두고 있다.

그렇다면 검사의 청구가 없는데도 법원이 구속영장을 발부할 수 있을까? 이에 관한 법원의 입장을 살펴보자.

■ 사건 개요

○ 갑은 전직 대통령 비자금관련 사건으로 구속기소되어 재판을 받던 중 구속기간이 만료될 무렵 담당재판부 재판장이 검사의 청구 없이 직권으로 종전 구속영장에 기재된 범죄사실과는 다른 범죄사실로 구속영장을 발부하여 다시 구속하자,

○ 이에 대하여 법원이 검사의 청구 없이 직권으로 구속영장을 발부한 것은 헌법 제12조 제1항, 제3항 및 법 제201조 등에 위반된다는 이유로 준항고를 하였으나 기각되었다. 피고인은 이에 재항고.

■ 결정 요지

○ 구속의 효력은 원칙적으로 구속영장에 기재된 범죄사실에만 미친다는 점 등에 비추어 보면, 구속기간이 만료될 무렵에 종전 구속영장에 기재된 범죄사실과는 다른 범죄사실로 재항고인을 구속하였다는 사정만으로는 재항고인에 대한 구속이 위법하다고 단정할 수는 없다.

○ 헌법 제12조 제3항은 범죄수사를 위하여 구속 등의 강제처분을 함에 있어서는 법관이 발부한 영장이 필요하다는 것과 수사기관 중 검사만 법관에게 영장을 신청할 수 있다는 데에 그 의의가 있고, 형사재판을 주재하는 법원이 피고인에 대하여 구속영장을 발부하는 경우에도 검사의 신청이 있어야 한다는 것이 그 규정의 취지라고 볼 수는 없다.

■ 해설

○ 헌법 제12조 제3항은 "체포·구속·압수 또는 수색을 할 때에는 적법한

절차에 따라 검사의 신청에 의하여 법관이 발부한 영장을 제시하여야 한다."고 규정하고 있고, 형사소송법에서는 법원이 피고인을 구속하는 경우의 절차에 관한 내용이 없어, 법원이 구속영장을 발부하는 경우에도 검사의 구속영장 청구를 요하는 것으로 볼 것인지의 논란이 있었다.

○ 형사절차에 있어서의 영장주의란 체포·구속·압수 등의 강제처분을 함에 있어서는 법관이 발부한 영장에 의하지 않으면 안 된다는 원칙이고, 헌법 제12조 제3항이 영장의 발부에 관하여 '검사의 신청'에 의할 것을 규정한 취지는 모든 영장의 발부에 검사의 신청이 필요하다는 데에 있는 것이 아니라 수사단계에서 영장의 발부를 신청할 수 있는 자를 검사로 한정함으로써 검사 아닌 다른 수사기관의 영장신청에서 오는 인권유린의 폐해를 방지하고자 함에 있으므로(헌재 96헌바28 등),

○ 법원이 공판절차에서 구속영장을 발부할 때에는 검사의 신청을 요하지 않는다.

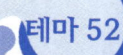

(대법원 2011. 9. 8. 선고 2011도7106 판결)

갑은 강간치상죄로 기소되었다.

피고인이 여자를 강간하다가 상처를 입혔습니다!

1심 법원은 공소장 부본 송달일로부터 7일이 지나기 전에 1회 공판기일을 진행하면서, 국민참여재판 의사 확인을 하지 않았다.

제8조(피고인 의사의 확인)
② 피고인은 공소장 부본을 송달받은 날부터 7일 이내에 국민참여재판을 원하는지 여부에 관한 의사가 기재된 서면을 제출하여야 한다.

법상 국민참여재판 신청을 위한 절차를 거쳐야 하죠~!

또 국민참여재판 신청 의사를 확인하는 절차도 거치지 않았다.

피고인, 혹시 신청할 증거 있습니까?

국민참여재판이라는 게 있다고 들었는데, 그건 어떻게 신청하는 거지?

갑은 국민참여재판 신청서를 뒤늦게 제출해 1회 공판기일 이후 법원에 접수되었으나,

국민참여재판 신청을 법원에 하면 된다면서요? 몰랐는데… 뒤늦게나마 신청을 하겠습니다!

그런 거 미리미리 좀 알려주지… 칫….

법원은 신청에 대한 배제결정을 하지 않은 채 통상의 공판절차로 재판을 진행했다.

저 국민참여재판 신청을 했는데요, 그건 어떻게 되었나요?

뭘 했다구요?

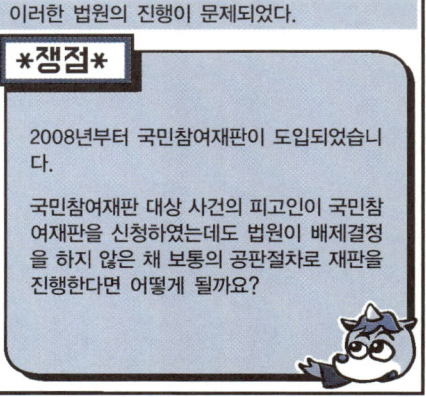

이러한 법원의 진행이 문제되었다.

쟁점

2008년부터 국민참여재판이 도입되었습니다.

국민참여재판 대상 사건의 피고인이 국민참여재판을 신청하였는데도 법원이 배제결정을 하지 않은 채 보통의 공판절차로 재판을 진행한다면 어떻게 될까요?

저는 국민참여재판을 받을 권리를 침해당했습니다. 그간의 저의 모든 소송행위도 무효입니다!

국민참여재판 보장하라!

그런 절차적 권리가 침해되었다고 해서 재판이나 판결에 영향을 줄 수 없습니다!

피고인이 국민참여재판을 신청했는데 법원이 배제결정도 하지 않고 보통 공판절차로 재판을 진행함은 중대한 절차권 권리 침해로 위법하다.

이런 공판절차에서 이루어진 소송행위는 무효이다.

네, 분명히 뭔가 문제가 있는 것 같죠?^^

2008년 1월부터 "국민의 형사재판 참여에 관한 법률"에 따라 형사소송절차에 '국민참여재판'이 도입되었는 바, 일정한 재판의 경우 피고인이 국민참여재판을 신청하면, 해당 재판 절차에 따라 진행해야 한다.

국민참여재판에서는 만 20세 이상의 국민 가운데 무작위로 선정된 배심원들이 형사재판에 참여하여 유죄·무죄 평결을 내리지만 평결에 법적인 구속력은 인정되지 아니 한다.

피고인의 국민참여재판 신청과 관련된 법원의 입장을 살펴보자.

■■ 사건 개요

○ 갑에 대하여 강간치상죄로 기소된 사건에 대하여 1심 법원은 갑에게 공소장 부본을 송달한 날로부터 7일이 채 경과하기도 전에 공판기일을 진행하여 갑에게 국민참여재판 신청을 위하여 법에서 정하고 있는 기간을 부여하지 않았고, 또한, 제1회 공판기일에 앞서 피고인의 국민참여재판 신청 의사를 확인하는 절차를 거치지도 않았으며,

○ 갑이 구치소장에게 제출한 국민참여재판 신청서는 제1회 공판기일이 진행된 후에야 법원에 접수되었으나, 1심 법원은 위 신청에 대한 배제결정을 하지 않은 채 통상의 공판절차에 의해 재판을 진행하게 되었다.

○ 2심 법원은 1심 판결의 위와 같은 조치에 대하여 아무런 심리, 판단을 하지 아니한 채 갑의 항소를 기각하였고, 갑은 국민참여재판을 받을 권리를 침해당하였다며 상고.

■■ 판결 요지

○ 피고인이 법원에 국민참여재판을 신청하였는데도 법원이 이에 대한 배제결정도 하지 않은 채 통상의 공판절차로 재판을 진행하는 것은 피고인의 국민참여재판을 받을 권리 및 법원의 배제결정에 대한 항고권 등 중대한 절차적 권리를 침해한 것으로서 위법하고,

○ 국민참여재판제도의 도입 취지나 위 법에서 배제결정에 대한 즉시항고권을 보장한 취지 등에 비추어 이와 같이 위법한 공판절차에서 이루어진

소송행위는 무효라고 보아야 한다.

○ 항소심에서 피고인은 위 절차상 하자를 항소이유로 하지는 않았으나 항소심으로서는 제1심판결에 직권파기사유가 있는데도 제1심판결의 위법에 대하여 아무런 심리, 판단을 하지 아니한 채 피고인의 항소를 기각하였는 바 이에는 국민참여재판을 받을 권리 및 소송절차상 하자에 관한 법리오해의 위법이 있다는 이유로, 항소심과 제1심판결을 모두 파기하고 사건을 제1심법원에 환송.

■ 해설

○ 본건은 국민참여재판 대상 사건의 피고인이 국민참여재판을 신청하였는데도 법원이 이에 대한 배제결정을 하지 않은 채 통상의 공판절차로 재판을 진행한 경우 이는 위법하며, 그 공판절차에서 이루어진 소송행위는 무효라는 해석이다.

○ 항소심은 제1심판결에 직권 파기사유가 있는데도 제1심판결의 위법에 대하여 아무런 심리, 판단을 하지 아니한 채 갑의 항소를 기각하였으므로 이는 국민참여재판을 받을 권리 및 소송절차상 하자에 관한 법리오해의 위법이 있다는 이유로, 항소심 판결과 제1심 판결을 모두 파기하고 사건을 제1심법원에 환송한 사례이다.

(대법원 2002. 3. 12. 선고 2001도2064 판결)

갑은 부총리겸 재정경제원장관을 지냈는데,

에헴, 이 정도면 대한민국 최고 지위에 올랐다고 할 수 있지~!

부실금융기관으로 퇴출되는 것을 막아 달라는 은행장의 청탁을 받고 1억원을 수령하였다는

저희 은행, 한번만 살려주십시오~!

알선수재의 공소사실로 기소되었다.

갑은 공무원의 직무에 속한 사항의 알선에 관하여 금품을 수수했습니다.

갑은 을로부터 돈을 교부받은 사실은 인정하였지만

네, 제가 그 돈을 받은 것, 맞습니다.

저도 그걸 부정하는 것은 아니고요~

다만 은행의 퇴출을 막기 위한 알선활동비로 받은 것이 아니라고 주장하였다.

제가 곧 경기도지사 선거에 나가는데 선거자금 지원금으로 받았습니다!

갑의 범죄의사 여부가 문제되었다.

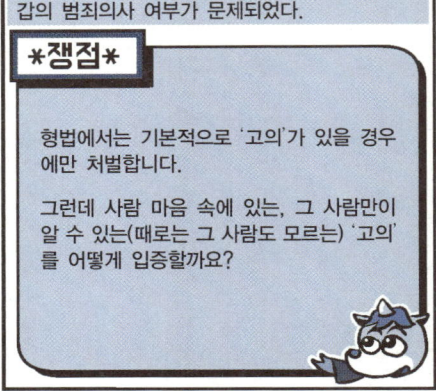

＊쟁점＊

형법에서는 기본적으로 '고의'가 있을 경우에만 처벌합니다.

그런데 사람 마음 속에 있는, 그 사람만이 알 수 있는(때로는 그 사람도 모르는) '고의'를 어떻게 입증할까요?

저는 알선활동비로 받은 게 아니고 선거자금 지원금으로 받은 겁니다!

제 속을 까보세요!

관련된 여러 정황증거에 비추어 보면 갑의 알선수재 범의는 분명합니다!

피고인이 범죄의사를 부인하는 경우, 이런 주관적 요소 사실은 관련된 간접사실을 증명하는 방법으로 입증할 수 밖에 없다.

갑의 검찰에서의 범의 자백, 중요한 시점에서 갑이 공무원, 을과 전화 또는 면담한 점 등 증거를 종합하면 알선수재 범의가 인정된다.

범의(고의)는 관련된 모든 사정을 두루 살펴서 판단해야 한다, 이런 취지로 생각됩니다.^^

형법에서는 기본적으로 '고의'로 범행을 저지른 고의범만을 처벌하고, 과실범은 예외적으로 규정이 있는 경우만 처벌한다. 예를 들어서 과실로 다른 사람의 물건을 깨뜨리면 처벌을 받지 않지만('과실손괴'는 처벌규정이 없기 때문에) 과실로 다른 사람에게 상처를 입히면 '과실치상죄'로 처벌을 받는다.

따라서 형사재판에서는 고의 여부가 상당히 중요하다. 그런데 사람의 마음속에 있는 고의를 어떻게 입증할까?

본건에서는 범의(犯意. 범죄임을 알고도 행하려는 의사. 고의)의 입증이 문제되었다.

■■ 사건 개요

○ 본건은 부총리겸 재정경제원장관을 지낸 갑이 부실금융기관으로 퇴출되는 것을 막아 달라는 은행장인 공소외 을의 청탁을 받고 돈 1억 원을 수령함으로써 공무원의 직무에 속한 사항의 알선에 관하여 금품을 수수하였다는 알선수재의 공소사실(특정범죄 가중처벌 등에 관한 법률 제3조)로 기소된 건이다.

○ 갑은 돈을 교부받은 사실은 인정하고, 다만 검찰 피의자신문시 은행의 퇴출을 막기 위한 알선활동비 명목으로 수수하였다고 자백하였으나, 제1심 이후에는 경기도지사 선거에 즈음하여 선거자금의 지원금으로 수수한 것이지, 은행의 퇴출을 막기 위한 알선활동비 명목으로 수수한 것이 아니라고 주장하여 범의를 부인하였고, 은행장 을도 처음에는 청탁이 있었다고 하였다가 이후 부인하였다.

○ 2심은 무죄를 선고하면서 1) 검사가 제출한 증거들은 모두 신빙성이 없어 그대로 믿기 어렵거나, 2) 선거자금으로만 인식하고 수수하였다는 갑의 변소를 배척하고 갑이 을로부터 은행의 퇴출을 막아달라는 청탁을 받고 그 알선활동비 명목으로 금품을 수령하였다거나 적어도 금품을 수수할 당시 금품이 은행 퇴출저지를 위한 알선에 관하여 제공된 것이라는 점을 인식하였다고 보기에는 부족하다는 등 사유를 설시하였다. 검사가 상고.

판결 요지

o 알선수재죄에서 '공무원의 직무에 속한 사항을 알선한다는 명목'으로 수수하였다는 범의를 인정하기 위해서는 엄격한 증명이 요구되지만, 피고인이 '금품 등을 수수'한 사실을 인정하면서도 범의를 부인하는 경우에는, 이러한 주관적 요소로 되는 사실은 사물의 성질상 범의와 상당한 관련성이 있는 간접 사실을 증명하는 방법에 의하여 이를 입증할 수밖에 없고, 무엇이 상당한 관련성이 있는 간접 사실에 해당할 것인가는 정상적인 경험칙에 바탕을 두고 치밀한 관찰력이나 분석력에 의하여 사실의 연결상태를 합리적으로 판단하는 방법에 의하여야 한다.

o 그 범의를 자백한 피고인의 검찰에서의 일부진술, 은행퇴출 저지라는 현안과 관련한 중요한 시점에서 피고인 갑이 관련 공무원 및 을과 전화 또는 면담한 점 등의 정황증거를 종합하면 피고인 갑의 알선수재 범의가 인정된다.

해설

o 범의는 범죄사실을 구성하는 것으로서 엄격한 증명이 요구되지만 피고인의 자백 등 직접증거뿐만 아니라 정황증거를 종합하여 인정할 수 있다는 취지의 판례이다.

o 또한 자백의 신빙성 판단과 관련하여 검찰에서의 자백 등이 법정 진술과 다르다는 사유만으로는 그 자백의 신빙성이 의심스럽다고 할 사유로 삼아야 한다고 볼 수 없고, 자백의 신빙성 유무를 판단함에 있어서는 자백의 진술내용 자체가 객관적으로 합리성을 띠고 있는지, 자백의 동기나 이유가 무엇이며, 자백에 이르게 된 경위는 어떠한지 그리고 자백 이외의 정황증거 중 자백과 저촉되거나 모순되는 것이 없는지 하는 점을 고려하여 피고인의 자백에 법 제309조(강제 등 자백의 증거능력) 소정의 사유 또는 자백의 동기나 과정에 합리적인 의심을 갖게 할 상황이 있었는지를 판단하여야 한다고 판시하고 있다.

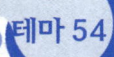
(대법원 1989.10.10. 선고 87도966 판결)

갑, 을은 A회사의 회장과 사장으로서

에헴~,

법인세 등을 포탈했다는 혐의로 기소되었다.

갑과 을은 경리직원을 시켜 매년 거액의 법인세를 포탈해왔습니다.

갑, 을은 1심 재판과정에서 유리한 입증을 위하여

유리한 자료 다 갖고와!

노무비지출결의서 사본 등 회사의 비용지출 관련 서류들을 증거로 제출하였다.

이 지출결의서 등을 보시면 저희가 죄가 없음을 분명히 아실 수 있습니다.

1심 법원은 이를 거꾸로 유죄 증거로 사용하였는데 이것이 가능한지(증거공통의 원칙),

피고인들의 증거들을 보니 유죄가 더욱 확실하네요.

피고인들 모두 유죄!

어이 사장! 이 상황 뭐야?

검사의 증거 동의 없이 유죄 증거로 인정하였는 바, 증거조사가 필요한지도 문제되었다.

＊쟁점＊

공소범죄사실은 엄격한 증명의 대상이므로 증거능력 있고, 적법한 증거조사를 거친 증거에 의하여 증명해야 합니다.

이 사건에서 피고인들이 제출한 서류가 증거능력이 있는지 확실하지 않고 증거조사를 거치지 않은 점이 문제되었습니다.

우리측 증거라고 해도 증거능력이 있어야 하고 증거조사를 해야죠!

증거공통의 원칙상 피고인들이 제출한 증거는 피고인들에게 불리하게 사용될 수 있습니다!

증거공통의 원칙은 증거의 증명력이 제출자나 신청자의 입증취지에 구속되지 않는다는 것이지, 증거능력, 증거조사가 불필요해지지는 않는다.

피고인이 무죄 자료로 제출한 서증에 유죄 내용이 있어도 증거조사를 하고 피고인에게 의견과 변명의 기회를 줘야 유죄 증거가 될 수 있다.

증거공통의 원칙이 증거능력이나 증거 조사 절차를 불필요하게 하지는 않는다네요!

이하에서는 '증거' 부분을 살펴본다.

증거법의 기본은 '검사가 유죄의 증거를 입증함'이다.

그런데 이런 증거의 입증(증명)은 크게 '엄격한 증명'과 '자유로운 증명'으로 구분한다. 엄격한 증명이란 법률상 증거능력 있고 적법한 증거조사를 거친 증거에 의한 증명을 말하고, 자유로운 증명이란 증거능력이나 적법한 증거조사를 요하지 않는 증거에 의한 증명을 말한다.

형사소송 절차에서 범죄사실이나 이에 준하는 사실은 엄격한 증명의 대상이다. 예를 들어 공소제기된 범죄사실의 구성요건 해당사실(절도죄에 있어서 절도행위를 한 사실)은 엄격한 증명이 반드시 필요하다.

그런데 만약 피고인이 제출한 증거가 오히려 그의 유죄를 인정할 증거가 되는 경우에도 엄격한 증명이 필요할까?

이에 관한 법원의 입장을 살펴보자.

■ 사건 개요

- ○ 갑, 을은 법인세 등을 포탈하였다는 공소사실로 기소되었다. 1심 재판 과정에서 갑과 을은 노무비지출결의서 사본 등 비용지출관련 서류 사본을 유리한 입증을 위하여 증거로 제출하였고, 검사의 증거동의가 없었음에도, 1심 법원은 이를 유죄의 증거로 사용하였다.

- ○ 이에 갑과 을은 항소하였으나, 항소심은 증거공통의 원칙상 위 피고인들이 제출한 증거는 피고인들에게 불리한 사실인정을 위해서도 사용할 수 있다고 판단하였다.

■ 판결 요지

- ○ 증거공통의 원칙이란 증거의 증명력은 그 제출자나 신청자의 입증취지에 구속되지 않는다는 것을 의미하고 증서의 증거능력이나 증거에 관한 조사절차를 불필요하게 할 수 있는 힘은 없으므로,

- ○ 피고인이나 변호인이 무죄에 관한 자료로 제출한 서증 가운데 도리어 유죄임을 뒷받침하는 내용이 있다 하여도 법원은 상대방의 원용(동의)이

없는 한 그 서류의 진정성립 여부 등을 조사하고 아울러 그 서류에 대한 피고인이나 변호인의 의견과 변명의 기회를 준 다음이 아니면 그 서증을 유죄인정의 증거로 쓸 수 없다고 보아야 한다.

■ 해설

○ 공소범죄사실은 엄격한 증명의 대상이므로, 증거능력 있고, 적법한 증거조사를 거친 증거에 의하여 이를 증명하여야 한다. 따라서 누가 제출한 것이든 그것이 공소범죄사실과 관련된 것이라면, 형사소송법상 증거능력이 있는 증거일 것을 요한다.

○ 반면, 사안에서 갑이 제출한 증거서류 사본은 전문증거임에도, 진정성립이 인정되지도 않았고, 상대방인 검사의 증거동의가 있지도 않았기 때문에 증거능력이 인정되지 않으므로, 이를 유죄의 증거로 사용하여서는 안된다.

○ 항소심은 증거공통의 원칙을 적용하여 피고인이 제출한 증거의 증거능력 유무를 검토하지 않은 채, 이를 유죄의 증거로 사용하였는데, 위 판결이 설시한 바와 같이, 증거공통의 원칙은 법원이 제출자가 입증하고자 하는 취지에 구속되지 않고, 이와 다른 사실을 인정할 수 있다는 것으로서, 증거의 증명력과 관련된 원칙일 뿐 엄격한 증명에 의하지 않고도 범죄사실을 인정할 수 있도록 하는 근거를 제공하는 것은 아니다.

(대법원 1991. 5. 10. 선고 91도579 판결)

갑은 만 3세 3개월의 여자아이 A를 강간하려다 미수에 그치고,

아저씨가 까까 사줄게, 이리 와 봐~,

상해를 입혔다는 강간치상 혐의로 기소되었다.

으앙~~~~, 아파~~~~!

거기 누구요?

1심 재판부는 증언 당시 3세 6개월이었던 A를 증인으로 채택하여

피해자인 A를 증인으로 채택합니다,

증인으로 신문하였다,

네, 맞아요~,

아니 얘…

그날 밤에 저 아저씨가 여기저기 만진 거 맞아요?

1심, 2심 재판부는 A의 증언 등을 종합하여 유죄로 판단하였다.

강간치상죄가 유죄로 인정됩니다!

A의 증언능력이 인정되는지 문제되었다.

＊쟁점＊

증언이 유효하기 위해서는 증언능력이 필요합니다.
증언능력이란 증인이 과거에 경험한 사실을 기억에 따라 진술할 수 있는 정신적 능력을 말합니다.
증언능력을 갖추지 못한 증인의 증언을 근거로 유죄를 인정할 수는 없을 것입니다.
이 사건은 어떨까요?

어린이도 아니고 아기 비슷한 애의 말을 어떻게 증거로 씁니까!

개가 뭘 알겠어요?

유아라 해도 나이만 볼 것이 아니라 여러 요소를 고려해서 증언이 가능한지 판단해야 할 것입니다!

증언능력은 증인이 경험한 사실을 기억에 따라 진술할 수 있는 정신적 능력이다. 유아의 증언능력은 연령 외에 지적 수준, 말하는 태도, 내용 등을 고려해서 판단해야 한다.

여자아이가 검사의 질문을 이해하고 고개를 끄덕여 답변한 내용은 증언능력이 있다.

어린아이의 증언을 증거로 쓸 수 있을까요? 판례는 여러 사정을 충분히 고려해서 '증언능력을 인정할 수 있다'고 판시하고 있습니다.

증언능력은 증인이 과거에 경험한 사실을 기억에 따라 진술할 수 있는 정신적 능력을 말한다. 증언능력을 갖추지 못한 증인의 증언을 근거로 유죄를 인정할 수는 없을 것이다.

성범죄와 같은 경우 관련 증거가 당사자의 증언밖에 없는 경우가 다수이다. 그런데 유아에 대한 성범죄에서, 유아의 증언능력을 인정하여 피고인을 처벌할 수 있을까? 어떤 요건을 갖출 경우 유아의 증언에 증언능력을 인정할 수 있을까?

본건에서는 만 3세 유아의 증언능력이 문제되었다.

■■ 사건 개요

○ 갑은 만 3세 3개월 된 여자 아이 A를 강간하려다 미수에 그치고, 상해를 입게 하였다. 이에 대하여 검사는 갑을 강간치상죄로 기소하였는데,

○ 1심은 A를 증인으로 채택하여 신문한 다음(증언 당시는 만 3세 6개월) 그 증언 및 다른 증거를 종합하여 유죄의 판결을 선고하였고, 2심에서도 항소가 기각되자 갑은 2심이 제1심 증언 당시 A가 만 3세에 불과하여 증언능력이 없음에도 그 증언을 유죄의 증거로 채택한 것은 위법하다며 상고하였다.

■■ 판결 요지

○ 증인의 증언능력은 증인 자신이 과거에 경험한 사실을 그 기억에 따라 공술할 수 있는 정신적인 능력이라 할 것이므로, 유아의 증언능력에 관해서도 그 유무는 단지 공술자의 연령만에 의할 것이 아니라 그의 지적수준에 따라 개별적이고 구체적으로 결정되어야 함은 물론 공술의 태도 및 내용 등을 구체적으로 검토하고, 경험한 과거의 사실이 공술자의 이해력, 판단력 등에 의하여 변식될 수 있는 범위 내에 속하는가의 여부도 충분히 고려하여 판단하여야 한다.

○ 사고 당시는 만 3년 3월 남짓, 증언 당시는 만 3년 6월 남짓 된 강간치상죄의 피해자인 여아가 피해상황에 관하여 비록 구체적이지는 못하지만

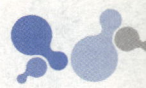

개괄적으로 물어 본 검사의 질문에 이를 이해하고 고개를 끄덕이는 형식
으로 답변함에 대하여 증언능력이 있다.

■ 해설

○ 증인이 증언의무를 수행하기 위해서는 당연히 그 전제로 증인 자신이 과
거에 경험한 사실을 그 기억에 따라 진술할 수 있는 능력(증언능력)이 있
어야 할 것이다. 특히 유아의 경우 이러한 증언능력이 문제되는 경우가
많이 있는데, 법원은 단순히 연령에 의하지 않고 그의 지적수준에 따라
개별적이고 구체적으로 결정되어야 하여야 한다는 태도를 보이고 있다.

○ 또한 경험한 사실 자체가 유아의 이해력, 판단력에 등에 의하여 변식될
수 있는 범위 내에 있는가도 고려되어야 하므로, 동일한 지적 능력을 가
진 유아라 하더라도 사건에 따라서는 증언능력을 인정하기 어려운 경우
도 있다.

○ 위 사안의 경우 법원은 증인이 경험한 사실은 "피고인이 피해자의 팬티를
벗기고 바닥에 눕힌 후 피고인의 바지와 팬티를 내린 후 그 성기로 피해
자의 음부에 밀어 넣으려고 하였다."라는 것으로서 비교적 간단하고 단순
한 것으로서 증인 연령 정도의 유아라고 하더라도 별다른 사정이 없는 한
이를 알고 그 내용을 표현할 수 있는 범위 내의 것이라고 판단하였다.

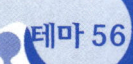

목격자에 의한 범인 식별 절차(1)

(대법원 2004. 2. 27. 선고 2003도7033 판결)

A는 히로뽕을 소지하고 판매하려다 체포되었다. A는 수사기관에서 히로뽕의 출처를 조사받았는데

물건 팔러 나오셨소?

우리 경찰인데 같이 좀 갑시다.

자신은 성을 모르는 '천'이라는 사람으로부터 구입했다고 진술하였다.

저는 무슨 '천'이라는 사람에게서 전화를 해서 구입하고 있습니다.

분명히 맞아요! 내가 알아요!

검사는 휴대전화 가입자인 갑('O 천')의 신상을 알아내 동사무소로부터 갑의 사진이 첨부된 주민등록초본을 팩스로 받아 A에게 제시하였고,

동사무소죠? 검찰청인데 갑이라는 사람 자료 보내주세요.

A는 갑이 히로뽕을 판 사람이 맞다고 진술하였다.

네, 천이라는 사람이 이 사람 맞습니다.

아 글쎄 난 모른대두요!

그러나 갑의 소재가 밝혀진 이후 A는 참고인으로 진술하면서 갑이 'O 천'이 아니라고 번복하였다. 그리고 갑도 범행사실을 부인하였다.

무슨 소리에요? 나는 그런 일 전혀 몰라요!

용의자 한 사람만을 제시하여 범인 여부를 확인하게 하는 방법의 신빙성이 문제되었다.

외국 영화 보니까 다들 이렇게 하더만!

한 명만 제시하고 확인을 하면 무의식적 암시를 줄 가능성이 높습니다!

한 명만 보고 판단한들 뭐가 문제입니까! 그리고 첫 진술이 제일 정확하고, 나중에 말을 맞춰서 번복할 가능성이 높습니다!

범인식별 절차의 목격자 진술 신빙성을 높이려면 다음의 것들이 필요하다.

○ 목격자의 진술 내지 묘사를 사전에 상세히 기록화할 것,
○ 용의자와 인상착의가 비슷한 여럿을 동시에 대면시켜 범인을 지목하도록 할 것,
○ 이들이 사전에 접촉하지 못하도록 할 것,
○ 대질 과정과 결과를 문자와 사진 등으로 서면화할 것,

다른 증거로 유죄 인정!

기본적으로는 여러 사람을 동시에 보여주고 범인을 가려내도록 해야 한다네요. 한 사람만 보여주는 방법은 No no~.

영화를 보면 범죄 용의자들을 일렬로 세워놓고 용의자들이 보지 못하는 다른 방에서 누가 범인인지를 고르도록 하는 장면이 나온다. 왜 이렇게 여러 명의 용의자들을 세워놓고 한 명을 고르도록 하는 절차를 취하는 것일까?

단 한 명의 용의자만을 제시하여 범인인지 여부를 판단하도록 하는 것은 기억의 왜곡이나 부당한 인상에 따라 부정확한 범인 지목이 이루어질 수 있기 때문이다.

본건에서는 정확한 범인 식별을 위해서는 어떠한 절차가 필요한지 문제되었다. 또한 대법원은 사진제시에 의한 범인 식별시에도 같은 원칙에 따라야 한다고 판시하고 있다.

■ 사건 개요

○ 검사는 '성불상[9] 천'으로부터 히로뽕을 매수하였다는 A의 진술에 따라 동사무소로부터 사진이 첨부된 갑의 주민등록초본을 모사전송받아 A에게 제시하자, A는 자신에게 히로뽕을 판 '성불상 천'이 맞다고 진술하였다.

○ '성불상 천'이 갑으로 확인되고 갑의 소재지가 확인된 후 A는 참고인으로 진술하면서 갑이 '성불상 천'이 아니라고 진술을 번복하였고, 갑도 시종일관 A에게 히로뽕을 판매하였다는 범행사실을 부인하였으나 갑은 기소되었고, 제1심 및 항소심은 유죄를 선고하였고, 갑이 상고.

■ 판결 요지

○ 용의자의 인상착의 등에 의한 범인식별 절차에 있어 용의자 한 사람을 단독으로 목격자와 대질시키거나 용의자의 사진 한 장만을 목격자에게 제시하여 범인 여부를 확인하게 하는 방식에 의한 범인식별 절차에서의 목격자의 진술은 다른 부가적인 사정이 없는 한 그 신빙성이 낮다고 보아야 한다.

○ 범인식별 절차에 있어 목격자의 진술의 신빙성을 높게 평가할 수 있게 하려면, ① 범인의 인상착의 등에 관한 목격자의 진술 내지 묘사를 사전

---

9) 성을 알 수 없는.

에 상세히 기록화한 다음, ② 용의자를 포함하여 그와 인상착의가 비슷한 여러 사람을 동시에 목격자와 대면시켜 범인을 지목하도록 하여야 하고, ③ 용의자와 목격자 및 비교대상자들이 상호 사전에 접촉하지 못하도록 하여야 하며, ④ 사후에 증거가치를 평가할 수 있도록 대질 과정과 결과를 문자와 사진 등으로 서면화하는 등의 조치를 취하여야 할 것이고, 사진제시에 의한 범인식별 절차에 있어서도 기본적으로 이러한 원칙에 따라야 한다. 참고인A 진술은 신빙성이 있다고 보기 어려우나 다른 증거에 의하여 유죄 인정.

■■ 해설

o 판결 요지에서 언급한 방식은 사람의 기억력의 한계 및 부정확성과 구체적인 상황 하에서 용의자나 그 사진상의 인물이 범인으로 의심받고 있다는 무의식적 암시를 목격자에게 줄 수 있는 가능성으로 인하여, 그 신빙성이 낮다.

o 위 판결은 이러한 점을 확인하고, 나아가 범인식별 절차에 있어 목격자의 진술의 신빙성을 높이기 위한 요건을 지적한 점에서 중요한 의미가 있다.

   이후에도 대법원(2005도1461 판결)은 피해자들이 피고인이 자신들을 강간한 범인인지 여부를 식별하는 과정에서 피고인이 강간사건 범인으로 체포되었다는 말을 이미 경찰에게서 들은 점, 피고인만이 있는 상태에서 범인인지 여부를 확인한 점(위 ②의 요건을 충족하지 못함), 피해자들이 한자리에서 범인인지 여부를 확인함으로써 다른 사람들의 진술에 영향을 받았을 가능성을 배제할 수 없는 점(위 ③의 요건을 충족하지 못함) 등을 근거로 피고인을 범인으로 지목한 일부 피해자들의 진술의 신빙성을 부정한 바 있다. 다만, 그 용의자가 종전에 피해자와 안면이 있는 사람이라든가 피해자의 진술 외에도 그 용의자를 범인으로 의심할 만한 다른 정황이 존재한다든가 하는 등의 부가적인 사정이 있는 경우에는 위와 같은 경우에도 신빙성을 인정할 수도 있을 것이다.

목격자에 의한 범인 식별 절차(2)

(대법원 2009. 6. 11. 선고 2008도12111 판결)

A는 새벽에 골목을 걸어가다가 정체를 알 수 없는 범인으로부터 가슴을 움켜쥐는 추행을 당했다.

어멋!

히히~ 이쁜이! 어디 가는 거야~?

범인은 이어 A의 몸 위에 올라타 어깨와 가슴 부위를 주먹으로 때려 강제추행치상을 하였다.

이게 왜 반항이야! 가만히 있어!

사람 살려~!!

A는 경찰과 범인을 추적하다가 주택을 탐문하여 갑을 발견, 갑과 A가 대면을 했다.

저, 저기! 저기! 달아나는 사람이 있어요!

우다닥~

A가 갑이 범인이라고 지목해 경찰이 갑을 체포 하였다.

저 사람이 맞아요! 분명해요! 내가 그 와중에 똑똑 봤다구요!

네? 제가 언제…?

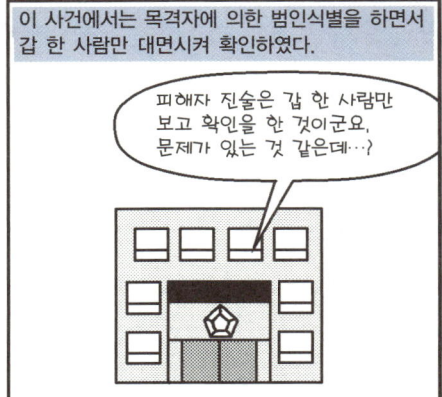

이 사건에서는 목격자에 의한 범인식별을 하면서 갑 한 사람만 대면시켜 확인하였다.

피해자 진술은 갑 한 사람만 보고 확인을 한 것이군요, 문제가 있는 것 같은데…?

이런 범인식별 절차가 적법한지 문제되었다.

쟁점

범인식별절차에서는 용의자를 포함, 그와 인상착의가 비슷한 여러 사람을 동시에 목격자와 대면시켜 범인을 지목하도록 해야 한다고 하였죠?

그런데 이 사건은 뭔가 사정이 다른 것 같은 데, 과연 한 명만 대조해서 범인을 식별하도 록 해도 될까요?

여럿 중에 고르는 방식이 아닌 한 사람만 대면시켜 확인을 하면 오판의 위험성이 있습니다. 저는 억울합니다!

단독대면의 범인 식별이 항상 위법한 건 아닙니다! 현장에서 용의자를 확인하는 경우 이런 방법도 필요합니다!

피해자가 되돌아보았을 때와 범인이 폭행을 가할 때, 범인의 얼굴과 인상착의를 확인할 수 있었을 것이다.

피해자가 범행 직후 일대일 대면시 추행남이 틀림없다고 진술했고, 이런 진술이 일관된 점 등에 비추어 현장의 일대일 대면이 허용된다.

저 정도 사실관계라면 일대일 대면을 해서 범인을 식별하는 것도 인정해야 할 듯하죠?

본건에서는 범인식별 절차에서 어떤 절차가 이루어져야 하는지 법원의 입장을 살펴보는데, 앞의 사례와는 달리 한 명의 용의자를 단독 대면시켜 확인하는 절차의 정당성에 대해서 살펴본다.

사건 개요

○ 본건은 피고인 갑이 04:30경 골목을 걸어가고 있던 피해자 A의 겨드랑이 사이로 두 손을 넣어 가슴을 움켜쥐었다가, 피해자가 비명을 지르자 밀쳐 땅바닥에 넘어뜨리고 몸 위에 올라타 피해자의 어깨와 가슴 부위를 주먹으로 2회 정도 때려 강제추행치상을 하였다는 것이다.

○ 갑을 범인으로 특정하는 과정을 보면 1) A는 범행 직후 때마침 순찰활동 중이던 경찰차에 탑승하여 경찰관들과 함께 범인을 추적하게 되었고, 2) 경찰관들은 곧바로 도주하는 범인을 발견하고 경찰차로 추격하였는데, 놓쳐 버린 후 골목길에 면해 있는 주택을 탐문하여 부부가 젊은 아들과 함께 거주한다는 사실을 확인한 후 갑의 아버지 승낙을 받아 갑의 방에 들어가게 되었고, 3) 경찰관들은 집 앞에서 기다리고 있던 A를 데려와 갑과 대면을 시켜 범인이 맞다는 대답을 듣고 피고인을 체포하였다.

○ 2심은 목격자에 의한 범인식별 절차에 있어서 피해자의 진술은 용의자인 갑 한 사람만을 단독으로 대면시켜 범인 여부를 확인하게 한 후 진술한 것이라는 이유로 그 진술내용을 선뜻 신빙하기 어렵다고 판단하고 무죄를 선고. 검사가 상고.

판결 요지

○ 이 사건과 같이 피해자가 경찰관과 함께 범행 현장에서 범인을 추적하다 골목길에서 범인을 놓친 직후 골목길에 면한 집을 탐문하여 용의자를 확정한 경우에는 아래 정황사실을 종합할 때 그 현장에서 용의자와 피해자의 일대일 대면이 허용된다고 할 것이다.
  - 범인이 피해자의 뒤에서 겨드랑이 사이에 두 손을 넣어 가슴을 움켜쥐는 순간 뒤돌아보았을 때와 범인이 피해자를 밀쳐 땅바닥에 넘어뜨리

　고 몸 위에 올라타 폭행을 가할 때에는 이 사건 범인의 얼굴과 인상착
　의를 제대로 확인할 수 있었을 것으로 판단되는 점,
　- 피해자는 이 사건 범행 직후 피고인과 일대일 대면을 한 순간 자신을
　추행한 남자가 틀림없다고 진술하였고, 이러한 진술은 수사기관 이래
　원심법정에 이르기까지 일관되어 있는 점 등.
○ 항소심은 목격자에 의한 범인식별 절차에 관한 법리를 오해한 나머지 피
　해자 진술의 신빙성에 관한 심리를 다하지 아니한 잘못이 있다. 파기환송.

■■ 해설

○ 이미 본 다른 대법원 판례는 범인식별 절차에 있어 목격자의 진술의 신
　빙성을 높게 평가할 수 있게 하려면, 용의자를 포함하여 그와 인상착의가
　비슷한 여러 사람을 동시에 목격자와 대면시켜 범인을 지목하도록 하여
　야 하는 등 절차가 필요하다고 보았다.
　　한편 다른 판례는 용의자 한 사람을 단독으로 목격자와 대질시키거나
　용의자의 사진 한 장만을 목격자에게 제시하여 범인 여부를 확인하게 하
　는 것은 그 용의자가 종전에 피해자와 안면이 있는 사람이라든가 피해자
　의 진술 외에도 그 용의자를 범인으로 의심할 만한 다른 정황이 존재한
　다든가 하는 등의 부가적인 사정이 없는 한 그 신빙성이 낮다고 보아야
　한다고 하였다.
○ 그러나 이 사건과 같이 피해자가 경찰관과 함께 범행 현장에서 범인을
　추적하다 골목길에서 범인을 놓친 직후 골목길에 면한 집을 탐문하여 용
　의자를 확정한 경우, 그 현장에서 용의자와 피해자의 일대일 대면이 허용
　된다고 한 사례이다.

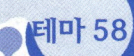
임의성 있는 자백 여부의 입증

(대법원 1999. 1. 29. 선고 98도3584 판결)

갑은 국립대학의 치과대학 원로교수였는데,

어흠~~~,

우르루~~

저분이 국내의 최고권위자래.

대학의 신규교수를 채용하면서 금품을 수수하였다는 뇌물죄 혐의로 기소되었다.

병풍, 소파, 금오리, 달러 등을 받았다면서요?

갑은 재판에서 검사의 공소사실을 다투었는데,

저는 그런 일을 한 바 없을 뿐더러!!

검찰에서의 제 진술은…,

검사의 자신에 대한 피의자신문조서는 검찰에서 잠을 재우지 않고, 뺨을 때리는 등 폭언, 폭행을 하고

외부와 연락을 못하게 하여 자포자기의 상태에서 허위로 진술하여 임의성이 없다는 주장이었다.

저는 너무나 절망적인 심정에서 시키는 대로 진술한 것뿐입니다!

갑의 피의자신문조서를 유죄 증거로 사용할 수 있는지, 갑이 임의로 진술한 사실은 누가 입증해야 하는지, 임의성이 추정되는지 문제되었다.

쟁점

자백의 임의성의 입증책임이 검사에게 있음은 분명합니다.

그런데 나아가 자백의 임의성이 추정될 수 있을까요? 아니면 검사가 입증을 해야 하는 걸까요?

저는 검사의 위법수사에 임의성 없는 진술을 하였습니다. 검사는 진술의 임의성을 입증해야 합니다!

저 살 빠진 것 빛네요!

자백의 임의성은 추정되고, 구체적으로 임의성에 상당한 의심이 있을 때에만 검사에게 입증책임이 있습니다!

임의성 없는 자백의 증거능력을 부정하는 것은 그런 자백은 진실에 부합하지 않을 소지가 있고, 진위 여부를 떠나 기본적 인권을 침해하는 위법 부당한 압박이 가해짐을 사전에 막기 위함이다,

자백의 임의성에 다툼이 있다면 검사가 임의성의 의문점을 해소하는 입증을 해야 한다,

검사가 자백의 임의성의 의문점을 해소하는 입증을 해야 한다네요~,

다만, 다른 증거로 유죄를 인정했습니다!

자백의 임의성(任意性)이란 자백이 강제나 강요에 의한 것이 아니고 자백한 사람 자신의 뜻에 따라 이루어진 것임을 말한다. 자백이 임의로 이루어져야 한다는 것은 너무나 당연하게 들릴지 몰라도 고문 등으로 자백을 얻던 일도 빈번하게 있었다.

이러한 원칙은 우리 헌법과 형사소송법에서도 규정되어 있는데, 대한민국 헌법 제12조 제7항에서는 "⑦ 피고인의 자백이 고문·폭행·협박·구속의 부당한 장기화 또는 기망 기타의 방법에 의하여 자의로 진술된 것이 아니라고 인정될 때 또는 정식재판에 있어서 피고인의 자백이 그에게 불리한 유일한 증거일 때에는 이를 유죄의 증거로 삼거나 이를 이유로 처벌할 수 없다."라고 규정하고,

형사소송법 제309조(강제 등 자백의 증거능력)에서는 "피고인의 자백이 고문, 폭행, 협박, 신체구속의 부당한 장기화 또는 기망 기타의 방법으로 임의로 진술한 것이 아니라고 의심할 만한 이유가 있는 때에는 이를 유죄의 증거로 하지 못한다."라고 규정한다.

본건에서는 이러한 자백의 임의성의 입증이 문제되었다.

■■ 사건 개요

○ 갑은 뇌물죄로 기소되었는데, 공소사실을 다투면서 자신에 대한 검사 작성의 피의자신문조서는 검찰에서 잠을 재우지 않고, 뺨을 때리는 등 폭언과 폭행을 하고, 외부와 연락을 못하게 한 채 신문을 계속하여 심신이 지쳐 자포자기의 상태로 허위 진술하였던 것이므로 임의성이 없다고 주장하였다.

○ 2심은 갑이 강압에 의하여 사실과 다른 자백을 했다고 보이지 않는다며, 위 피의자신문조서를 유죄의 증거로 사용하였다. 이에 갑이 상고.

■■ 판결 요지

○ 임의성 없는 자백의 증거능력을 부정하는 취지가 허위진술을 유발 또는 강요할 위험성이 있는 상태 하에서 행하여진 자백은 그 자체가 실체적

진실에 부합하지 아니하여 오판의 소지가 있을 뿐만 아니라 그 진위 여부를 떠나서 자백을 얻기 위하여 피의자의 기본적 인권을 침해하는 위법 부당한 압박이 가하여지는 것을 사전에 막기 위한 것이므로,

○ 그 임의성에 다툼이 있을 때에는 그 임의성을 의심할 만한 합리적이고, 구체적인 사실을 피고인이 입증할 것이 아니고, 검사가 그 임의성의 의문점을 해소하는 입증을 하여야 한다.

■■ 해설

○ 자백의 임의성에 대한 거증책임이 검사에게 있다는 점은 이론이 없다. 그러나 대법원은 한때 "단지 임의성이 없다는 주장만으로는 불충분하고 법관이 자백의 임의성 존부에 관하여 상당한 이유가 있다고 의심할 만한 구체적 사실을 들어야 하고, 그에 의하여 자백의 임의성에 합리적이고 상당한 정도의 의심이 있을 때 비로소 검사에게 그에 대한 입증책임이 돌아간다."고 하여 자백의 임의성은 추정된다는 듯한 태도를 취하였다(대법원 1984. 8. 14. 선고 84도1139 판결 등).

○ 그러나 대법원은 위 판결을 통하여 검사에게 임의성의 의문점을 해소할 입증책임이 있음을 분명히 하였다.

다만, 대법원은 사안의 경우 자백의 임의성에 대한 심리를 하지 않은 위법은 있으나, 다른 증거에 의하여 유죄가 인정된다는 취지로 상고를 기각하였다.

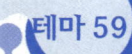

위법한 절차에 따라 얻은 증거의 증거능력

(대법원 2007. 11. 15. 선고 2007도3061 전원합의체 판결)

검사는 제주지사 갑의 공직선거법위반사건을 수사하던 중

> 음,, 이거 중대한 선거법 위반 사례인데?

증거확보를 위하여 갑의 보좌관인 A의 사무실에 대한 압수수색영장을 발부받아 집행하였다.

> 자, 검찰에서 왔습니다, 여기 영장 보시고~

> 네~

검사는 사무실에 있던 공무원 B가 들고 있던 업무 일지 등을 의사에 반하여 압수하고,

> 어, 그 장부 뭐야? 그것도 줘봐요.

> 저는 여기 소속도 아니고 이건 상관도 없는 서류예요!

약 5개월 이상 지난 후 압수목록을 교부하였다.

> 아니 몇달이 지났는데 이제서야 목록?

검

검사는 압수물 등을 증거로 갑을 공직선거법 위반죄로 기소했다.

> 이러이러한 증거들에 기초해 피고인을 기소합니다!

2심은 압수물 등 증거에 의해 갑을 유죄로 인정 했는 바, 피고인이 상고했다.

쟁점

수사 과정에서 위법한 절차를 통해 증거를 얻는다면 그 증거를 근거로 피고인을 처벌 할 수 있을까요?

미국의 증거법에서는 '독수과실이론(毒樹果 實理論, Fruit of the poisonous tree)'으로 위법하게 수집된 증거의 증거능력을 부정하 는데요, 우리는 어떨까요?

위법한 수사를 통해 얻은 증거는 유죄의 증거로 쓸 수 없습니다!

제주지사 갑

절차야 어떻든 유죄 증거물이 뚜렷한데 무죄가 될 순 없죠! 형사소송에서는 증거가 왕 아닙니까!

압수수색은 관련자의 권리나 법익을 침해할 가능성이 높다, 엄격히 헌법과 형사소송법이 정한 절차를 준수해야 한다,

가장 효과적이고 확실한 대응책은 이를 통해 수집한 증거, 그리고 이를 기초로 얻은 2차적 증거를 유죄 증거로 삼을 수 없게 함이다,

이 판례는 절차적 위법이 있더라도 증거물의 증거능력을 인정했던 과거 견해를 바꾸는 판례였고, 비슷한 시기에 형사소송법 규정도 같은 취지로 바뀌었죠,

형사소송의 증거법에서 가장 기본적인 개념인 '증거능력'은 증거가 엄격한 증명의 자료로 사용될 수 있는 법률상의 자격을 말하고, '증명력'은 어떠한 사실을 증명할 수 있는 증거의 실질적 가치를 말한다. 증거능력이 없는 증거는 유죄인정의 증거로 사용될 수 없고, 법원의 심판 대상도 되지 못한다.

본건에서는 수사 과정에서 위법한 절차를 통해 얻은 증거에 증거능력을 인정할 수 있는지가 문제되었다.

■ 사건 개요

○ 본건은 검사가 제주지사 갑의 공직선거법위반사건을 수사하던 중 증거확보를 위하여 갑의 보좌관인 A의 사무실에 대한 압수수색영장을 발부받아 그 사무실에서 집행하였고, 압수수색 중 마침 그곳에 온 다른 공무원 B가 들고 있던 업무일지 등을 그의 의사에 반하여 압수하였으며, 압수 후 약 5개월 이상 지난 시점에 압수목록을 교부하였고, 검사는 위 압수물과 관련 진술을 확보하여 공직선거법위반죄로 기소한 건이다.

○ 1, 2심에서 갑 및 변호인은 검사의 압수수색은 법의 여러 절차 조항을 따르지 않은 위법한 것이어서 압수물을 유죄 인정의 증거로 삼아서는 안 된다고 주장하였고,

○ 2심은 종전 대법원 판례에 따라 유죄를 인정하였다. 갑이 상고.

■ 판결 요지

○ 수사기관의 강제처분인 압수수색은 그 과정에서 관련자들의 권리나 법익을 침해할 가능성이 적지 않으므로 엄격히 헌법과 형사소송법이 정한 절차를 준수하여 이루어져야 한다. 절차 조항에 따르지 않는 수사기관의 압수수색을 억제하고 재발을 방지하는 가장 효과적이고 확실한 대응책은 이를 통하여 수집한 증거는 물론 이를 기초로 하여 획득한 2차적 증거를 유죄 인정의 증거로 삼을 수 없도록 하는 것이다(기존의 대법원 판례 변경). 파기환송.

○ 다만, 수사기관의 절차 위반행위가 적법절차의 실질적인 내용을 침해하

는 경우에 해당하지 아니하고, 오히려 그 증거의 증거능력을 배제하는 것이 헌법과 형사소송법이 형사소송에 관한 절차 조항을 마련하여 적법절차의 원칙과 실체적 진실 규명의 조화를 도모하고 이를 통하여 형사 사법 정의를 실현하려 한 취지에 반하는 결과를 초래하는 것으로 평가되는 예외적인 경우라면, 법원은 그 증거를 유죄 인정의 증거로 사용할 수 있다고 보아야 할 것이다. 절차에 따르지 아니한 증거 수집과 2차적 증거 수집 사이의 인과관계 희석 또는 단절 여부를 중심으로 2차적 증거 수집과 관련된 모든 사정을 전체적·종합적으로 고려하여 예외적인 경우에는 유죄 인정의 증거로 사용할 수 있는 것이다.

■■ 해설

○ 본건은 개정 형사소송법(2007. 6. 1)이 시행(2008. 1. 1)되기 직전에 선고된 판결로서 기존의 "압수절차가 위법하다 하더라도 물건자체의 성질, 형태에 변경을 가져오는 것은 아니고, 형태, 성질 등에 관한 증거가치에는 변함이 없으므로 그 증거능력은 인정되어야 한다."는 견해를 변경한 판례이다.

　현행 제308조의2(위법수집증거의 배제)는 "적법한 절차에 따르지 아니하고 수집한 증거는 증거로 할 수 없다."라고 명문의 규정을 두고 있다.

○ 본건의 원심은 주장된 위법사유 중 영장에 압수할 물건으로 기재되지 않은 물건의 압수, 영장 제시 절차의 누락, 압수목록 작성·교부 절차의 현저한 지연 등으로 적법절차의 실질적인 내용을 침해한 점이 있는지 여부 등을 심리해 보았어야 하는데 판단이 없다는 이유로 파기환송되었다.

위법한 절차에 따라 얻은 2차적 증거의 증거능력

(대법원 2009. 3. 12. 선고 2008도11437 판결)

경찰은 A에 대한 강도 현행범으로 체포된 갑을 조사하던 중

순순히 따라와요!

갑에게 진술거부권을 고지하지 않고 여죄를 자백할 것을 종용하여 B에 대한 강도범행을 자백받아

그 여자가 저에게 먼저 접근했어요~

솔직히 다른 것도 했지? 다 부는 게 좋을 텐데~,

갑의 집에서 B의 가방 등을 발견하여 임의 제출받아 압수했다.

이거 말고 또 없어?

그 후 이루어진 갑에 대한 신문 전에 진술거부권 고지가 이루어졌고, 갑은 모두 자백했다.

오히려 제가 스토킹 당했어요!

당신은 불리한 진술을 거부할 권리가 있고…

뭐, 뭐요? 그걸 왜 지금 말해요?

갑은 1심 법정에서 절차에 따라 공소사실을 인정했고, 피해자도 법정에서 갑의 범행을 인정했지만

예전에 수집한 증거들은 증거능력이 없습니다!

1심은 무죄를 선고했다. 그러나 2심에서는 유죄를 인정했고, 그러자 갑이 상고.

OK~!

위법한 압수수색을 통해 수집한 증거와 2차적 증거도 유죄 인정의 증거로 삼을 수 없지만, 대법원이 예외도 남겨놓았음을 살펴보았다.

이에 관한 법원의 입장을 살펴보자.

■ 사건 개요

○ 경찰관은 A에 대한 강도 현행범으로 체포된 갑을 조사하던 중 진술거부권을 고지하지 아니한 채 여죄를 자백할 것을 종용하고, B에 대한 강도 범행을 자백①받아 갑의 집에서 B로부터 강취한 가방 등을 발견하여 임의 제출받아 압수하였고,

○ 그 후 이루어진 경찰 및 검찰의 신문 전에 모두 진술거부권 고지가 이루어졌고, 갑은 일관하여 임의로 자백하였고②, B를 상대로 피해 사실에 관한 진술을 받는 조사가 이루어졌고③, 제1심 제1회 공판기일에서 갑은 공소사실을 인정하였고(자백④), 변호인 역시 갑은 B에 대한 강도 부분은 자백하나 증거들이 위법한 절차에 의해서 수집된 것들이므로 증거능력을 다툰다고 진술하였다.

○ 1심에서는 1차적 증거인 최초 진술거부권을 고지받지 않고 한 자백①은 위법수집 증거이므로 증거능력이 없고, 2차 증거인 위 ②, ③, ④의 증거의 증거능력도 부정하면서 무죄를 선고하였다. 검사가 항소.

○ 항소심에서 갑은 계속하여 B에 대한 범행을 시인하였고⑤, 공판기일에 출석한 B는 공소사실에 부합하는 증언⑥을 하였다. 항소심은 갑의 제1심 법정에서의 자백④, 항소심 법정에서의 자백⑤, B의 항소심 법정에서의 진술⑥의 증거능력을 인정하고 유죄를 선고. 갑이 상고.

■ 판결 요지

○ 형사소송법 제308조의2는 "적법한 절차에 따르지 아니하고 수집한 증거는 증거로 할 수 없다."고 규정하고 있는바, 수사기관이 헌법과 형사소송법이 정한 절차에 따르지 아니하고 수집한 증거는 물론, 이를 기초로 하여 획득한 2차적 증거 역시 유죄인정의 증거로 삼을 수 없는 것이 원칙이다.

○ 법원이 2차적 증거의 증거능력 인정 여부를 최종적으로 판단할 때에는 먼저 절차에 따르지 아니한 1차적 증거 수집과 관련된 모든 사정들, 즉 절차 조항의 취지와 그 위반의 내용 및 정도, 구체적인 위반 경위와 회피 가능성, 절차 조항이 보호하고자 하는 권리 또는 법익의 성질과 침해 정도 및 피고인과의 관련성, 절차 위반행위와 증거수집 사이의 인과관계 등 관련성의 정도, 수사기관의 인식과 의도 등을 살펴야 한다.

○ 본건 제1심 법정에서의 피고인의 자백④은 진술거부권을 고지받지 않은 상태에서 이루어진 최초 자백 이후 40여 일이 지난 후에 변호인의 충분한 조력을 받으면서 공개된 법정에서 임의로 이루어진 것이고, 피해자의 진술⑥은 법원의 적법한 소환에 따라 자발적으로 출석하여 위증의 벌을 경고받고 선서한 후 공개된 법정에서 임의로 이루어진 것이어서, 예외적으로 유죄 인정의 증거로 사용할 수 있는 2차적 증거에 해당한다.

■ 해설

○ 본건은 소위 '독수의 과실' 즉 위법하게 수집된 증거에 의하여 발견된 제2차 증거의 증거능력을 부인하는 한계를 제시한 판결이다.

○ 법원은 "2차적 증거들의 증거능력 인정 여부는 제반 사정을 전체적·종합적으로 고려하여 판단"하여야 한다면서, "진술거부권을 고지하지 않은 것이 단지 수사기관의 실수일 뿐 피의자의 자백을 이끌어내기 위한 의도적이고 기술적인 증거확보의 방법으로 이용되지 않았고, 그 이후 이루어진 신문에서는 진술거부권을 고지하여 잘못이 시정되는 등 수사 절차가 적법하게 진행되었다는 사정, 최초 자백 이후 변호인으로부터 충분한 조력을 받은 가운데 상당한 시간이 경과하였음에도 다시 자발적으로 계속하여 동일한 내용의 자백을 하였다는 사정 등은 통상 2차적 증거의 증거능력을 인정할 정황"이라고 판시하였다.

위법수집증거 배제법칙의 적용범위

(대법원 1997. 9. 30. 선고 97도1230 판결)

갑은 A와 간통하였다는 사실로 기소되었다.

A씨 부인이 고소했어요!
증거도 다 있고!!

그런데 A는 갑과 간통시 갑의 동의를 얻어 나체 사진을 찍었었는데, 차후 공갈을 할 속셈이었다.

나중에 이 사진을 이용해서 용돈이라도 좀 벌 수 있을 거야.

A는 실제로 나중에 갑에게 사진을 보이며 협박을 하여 돈을 갈취하기도 하였다.

섹시하게 포즈 좀 잡아봐~.

이렇게?

갑은 간통죄 증거로 제출된 사진이 조작되었고, 촬영 당시 의식이 없었다고 주장하였으나,

자의에 의한 성교가 아니었습니다!

1심 법원은 간통죄를 유죄로 인정하였고, 2심은 사진의 증거능력을 부정해 무죄를 선고했다.

피고인 간통죄 유죄!
증거도 여럿 있네요!

사진에 증거능력을 인정해 유죄 증거로 삼을 수 있는지 문제되었다.

＊쟁점＊

수사기관이 아닌 일반인에 의해 수집된 증거에도 위법수집증거 배제법칙이 적용되는지,

이 사건에서 A가 찍은 사진을 증거로 쓸 수 있는지 문제되었습니다.

그 사진은 제 인격의 핵심을 중대히 침해한 것입니다! 이런 사진에 증거 능력을 인정하면 안 됩니다!

그…
변태같은 X!

동의에 의해 찍은 사진임이 분명하고, 형사소추를 위해 반드시 필요한 사진이므로 증거 제출이 필요합니다!

저도 저런 사진, 제 취향은 아닙니다~!

A가 사진을 이용해 공갈할 의도가 있었더라도 촬영은 임의로 이루어졌고, 사진은 범죄현장 사진으로 형사소추를 위해 반드시 필요한 증거다.

공익 실현을 위해서 사진을 증거로 제출함이 허용되어야 한다. 사생활 비밀이 침해된다고 해도 참아야 할 기본권 제한이다.

OK!

그런 사진을 왜 찍어서 -_-…
대법원은 공익의 실현을 위해서 사생활의 비밀이 침해되더라도 그 정도는 참아야 한다네요.^^;

'위법수집증거 배제법칙'은 수사기관의 증거수집에 적용됨은 물론이다. 그런데 더 나아가 수사기관이 아닌 보통 사람(사인. 私人)이 수집한 증거에도 위법수집증거 배제법칙, 즉 적법한 절차에 따르지 아니하고 수집한 증거는 증거로 할 수 없다는 법칙이 적용될까?

이에 관한 법원의 입장을 살펴보자.

■ 사건 개요

○ 본건은 갑이 배우자 있는 A와 성교하여 간통하였다는 것이고, 제1심에서 갑은 자의에 의한 성교가 아니었다면서 범행을 부인하였으나 위 A가 성교 당시 촬영한 갑의 사진 등이 증거로 채택되어 유죄가 선고되었다.

- 위 사진은 성교 당시 A가 갑의 나체를 촬영한 사진이고, 성교 이후 A는 갑에게 위 사진을 보이며 가족에게 폭로하겠다고 협박하여 돈을 갈취하기도 하였고, 이후 연탄가스 중독으로 혼수상태에 있다가 사망하였고 그 가운데 수사와 재판이 진행되었다.

○ 2심은 이 사건 사진은 갑의 의사에 반하여 갑을 협박하여 금원을 갈취하려는 범죄의 목적으로 촬영된 것으로서 갑의 인격의 불가침의 핵심적인 부분을 침해한 것이므로 증거능력이 부정되어야 할 것이고, 나아가 국가기관이 이를 형사소송 절차에서 증거로서 사용하는 것은 갑의 인격권, 초상권을 다시 한 번 중대하게 침해하는 것이므로, 이 점에서도 이 사건 사진은 증거 능력이 없다면서 무죄를 선고하였다. 검사가 상고.

■ 판결 요지

○ 이 사건 사진은 피고인의 동의에 의하여 촬영된 것임을 쉽게 알 수 있어 (원심도 이를 부정하는 취지는 아니다) 사진의 존재만으로 피고인의 인격권과 초상권을 침해하는 것으로 볼 수 없고,

○ 가사 이 사건 사진을 촬영한 A가 이 사건 사진을 이용하여 피고인을 공갈할 의도였다고 하더라도, 이 사건 사진의 촬영이 임의성이 배제된 상태에서 이루어진 것이라고 할 수는 없으며, 이 사건 사진은 범죄현장의 사

진으로서 피고인에 대한 형사소추를 위하여 반드시 필요한 증거로 보이므로, 공익의 실현을 위하여는 이 사건 사진을 범죄의 증거로 제출하는 것이 허용되어야 하고, 이로 말미암아 피고인의 사생활의 비밀을 침해하는 결과를 초래한다 하더라도 이는 피고인이 수인하여야 할 기본권의 제한에 해당된다고 보아야 할 것으로 증거능력이 인정된다.

○ 그리고 이 사건 사진이 위법하게 수집된 증거로 볼 수 없는 이상 형사소송법 제318조 제1항에 의한 증거동의의 대상이 될 수 있다 할 것이다.

■ 해설

○ 본건은 수사기관이 아닌 사인이 공갈목적을 숨기고 피고인의 동의하에 나체사진을 찍은 경우, 피고인에 대한 간통죄에 있어 위법수집증거로서 증거능력이 배제되는지 여부에 대하여

○ 본건의 경우는 임의성이 배제된 상태라 볼 수 없고, 형사소추에 반드시 필요한 범죄현장에 관한 증거이므로 증거능력이 있고,

○ 또한, 증거능력이 있는 이상 증거동의의 대상이 되고, 피고인이 1심에서 증거동의의 의사표시를 한 후, 2심에 이르러 증거동의를 철회하였다고 하더라도 증거조사를 마친 후의 증거에 대하여는 동의의 철회로 인하여 적법하게 부여된 증거능력이 상실되는 것이 아니라고 판단하였다.

* 참고 - 현재 간통죄는 폐지되었으나 관련 법리를 설명하기 위한 판결로 수록하였다.

(대법원 2003. 10. 9. 선고 2002도4372 판결)

갑은 을에게 인사청탁을 하면서

곧 인사철이 다가오는데,, 가만 있어도 될라나…,

뭔가 수를 내야 겠는데…,

뇌물을 공여했다는 혐의로 조사를 받았다.

교육감님, 교육장 선거가 얼마 안 남았는데요, 꼭 좀 잘 부탁드립니다,

이게 뭔가?

검찰조사 당시 검찰주사가 갑을 밤샘조사하여 자백하는 취지의 피의자신문조서를 받아

솔직하게 불어요, 우리도 좀 집에 갑시다,

밤 1시인데요…

이를 출력하여 옆방에 있던 담당 검사에게 가져가 보여주었고,

검사님, 신문조서 그렇게 일단 완료됐습니다,

아 그래요?

잠시 후 검사가 갑이 있는 방으로 와서 갑에게 간략하게 질문을 하였다.

사실대로 다 말한 거 맞죠?

갑, 을은 뇌물죄로 기소되었고, 갑, 을 모두 범행을 부인하였다. 신문조서의 증거능력이 문제되었다.

＊쟁점＊

법에서는 검사가 작성한 피의자 신문조서 는 상당히 효과가 다르죠. 검사가 작성한 피의자신문조서는 특별히 높게 평가를 하 는 것입니다.

그런데 이 사건과 같이 만든 조서도 검사 작성 조서라고 할 수 있을까요?

이 조서는 검사가 작성한 조서가 아닙니다! 위법한 조서입니다!

이게 무슨 '검사 작성' 입니까?

제가 지시, 감독도 했고 내용확인도 했으니 제가 적성한 것과 마찬가지입니다!

검찰주사가 검사가 없는 상태에서 신문조서를 작성하고 검사는 '이것이 모두 사실이냐'라고 개괄적으로 질문만 한 듯하다.

이런 피의자신문조서는 법 312조 1항의 '검사가 피의자의 진술을 기재한 조서'로 볼 수 없다.

검사가 작성하지 않은 검사 작성 피의자신문조서라~! 붕어가 들어 있지 않은 붕어빵? 이거랑은 좀 다른가.^^;

수사의 가장 전형적인 내용은 수사기관이 피의자를 신문하여 조서를 작성하는 것이다. 그런데 형사소송법에서는 검사가 작성한 피의자신문조서와 사법경찰관이 작성한 피의자신문조서 양자의 증거능력에 상당한 차이를 두고 있다.

검찰청에서 피의자신문을 할 때 검사가 직접 피의자신문을 하는 경우도 있지만, '계장'이라고 부르는 검찰청 수사관이 주로 피의자신문을 하고 검사가 이를 감독하는 경우도 종종 있다.

본건에서는 형사소송법상 '검사 작성 피의자신문조서'의 요건이 문제되었다.

■■ 사건 개요

○ 갑은 을에게 뇌물을 공여하였다는 혐의로 조사를 받게 되었다. 검찰조사 당시 검찰주사는 갑을 밤샘조사를 한 끝에 자백하는 취지의 피의자신문조서를 작성한 후 이를 출력하여 옆방에 있던 담당 검사에게 가져가 보여주었고, 잠시 후 검사가 갑이 있는 방에 와서 갑에게 "이것이 사실이냐"는 취지로 간략하게 질문하였다.

○ 이후 갑은 뇌물공여죄, 을은 뇌물수수죄로 각 기소되었고, 갑과 을 모두 범행을 부인하였다. 갑에 대한 피의자신문조서의 증거능력이 문제됨.

■■ 판결 요지

○ 검찰주사 등이 담당 검사가 임석하지 아니한 상태에서 피의자였던 피고인을 신문한 끝에 작성된 것으로, 담당 검사는 검찰주사 등이 피의자신문조서를 작성하여 가져오자 이를 살펴본 후 비로소 피고인이 조사를 받고 있던 방으로 와서 피의자신문조서를 손에 든 채 그에게 "이것이 모두 사실이냐"는 취지로 개괄적으로 질문한 사실이 있을 뿐,

○ 검사가 피의사실에 관하여 위 피고인을 직접·개별적으로 신문한 바 없는 경우, 위 피의자신문조서를 형사소송법 제312조 제1항 소정의 '검사가 피의자나 피의자 아닌 자의 진술을 기재한 조서'로 볼 수 없다.

■■ 해설

○ 검찰청수사관(검찰주사 등)은 검사의 피의자 신문시 참여하도록 되어 있

지만(제243조), 작성 주체는 어디까지나 검사이다. 그러나 검찰주사 등도 조서작성에 관여하고, 나아가 실제로 피의자를 신문하는 경우가 많기 때문에 검사가 어느 정도 관여하여야 검사 작성의 피의자신문조서로 인정될 수 있는가가 문제된다.

o 이와 관련하여, 대법원은 ⓐ검사가 전반적인 핵심사항을 직접 질문하고, 검찰주사가 불명확한 부분이나 보조적 사항을 질문하는 방식으로 작성된 경우에, ⓑ검찰주사가 문답할 때 검사가 동석하여 이를 지켜보면서 문제점이 있을 때에는 재차 직접 묻고 이를 기재한 다음 조서작성 후에는 검사가 이를 검토하여 검사의 신문결과와 일치한다고 인정하여 서명날인한 경우에는 검사작성의 피의자신문조서로 보았다(84도846 판결).

o 반면, 사안의 경우에는 검찰주사 등이 신문하고, 검사는 개괄적으로만 질문하였다는 점(ⓐ와 대비)과 문답 시에 검사가 그 자리에 동석하여 지켜보지도 않은 점(ⓑ와 대비)에서 84도846 판결과 다른 것을 알 수 있다. 사안에서 갑에 대한 피의자신문조서는 검사 이외의 수사기관이 작성한 것으로서, 갑이 내용을 부인한 이상 증거능력이 없다(제312조 제3항).

사건의 송치와 피의자신문조서의 작성

(대법원 1994. 8. 9. 선고 94도1228 판결)

갑은 A에게 욕정을 느끼고 성관계를 가지려 했으나,

너 왜 이러니?

A가 반항하자 A를 강간, 사망케 하고 A의 사체를 손괴하였다는 이유로 기소되었다.

가만 있어 봐!

이러지 마
아악!

갑은 경찰에서 구속상태로 수사를 받았는데,

당신, 사체를 과도로 찌른 건 범죄를 은폐하려고 그런 거지?

저는 정말
그 여자
성추행한 적 없어요!

검사는 경찰에 있던 갑을 불러 갑에 대한 검사 작성 피의자신문조서를 받았다.

피의자 갑 불렀어요?
오늘 피의자신문조서를
좀 받아야 할 텐데~,

갑은 법정에서 자기의 범행을 부인하면서,

저는 정말 그런 일
한 적 없습니다!

특히 경찰에서의 수사 중 검사가 소환하여 받은 피의자신문조서는 증거능력이 없다고 주장하였다.

제가 검찰에 송치되기도 전에 검찰에서 조서를
만든 것은 부당한 목적에 의한 것 아닙니까!

앞에서 본 바와 같이 형사소송법은 검사가 작성하는 피의자신문조서(법 제312조 제1항. '성립의 진정'만을 요구)는 검사 이외의 수사기관이 작성한 피의자신문조서(법 제312조 제3항. '내용 인정'을 요구)보다 훨씬 완화된 요건으로 그 증거능력을 인정한다.

여기서 '성립의 진정'이란 '조서에 기재된 서명·날인 등이 진술자의 것임에 틀림없다'는 '형식적 진정성립'과 조서의 기재내용과 진술자의 진술내용이 일치한다는 원진술자의 확인진술인 '실질적 진정성립'을 의미한다.

그런데 현실적 수사과정을 보면, 사법경찰관리는 검사의 지시를 받아 경찰단계에서 피의자신문 등 수사를 완료하고 그 사건을 검찰청에 송치하고, 검사는 이를 송치받아서 처분을 하거나 필요한 경우 추가 수사 지시를 하거나 직접 수사를 하기도 하는 식으로 진행된다.

사법경찰관이 작성한 피의자신문조서와 검사 작성의 피의자신문조서가 위와 같이 증거능력에 차이를 두고 있는 점에서, 경찰에서 사건을 검찰에 송치하기 전에 검사가 피의자신문조서를 작성하는 경우 별다른 문제가 없는지 문제되었다.

■■ 사건 개요

○ 갑은 A에 대한 강간치사죄와 사체손괴죄로 기소되었다. 갑은 수사기관에서 범행을 자백하였다가, 법정에서 부인하였다. 갑의 주장은 경찰에서는 고문과 자백하면 집행유예로 내보내 주겠다는 회유에 속아 자백하였고, 검찰에서는 자포자기 상태에서 거짓진술을 되풀이하였으며,

○ 특히 경찰에서 구속수사 중 검사가 검찰청으로 불러 갑에 대하여 자백하는 취지의 신문조서를 받은 적이 있는데, 이는 위법하므로 증거능력이 없다고 주장하였다.

■■ 판결 요지

○ 검찰에 송치되기 전에 구속피의자로부터 받은 검사 작성의 피의자신문조서는 극히 이례에 속하는 것으로, 그와 같은 상태에서 작성된 피의자신문

조서는 내용만 부인하면 증거능력을 상실하게 되는 사법경찰관 작성의 피의자신문조서상의 자백 등을 부당하게 유지하려는 수단으로 악용될 가능성이 있어, 그렇게 했어야 할 특별한 사정이 보이지 않는 한 송치 후에 작성된 피의자신문조서와 마찬가지로 취급하기는 어렵다.

※ 이 사건의 경우는 검찰 송치 후 피의자신문조서에서도 피고인이 범죄사실을 자백하고 있고, 그 신문과정에 대해서 법정에서 진술한 피고인의 진술에 의하더라도 그 임의성을 부인할 자료가 없는 바, 그렇다면 이 사건은 검찰 송치 전 검사 작성의 피의자신문조서를 제외하더라도 원심의 범죄사실을 인정하는 데 방해가 되지 않아 유죄 인정.

■ 해설

○ 형사소송법은 전문법칙의 예외와 관련하여 '검사'가 작성하는 피의자신문조서와 '검사 이외의 수사기관'이 작성한 피의자신문조서를 구별하여 규정하고, 검사 이외의 수사기관이 작성한 피의자신문조서는 좀 더 엄격한 요건 하에 증거능력을 인정하고 있다.

○ 이에 대하여 검찰에 송치되기 전에 검사가 작성한 피의자신문조서 역시, 검사가 작성한 조서에 대하여는 검사와 사법경찰관이 작성한 피의자신문조서의 증거능력에 차이를 둔 것은 준사법기관이면서도 객관의무를 가지고 있는 검사의 지위를 고려하여 신용성을 인정한 것이지 송치 후에 작성된 때문은 아니라는 점에서, 검사 작성의 피의자신문조서로 보아야 한다는 견해도 있으나,

○ 위 판결은 위와 같은 경우는 수사관행상 극히 예외적이라는 점과 사법경찰관 작성의 피의자신문조서상의 자백 등을 부당하게 유지하려는 수단으로 악용가능성이 있는 점에 근거하여, 검찰송치 후에 작성된 검사의 피의자신문조서와 마찬가지로 취급하기는 어렵다고 판시하였다.

공범자에 대한 사법경찰관 작성 피의자신문조서의 증거능력

(대법원 2004. 7. 15. 선고 2003도7185 전원합의체 판결)

갑은 을, 병과 공모하여 신용카드에 의한 물품의 판매를 가장하여

자금을 좀 융통해야겠는데…,

어떤 방법을 생각하시는지요?

허위 매출전표를 작성하여 자금을 융통했다는 이유로 여신전문금융업법위반죄로 기소되었다.

허위 매출전표 작성한 거 맞죠?

아 저는 정말 여탕을 훔쳐본 적 없다구요!

검사 제출 증거로는 사법경찰관리 작성의 공범 을, 병에 대한 피의자신문조서 등이 제출되었는데

네, 저희와 갑이 함께 계획해서 한 것이 맞습니다,

갑과 그의 변호인은 이를 증거로 함에 동의하지 않았다.

저는 그 증거들, 부동의합니다!

2심법원은 을과 병을 증인으로 채택하여 소환 했다. 그러나 송달이 되지 않고 소재도 파악되지 않자 법 314조를 적용해 유죄 판결을 했다.

을과 병이 진술할 수 없는 상태네요, 314조를 적용해 증거능력 인정!

법 312조에서는 피의자신문조서의 증거능력에 대해 규정하는데, 이 조서에도 314조가 적용 될 수 있는지 문제되었다.

제314조(증거능력에 대한 예외)
제312조 또는 제314조의 경우에 공판준비 또는 공판기일에 진술을 요하는 자가 사망, 질병, 외국거주, 소재불명, 그 밖에 이에 준하는 사유로 인하여 진술할 수 없을 때에는 그 조서 및 그 밖의 서류를 증거로 할 수 있다. 다만, 그 진술 또는 작성이 특히 신빙할 수 있는 상태하에서 행하여졌음이 증명된 때에 한한다.

을과 병의 경찰 작성 피의자신문조서는 내가 내용을 부인하면 증거능력이 없죠! 그럼 314조는 적용될 여지가 없습니다!

314조가 적용되지 않는다고 볼 이유가 없습니다! 을, 병 신문조서는 증거능력이 인정되므로 증거로 쓸 수 있습니다!

법 312조는 검사 이외 수사기관이 작성한 당해 피고인과 공범관계인 다른 피고인이나 피의자의 피의자신문조서에도 적용된다.

따라서 그 피의자신문조서에는 법 314조가 적용되지 않는다.

경찰 작성 피의자신문조서는 내용을 부인하면 증거능력이 없다는 거죠~, 공범관계에 있는 다른 피고인의 피의자신문조서에도 위 규정이 적용된다고 합니다.

검사가 작성한 피의자신문조서는 그것에 기재된 피고인의 서명·날인이 피고인의 것이고, 피고인이 진술한 내용과 동일하게 기재된 것이 인정되면(성립의 진정) 증거로 사용할 수 있고(법 제312조 제1항), 반면 사법경찰관이 작성한 피의자신문조서는 피고인이 그 '내용을 인정'한 때 한하여 증거로 사용할 수 있다(법 제312조 제3항).

'내용의 인정'은 조서의 진정성립과 그 기재 내용이 객관적 사실과 부합한다는 조서내용의 진실성을 말하는데, 결국 사법경찰관 작성의 피의자신문조서 내용은 '사실과 다르다'라고만 하면 증거능력이 없다는 것이다.

그런데 같이 범행을 한 공범자에 대한 피의자신문조서의 증거능력은 어떻게 보아야 할지가 문제된다. 관련하여 형사소송법 제314조(증거능력에 대한 예외)에서는 "제312조 또는 제313조의 경우 법원에 나와서 진술을 해야 하는 자가 사망 등의 이유로 진술할 수 없는 때에는 그 진술이 특히 신빙할 수 있는 상태에서 행해진 경우는 그 조서 등을 증거로 할 수 있다."고 규정한다.

본건에서는 (1) 공범자에 대한 사법경찰관 작성 피의자신문조서의 증거능력 인정 요건, (2) 공범자가 법정에 나올 수 없을 때 제314조가 적용될 수 있을지 문제되었다.

■ 사건 개요

○ 피고인 갑은 여신전문금융업법위반죄로 기소되었다. 공소사실에 부합하는 증거로는 사법경찰관리 작성의 공범 을과 병에 대한 피의자신문조서 등이 제출되었는데, 피고인 갑과 그의 변호인은 이를 증거로 함에 동의하지 않았다.

○ 이에 2심 법원은 을과 병을 증인으로 채택하여 소환하였으나 송달불능되었고, 소재탐지조차 불능으로 되자, 형사소송법 제314조에 의하여 을과 병에 대한 위 피의자신문조서의 증거능력을 모두 인정하여, 유죄를 인정하였다.

■ 판결 요지

○ 형사소송법 제312조 제2항(현행 동조 제3항)은 검사 이외의 수사기관이 작성한 당해 피고인과 공범관계에 있는 다른 피고인이나 피의자에 대한 피의자신문조서를 당해 피고인에 대한 유죄의 증거로 채택할 경우에도 적용되는바,

○ 당해 피고인과 공범관계에 있는 다른 피의자에 대한 검사 이외의 수사기관 작성의 피의자신문조서는 그 피의자의 법정진술에 의하여 그 성립의 진정이 인정되더라도 당해 피고인이 공판기일에서 그 조서의 내용을 부인하면 증거능력이 부정되므로,

○ 그 당연한 결과로 그 피의자신문조서에 대하여는 사망 등 사유로 인하여 법정에서 진술할 수 없는 때에 예외적으로 증거능력을 인정하는 규정인 형사소송법 제314조가 적용되지 아니한다.

■ 해설

○ 대법원은 당해 피고인과 공범관계에 있는 다른 공동피고인 또는 피의자에 대한 경찰 피의자신문조서는 그 내용이 당해 피고인에 대한 피의자신문조서의 내용과 다름없으므로 형사소송법 제312조 제3항(현행법)에 의하여 그 증거능력을 엄격히 제한하여야 한다며 위와 같이 판단한 바 있다(86도1783 판결).

○ 공범자에 대한 경찰 피의자신문조서의 경우에도 법 제314조의 적용이 있는가에 대하여, 긍정설은 314조에서 규정한 사유가 있는 경우 피고인 또는 피의자로서 신문받은 자가 출석할 수 없는 경우이므로 필요성이 인정되고, 제314조는 제312조와는 별개의 증거능력의 인정방법을 규정한 것이므로, 증거능력이 인정되어야 한다는 것이고 판례도 종전에는 긍정설이었으나, 위 판결로 종전의 견해를 변경하였다.

　또한 이러한 해석은 개정 형사소송법(2007. 6. 1.) 제312조 제3항, 제4항의 적용에서도 동일하다고 확인하고 있다(2009도2865 판결).

참고인 진술조서와 진술거부권

(대법원 2011. 11. 10. 선고 2011도8125 판결)

갑은 중국에 있는 A와 공모하여

아무래도 배는 세관검색이 허술하니까~ 배로 한번 트라이해봅시다!

3회에 걸쳐 청도발 인천행 여객선을 타고 입국한 B를 통하여 필로폰이 들어 있는 곡물포대를 배달받는 방법으로 필로폰을 수입하였다.

그러한 과정에서 C는 인천터미널에 가서 곡물 포대를 건네받는 역할을 하였다.

A선생 소개로 온 분이세유?

검사는 C에게 진술거부권을 고지함이 없이 피의 자 신문조서가 아닌 참고인 진술조서를 받았다.

있는 그대로 진술하쇼! 알았지?

네네~

2심은 무죄를 선고했고, 검사가 상고했다.

C는 피고인과 공범으로서 피의자의 지위에 있으므로, 그 진술조서는 피의자신문조서와 마찬가지다! 증거능력 인정할 수 없음!

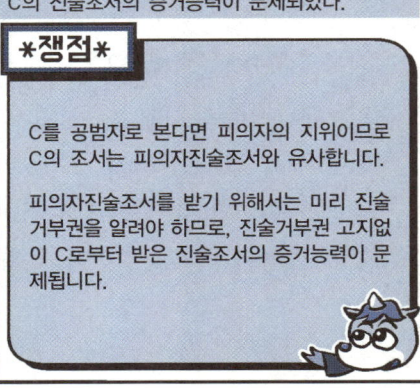

C의 진술조서의 증거능력이 문제되었다.

＊쟁점＊

C를 공범자로 본다면 피의자의 지위이므로 C의 조서는 피의자진술조서와 유사합니다.

피의자진술조서를 받기 위해서는 미리 진술 거부권을 알려야 하므로, 진술거부권 고지없 이 C로부터 받은 진술조서의 증거능력이 문 제됩니다.

C는 사실상 피의자의 지위에 있죠! 진술거부권 고지 없는 진술조서는 위법하여 증거로 쓸 수 없습니다!

피의자가 아닌 참고인에게는 진술거부권 고지가 필요 없습니다! 따라서 증거능력 문제는 없습니다!

피고인과 공범관계에 있을 가능성만으로 C가 당시 또는 그 후 피의자의 지위에 있었다고 할 수 없다.

C가 참고인으로 조사받을 때 진술거부권을 고지받지 않았다고 해도, 진술조서가 위법 수집증거로서 증거능력이 없다고 할 수 없다.

증거능력을 엄격히 인정하려면 오히려 항소심의 태도가 맞는 것 같은데요~^^;

범죄와 관련하여 수사기관에서 조사를 할 때, 범죄혐의가 있는 사람은 피의 자로서 조사를 하고, 범죄혐의는 없지만 혐의를 입증하는데 중요한 진술을 해줄 수 있는 사람은 참고인으로서 조사를 한다. 때때로는 참고인으로 조사를 하다가 범죄혐의가 인정되면 즉석에서 피의자 조사로 조사 내용을 변경하기도 한다.

검사 또는 사법경찰관은 피의자를 신문하기 전에 진술거부권을 알려야 하는데(법 제244조의3), 참고인은 물론 피의자가 아니므로 진술거부권을 알려야 할 필요가 없다.

그런데 피고인과 공범으로 의심될 만한 참고인에게 진술을 받을 때도 진술거부권을 알려야 할까? 이에 관한 법원의 입장을 살펴보자.

■ 사건 개요

- 2심에서 변경된 본건 공소사실은 "피고인 갑이 중국에 있는 공소외 A와 공모하여 3회에 걸쳐 청도발 인천행 여객선을 타고 입국한 공소외 B를 통하여 필로폰이 들어 있는 곡물포대를 배달받는 방법으로 필로폰을 수입하였다."는 요지인 바(주위적 공소사실)

- 검사는 검사 작성의 공소외 C에 대한 진술조서를 증거로 신청하였는데, 2심은 '공소외 C는 피고인들과 공범으로서 피의자의 지위에 있으므로, 공소외 C에 대한 진술조서는 그것이 진술조서의 형식을 취하였다고 하더라도 그 실질적인 내용과 성격은 공소외 C에 대한 피의자신문조서와 달리 볼 수 없는데, 수사기관이 공소외 C에게 미리 진술거부권을 고지하였음을 인정할 만한 아무런 자료가 없는 이상 공소외 C에 대한 진술조서는 위법하게 수집된 증거로서 증거능력이 없다'는 이유로 증거신청을 기각하고, 위 공소사실에 대하여 무죄를 선고. 검사가 상고.

■ 판결 요지

- 피고인들과 공범관계에 있을 가능성만으로 공소외 C가 참고인으로서 검찰 조사를 받을 당시 또는 그 후라도 검사가 C에 대한 범죄혐의를 인정

하고 수사를 개시하여 피의자 지위에 있게 되었다고 단정할 수 없고,

○ 검사가 C에 대한 수사를 개시할 수 있는 상태이었는데도 진술거부권 고지를 잠탈할 의도로 피의자 신문이 아닌 참고인 조사의 형식을 취한 것으로 볼 만한 사정도 기록상 찾을 수 없으며, 오히려 피고인들의 수입에 관한 범의를 명백하게 하기 위하여 C를 참고인으로 조사한 것이라면, C는 수사기관에 의해 범죄혐의를 인정받아 수사가 개시된 피의자의 지위에 있었다고 할 수 없고,

○ 참고인으로서 조사를 받으면서 수사기관에게서 진술거부권을 고지 받지 않았다는 이유만으로 그 진술조서가 위법수집증거로서 증거능력이 없다고 할 수 없다. C에 대한 진술조서의 증거능력이 없다고 본 원심판결에는 법리오해의 위법이 있다. 파기환송.

■ 해설

○ 본건은 수사기관에 의한 진술거부권 고지 대상이 되는 피의자 지위는 수사기관이 조사대상자에 대한 범죄혐의를 인정하여 수사를 개시하는 행위를 한 때 인정되는 것으로 보아야 하므로,

○ 참고인 조사의 형식을 취한 것이 진술거부권 고지를 잠탈할 의도로 볼 만한 사정이 없는 한, 이러한 피의자 지위에 있지 아니한 자에 대하여는 진술거부권이 고지되지 아니하였더라도 진술의 증거능력을 부정할 것은 아니라고 판시하였다.

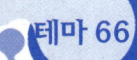

테마 66 법정에서의 증언과 증언 내용을 번복하는 참고인 진술조서

(대법원 2000. 6. 15. 선고 99도1108 전원합의체 판결)

갑은 A로부터 청탁교제비로 거액을 받았다는 혐의로 변호사법위반죄로 기소되었다.

일이 되려면 교제비가 좀 필요한데….

A는 갑의 공판기일에 증인으로 출석하여 갑의 주장에 부합하는 취지의 증언을 하였다.

갑이 한 말이 맞아요.

그러자 검사는 A를 검찰청으로 소환한 다음,

어이, A씨죠? 여기 검찰청인데 물어볼 것이 있으니 좀 나오세요.

재판 중인데 왜?

법정에서의 증언 내용을 추궁하여 위 증언이 진실이 아니라고 번복하는 진술조서를 받아내어

당신 법정에서 엉뚱한 소리를 하는 것 같던데, 지금이라도 솔직하게 말해봐요!

이를 법원에 유죄의 증거로 제출하였다. 갑은 이를 증거로 함에 동의하지 않았지만,

증인 A의 진술조서를 증거로 제출합니다. 법정에서의 증언 중 상당수가 사실이 아니라네요.

부동의 합니다!

검사의 증인신청으로 A가 기일에 출석하여 조서의 진정성립을 인정하고 갑측이 반대신문도 했다. 1, 2심이 진술조서를 증거로 인용하자 갑이 상고.

네, 제가 검찰청에서 그렇게 말하고 조서를 확인한 다음 날인한 것이 맞습니다.

검사가 증인을 불러서 증언을 번복시키면 증언이 제대로 되겠습니까!

재차 법정에서 피고인이 반대신문할 기회도 있었으니 증거능력을 부인할 이유가 없습니다!

이런 진술조서를 유죄 증거로 삼으면 공판중심주의, 직접주의의 형사소송법 구조에 어긋나고 헌법상 재판받을 권리를 침해한다.

종전 증인이 다시 증인으로 출석해 조서의 진정성립을 인정하고 피고인측에 반대신문 기회가 부여되어도 마찬가지로 증거능력이 없다.

법정에 다시 나와서 성립의 진정을 인정한다고 해도 증거능력을 인정할 수 없다는 부분이 인상적이네요~.

형사재판이 진행되면 검사 또는 피고인의 신청에 따라서 공소사실과 관련된 증인들이 나와서 증언을 한다. 허위의 내용을 증언하는 증인에 대해서는 위증죄로 별도로 수사를 하기도 한다.

그런데 법정에서 증언을 한 증인을 검사가 다시 검찰청으로 불러서 법정에서의 증언 내용을 추궁한 다음 반대 진술을 받아 해당 사건 법원에 제출한다면 뭔가 문제가 있지 않을까?

이에 관한 법원의 입장을 살펴보자.

■■ 사건 개요

○ 검사가 참고인 A에 대하여 작성한 진술조서는 A가 제1심의 공판기일에 증인으로 출석하여 피고인 갑의 변소 내용에 일부 부합하는 취지의 증언을 마친 다음, 검사의 소환에 따라 검찰청에 다시 출두하여 작성된 것이다.

○ 검사는 참고인 A를 별도의 위증 사건 피의자로 입건하여 신문하는 절차 없이 단순히 법정에서의 증언 내용을 다시 추궁하여 참고인 A로부터 그 증언 내용 중 갑의 변소에 일부 부합하는 부분이 진실이 아니라는 취지의 번복 진술을 받아냈다.

○ 검사가 그 진술조서를 유죄의 증거로 제출하자 갑은 이를 증거로 할 수 있음에 동의하지 아니하였고, 그 후 검사의 신청으로 출석한 증인 A가 다시 증언을 하면서 진술조서의 성립의 진정함을 인정하고 갑측의 반대 신문이 있었다.

○ 제1심은 진술조서의 증거능력을 인정하여 유죄 증거의 하나로 명시하고, 원심이 이를 인용하자 갑은 진술조서는 증거능력이 없는데도 사실인정의 증거로 한 것은 위법하다고 주장하며 상고.

■■ 판결 요지

○ 공판준비 또는 공판기일에서 이미 증언을 마친 증인을 검사가 소환한 후 피고인에게 유리한 그 증언 내용을 추궁하여 이를 일방적으로 번복시키는 방식으로 작성한 진술조서를 유죄의 증거로 삼는 것은 당사자주의·

공판중심주의·직접주의를 지향하는 현행 형사소송법의 소송구조에 어긋나는 것일 뿐만 아니라,

○ 헌법 제27조가 보장하는 기본권, 즉 법관의 면전에서 모든 증거자료가 조사·진술되고 이에 대하여 피고인이 공격·방어할 수 있는 기회가 실질적으로 부여되는 재판을 받을 권리를 침해하는 것이므로, 이러한 진술조서는 피고인이 증거로 할 수 있음에 동의하지 아니하는 한 그 증거능력이 없다고 하여야 할 것이고,

○ 그 후 원진술자인 종전 증인이 다시 법정에 출석하여 증언을 하면서 그 진술조서의 성립의 진정함을 인정하고 피고인측에 반대신문의 기회가 부여되었다고 하더라도 그 증언 자체를 유죄의 증거로 할 수 있음은 별론으로 하고 위와 같은 진술조서의 증거능력이 없다는 결론은 달리할 것이 아니다.

■ 해설

○ 종전의 판례는 그 자체가 위법하다고 볼 수는 없고(즉 증거능력은 있고) 다만 신빙성만을 문제 삼았으나(즉 신빙성이 떨어져 증명력이 미약함) 위 전원합의체 판결로 증거능력을 부인하였다.

○ 위 판례의 보충의견에 따르면 공판준비 또는 공판기일에서 이미 증언을 마친 증인을 검사가 소환한 후 피고인에게 유리한 그 증언 내용을 추궁하여 이를 일방적으로 번복시키는 방식으로 작성한 진술조서는 공소제기에 따라 피의자가 피고인이 됨으로써 피의자라는 개념이 없어진 이후에 작성된 것으로서 형사소송법상 규율 조항도 달리 보아야 한다는 등의 이유를 들고 있다.

변호사의 증언 거부와 증거능력

(대법원 2012. 5. 17. 선고 2009도6788 전원합의체 판결)

갑, 을은 병회사의 직원들로서

이번 사업은 우리가 반드시 시공사로 선정되어야 해

주택재개발정비사업과 관련하여 병회사가 시공사로 선정되게 해달라는 청탁을 하면서 공무원으로 의제되는 정비사업 전문관리업자에게 금원을 제공하였다는 혐의로 기소되었다.

피고인들을 뇌물공여 등 혐의로 기소합니다!

회사원의 슬픈 숙명이여…,

재판 과정에서 병회사가 법무법인 A로부터 법률자문을 받은 내용을 담고 있는 법무법인 A소속 B변호사가 작성한 의견서가 문제되었는데,

앗! 이 의견서 유력한 증거인데?

B변호사는 제1심 공판기일에 증인으로 출석을 하였으나 증언을 거부하였다.

증언 내용이 업무상 위탁을 받은 관계로 알게 된 타인의 비밀에 관한 것입니다,

증언 거부합니다!

관련하여 형사소송법은 다음과 같이 규정하고 있다.

제314조(증거능력에 대한 예외)
전2조의 경우에 공판준비 또는 공판기일에 진술을 요할 자가 사망, 질병 기타 사유로 인하여 진술할 수 없는 때에는 그 조서 기타 서류를 증거로 할 수 있다. 단, 그 조서 또는 서류는 그 진술 또는 작성이 특히 신빙할 수 있는 상태하에서 행하여 진 때에 한한다.

제149조(업무상비밀과 증언거부)
변호사, … 또는 이러한 직에 있던 자가 그 업무상 위탁을 받은 관계로 알게 된 사실로서 타인의 비밀에 관한 것은 증언을 거부할 수 있다. 단, 본인의 승낙이 있거나 중대한 공익상 필요있는 때에는 예외로 한다.

항소심은 위 증거의 증거능력을 부정하고, 나머지 증거들만으로 유죄를 인정하기 어렵다며 무죄를 선고했다. 이에 검사가 상고.

＊쟁점＊

본건에서 B변호사의 의견서는 실질상 피고인 아닌 자의 진술을 기재한 서류에 해당해 변호사가 성립의 진정을 인정해야 증거능력이 인정됩니다.
변호사가 진술을 거부하여 성립의 진정을 인정할 수 없을 때 314조에서 정한 '진술할 수 없는 때'에 해당하는지 문제됩니다.

정당하게 법에 따라 증언을 거부했는데 314조에 따라 증거능력을 인정하면 규정의 의미가 없습니다!

법대로! 법대로!

법 314조의 문언 그대로 해당 규정에 따라 증거능력이 인정됩니다!

법 149조는 변호사 등은 업무상 위탁을 받은 관계로 알게 된 사실로서 타인의 비밀에 관한 것은 증언을 거부할 권리를 보장한다.

법정 출석 증언이 정당하게 증언거부권을 행사, 증언을 거부한 경우는 법 314조에 해당하지 않는다. 따라서 본 의견서는 증거능력이 없다.

음,, 저는 저 변호사가 얼마나 당황스러웠을까 왠지 변호사에게 감정이입이 되네요,^^;

형사소송법 제149조에서는 변호사, 변리사, 또는 종교인 등이거나 이런 신분이었던 자가 업무상으로 알게 된 타인의 비밀에 관한 내용은 증언을 거부할 수 있도록 규정하고 있다. 이 규정은 일정한 업무에 종사하는 자의 비밀을 보호하여 그 업무와 업무를 위탁한 자를 보호함에 그 취지가 있다.

한편 형사소송법 제314조(증거능력에 대한 예외)는 "제312조 또는 제313조의 경우에 공판준비 또는 공판기일에 진술을 요하는 자가 사망·질병·외국거주·소재불명 그 밖에 이에 준하는 사유로 인하여 진술할 수 없는 때에는 그 조서 및 그 밖의 서류를 증거로 할 수 있다. 다만, 그 진술 또는 작성이 특히 신빙할 수 있는 상태하에서 행하여졌음이 증명된 때에 한한다."라고 규정한다.

그런데 변호사가 자신의 업무상 서류에 대해 제149조에 따라 증언을 거부하는 경우, 이를 제314조의 '진술할 수 없는 때'로 보아 증거능력을 인정할 수 있을까?

이에 관한 법원의 입장을 살펴보자.

■ 사건 개요

○ 본건 공소사실은 갑, 을이 병 주식회사의 직원들로서 정비사업전문관리업자의 임원에게 병 회사가 주택재개발사업 시공사로 선정되게 해 달라는 청탁을 하면서 금원을 제공하여 건설산업기본법을 위반하였다는 것이다.

○ 검사가 제출한 증거 중에서 변호사가 법률자문 과정에 작성한 '법률의견서'에 대하여 갑, 을이 증거로 함에 동의하지 아니하고, 변호사가 원심 공판기일에 증인으로 출석하였으나 증언할 내용이 병 회사로부터 업무상 위탁을 받은 관계로 알게 된 타인의 비밀에 관한 것임을 소명한 후 증언을 거부하였다(형사소송법 제149조 업무상 비밀과 증언거부).

○ 항소심은 위 증거의 증거능력을 부정하고, 나머지 증거들만으로 유죄를 인정하기 어렵다며 무죄를 선고. 검사가 상고.

■ 판결 요지

○ 형사소송법 제314조는 원진술자 등의 진술에 의하여 진정 성립이 증명되

지 아니하는 전문증거에 대하여 예외적으로 증거능력이 인정될 수 있는 사유로 '사망·질병·외국거주·소재불명, 그 밖에 이에 준하는 사유로 인하여 진술할 수 없는 때'를 들고 있고,

○ 한편 형사소송법 제149조는 변호사, 변리사, 공증인 등은 그 업무상 위탁을 받은 관계로 알게 된 사실로서 타인의 비밀에 관한 것은 증언을 거부할 수 있도록 규정하여 증인에게 일정한 사유가 있는 경우 증언을 거부할 수 있는 권리를 보장하고 있다.

○ 형사소송법 제314조의 문언과 개정 취지, 증언거부권 관련 규정의 내용 등에 비추어 보면, 법정에 출석한 증인이 형사소송법 제149조 등에서 정한 바에 따라 정당하게 증언거부권을 행사하여 증언을 거부한 경우는 형사소송법 제314조의 '그 밖에 이에 준하는 사유로 인하여 진술할 수 없는 때'에 해당하지 아니하여 본건 의견서는 증거능력이 인정되지 아니한다. 상고 기각.

해설

○ 이 사건 법률의견서는 그 실질에 있어서 법 제313조 제1항에 규정된 '피고인 아닌 자가 작성한 진술서나 그 진술을 기재한 서류'에 해당하여 원진술자인 변호사가 그 성립의 진정을 인정하여야 증거능력이 인정된다.

○ 본건은 공판기일에 출석한 위 변호사가 이 사건 법률의견서의 진정 성립 등에 관하여 진술하지 아니한 것은 법 제149조에서 정한 바에 따라 정당하게 증언거부권을 행사한 경우에 해당하며, 그 사유는 제314조 소정의 '그 밖에 이에 준하는 사유로 인하여 진술할 수 없는 때'에 해당하지 아니하다고 해석하여 증거능력을 부인한 판례이다.

증인 반대신문과 종전 진술의 증거능력, 증명력

(대법원 2001. 9. 14. 선고 2001도1550 판결)

교도관 갑은 재소자 A가 맡긴 돈을 보관하던 중 횡령하고,

제가 지금 갖고 있는 돈이 조금 있는데요….

뭐라고?

A로부터 뇌물을 받았다는 혐의로 기소되었다.

일부는 보관을 해주시고요,

일부는 교도관님 용돈으로 좀 쓰세요.

음…

재판과정 중에서 A에 대한 검사 작성의 진술조서가 증거로 제출되었다.

A에 대한 진술조서를 증거로 제출하겠습니다.

재판에서 A는 검사의 질문에 답변을 하지 않았고

갑에게 돈 맡기고 뇌물 준 적 있죠? 왜 말을 안합니까!

……

검찰에서의 A의 진술을 탄핵하려는 변호인의 반대신문에도 아무런 답변을 하지 않았다.

정말 그렇게 한 적 있어요?

사실대로 말해보세요!

……

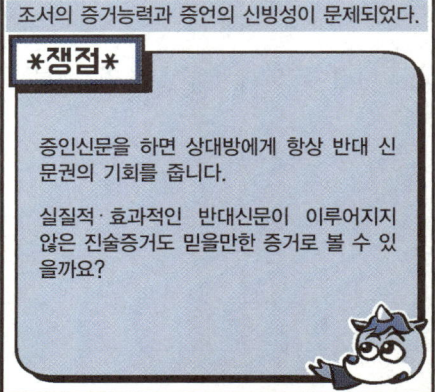

조서의 증거능력과 증언의 신빙성이 문제되었다.

＊쟁점＊

증인신문을 하면 상대방에게 항상 반대 신문권의 기회를 줍니다.

실질적·효과적인 반대신문이 이루어지지 않은 진술증거도 믿을만한 증거로 볼 수 있을까요?

우리측 반대신문에 왜 대답을 못 하겠습니까? 원 진술조서는 믿을 수 없는 증거입니다!

반대신문의 기회가 분명히 주어졌습니다, 증인이 대답을 안 한다는데 어쩌겠습니까? 아무 문제가 없습니다!

반대신문권 보장은 실질적, 효과적이어야 한다, 증인이 반대신문에 답변을 하지 않아 진술 내용의 모순, 불합리를 드러냄이 불가능하였다면 진술 증거는 증거가치가 있다고 보기 어렵다,

원진술자가 진술조서에 대한 변호인 반대신문에 대해 묵비하였다면, 그 진술은 반대신문에 의한 증명력 탄핵이 없어 신빙성이 없다,

반대신문에 대해 상당히 중요한 의미를 부여한 판례네요, 실제 재판 진행 중 가장 중요한 것 중 하나가 증인신문이죠,

증인을 신청하면 공판기일에서 증인신문이 열리고, 증인을 신청한 측에서 주신문을 하고, 상대방측에서 반대신문을, 이에 대해 다시 재반대신문의 순서로 증인신문이 진행된다.

반대신문은 증인신문을 청구한 자의 상대방 당사자의 신문을 말하는데, 소송 당사자 상호간의 교호적 신문을 통해 실체적 진실을 밝히기 위한 매우 중요한 절차이다.

그런데 증인이 법정에서 나와서 증언을 한 후 반대신문에 대해서는 아무런 답을 하지 않는다면, 증언에 증거능력 또는 신빙성을 인정할 수 있을까?

이에 관한 법원의 입장을 살펴보자.

■■ 사건 개요

○ 교도관인 갑은 재소자인 A가 맡긴 돈을 보관하던 중 횡령하고, A부터 뇌물을 받았다는 사실로 기소되었다.

○ 그런데, A는 갑에 대한 1심 공판기일에서 갑에게 돈을 맡기고 사례비를 준 사실이 있느냐는 검사의 질문에 답변을 하지 않고, 이어 검찰에서의 A의 진술을 탄핵하려는 변호인의 반대신문에 대하여도 아무런 답변을 하지 않았다. 항소심은 A의 1심 진술 및 A에 대한 검사작성 진술조서 등을 유죄의 증거로 사용하여, 유죄를 선고하였고, 이에 갑이 상고. 1) 검사작성 A에 대한 진술조서의 증거능력, 2) A가 한 증언의 신빙성이 문제되었다.

■■ 판결 요지

○ 검사가 피의자 아닌 자의 진술을 기재한 조서는 원진술자의 공판준비 또는 공판기일에서의 진술에 의하여 그 성립의 진정함이 인정되면 증거로 할 수 있고, 검사가 피의자 아닌 자의 진술을 기재한 조서에 대하여 그 원진술자가 공판기일에서 그 성립의 진정을 인정하면 그 조서는 증거능력이 있는 것이고, 원진술자가 공판기일에서 그 조서의 내용과 다른 진술을 하거나 변호인 또는 피고인의 반대신문에 대하여 아무런 답변을 하지

아니하였다 하여 곧 증거능력 자체를 부정할 사유가 되지는 아니한다(검사작성 A에 대한 진술조서 증거능력은 인정).

o 형사소송법은 제310조의2에서 법관의 면전에서 진술되지 아니한 증거에 대하여 원칙적으로 증거능력을 부정하고, 제161조의2에서 피고인의 반대신문권을 포함한 교호신문제도를 규정하고 있고, 반대신문권의 보장은 형식적·절차적인 것이 아니라 실질적·효과적인 것이어야 하므로, 증인이 반대신문에 대하여 답변을 하지 아니함으로써 진술내용의 모순이나 불합리를 드러내는 것이 사실상 불가능하였다면, 그 사유가 피고인이나 변호인에게 책임 있는 것이 아닌 한 그 진술증거는 법관의 올바른 심증형성의 기초가 될 만한 진정한 증거가치를 가진다고 보기 어렵다 할 것이고(증명력 소극),

o 검사 작성의 진술조서에 대하여 원진술자가 공판기일에서 그 성립의 진정을 인정하면서도 그 진술조서상의 진술내용을 탄핵하려는 변호인의 반대신문에 대하여 묵비한 것이 피고인 또는 변호인의 책임 있는 사유에 기인한 것이라고 인정할 수 없는 경우, 그 진술기재는 반대신문에 의한 증명력의 탄핵이 제대로 이루어지지 아니한 것이므로, 그 신빙성을 선뜻 인정하기 어렵다(신빙성 소극). 파기환송.

■ 해설

o 원진술자가 증인으로 출석하여 피고인측의 반대신문에 묵비함으로써 반대신문권이 실질적으로 행사될 수 없었던 경우, 그의 진술을 기재한 진술조서의 증거능력을 인정할 것인가에 대하여 판례는 후자인 긍정설을 취하여 증거능력을 인정하였다, 다만, 반대신문권 보장의 취지와 중요성에 비추어 볼 때 증인이 반대신문에 묵비하여 진술내용의 탄핵이 불가능하였다면 그 증거가치를 인정하기 어렵다는 것이 그 취지이다.

(대법원 2011. 4. 28. 선고 2009도10412 판결)

공무원인 갑은 을로부터 직무에 관하여 100만원권 수표를 교부받아

항상 저희 업체를 돌봐주셔서 감사드립니다. 여기 성의로 조금….

뇌물을 수수하였다는 혐의로 기소되었다.

뇌물수수죄로 기소합니다!

관련 증거로 수표발행 전표 사본과 관련 자료가 있었는데 이러한 증거들은

여기 수표발행 전표 사본과 관련 자료를 증거로 제출합니다!

검사가 공소 제기 후 공판절차가 진행중일 때 수소법원이 아닌 지방법원 판사로부터 압수·수색 영장을 발부받아 집행을 통해 확보한 것이었다.

재판이 진행중이지만 그 절차에서는 번거로우니….

영장을 신청합니다!

항소심은 위 증거들은 유죄 인정의 증거로 삼을 수 없으므로 무죄라고 판단하였고

위 증거들은 모두 공소제기 후 검사가 적법한 절차에 따르지 아니하고 수집한 증거들이거나 이를 기초로 하여 획득된 2차적 증거이다.

이에 검사가 상고하였던 바, 위 증거들의 증거능력이 문제되었다.

＊쟁점＊

우리 형사소송법은 공판중심주의를 채택하고 있습니다. 공판중심주의에 따르면 공소제기가 된 이후에는 증거수집 등도 해당 법원에서 이루어져야 할 것입니다.

그런데 만약 공소제기 후 검사가 공판 외에서 증거를 수집하였다면, 그 증거의 증거능력은 어떨까요?

사건이 일단 법원에 왔으면 법원의 증거조사에 따라야죠. 검사가 이렇게 편법적으로 증거를 수집해도 됩니까?

옐로카드 줘네요~!

법원에 청구해서 발부받은 영장으로 집행을 했는데 뭐가 문제입니까!

적법절차 원칙, 재판받을 권리, 공판중심주의, 직접주의 등을 종합하면, 공소 제기 후에는 검사는 법 215조의 압수, 수색을 할 수 없다.

검사가 그런 압수, 수색으로 얻은 증거는 적법 절차에 따르지 않은 것으로서, 유죄 증거로 삼을 수 없다.

증거조사는 진행 중인 재판에서 해야지, 재판 외에서 다른 꼼수(?)로 해서는 곤란하겠죠~.

형사소송법은 공판중심주의(公判中心主義)를 채택하는바, 이는 모든 증거자료를 공판에 집중시켜, 공판정에서 형성된 심증만을 토대로 심판하는 원칙을 말한다. 공판중심주의는 공개재판의 원칙, 구두변론주의, 직접심리주의 등을 내용으로 하고, 최근 실시되는 국민참여재판과도 밀접한 관련이 있다.

공판중심주의 원칙에 따르면, 사건에 대해 공소제기가 된 경우 관련 증거의 수집, 증거조사 등도 해당 공판에서 행해져야 한다.

본건에서는 공소 제기 이후 검사가 해당 공판 외에서 수집한 증거의 증거능력이 문제되었다.

■■ 사건 개요

○ 검사는 공무원인 갑이 을로부터 직무에 관하여 액면 금 100만 원권 자기앞수표 1매를 교부받아 뇌물을 수수하였다는 공소사실로 기소하였다.

○ 공소사실에 부합하는 증거로 제출된 것은 검사가 이 사건 공소가 제기되고 공판절차가 진행 중일 때 형사소송법 제215조에 의하여 수소법원이 아닌 지방 법원 판사로부터 을에 대한 압수·수색영장을 발부받아 그 집행을 통하여 확보한 수표발행 전표 사본 등 이와 관련된 자료뿐이었다.

○ 항소심에서는 위 증거들은 모두 공소제기 후 검사가 적법한 절차에 따르지 아니하고 수집한 증거들이거나 이를 기초로 하여 획득된 2차적 증거에 불과하여 원칙적으로 유죄 인정의 증거로 삼을 수 없으므로 무죄라고 판단하였고, 검사가 상고.

■■ 판결 요지

○ 형사소송법은 제215조에서 검사가 압수·수색 영장을 청구할 수 있는 시기를 공소제기 전으로 명시적으로 한정하고 있지는 아니하나, 헌법상 보장된 적법절차의 원칙과 재판받을 권리, 공판중심주의·당사자주의·직접주의를 지향하는 현행 형사소송법의 소송구조 등을 종합하여 보면, 일단 공소가 제기된 후에는 피고사건에 관하여 검사로서는 형사소송법 제215조에 의하여 압수·수색을 할 수 없다고 보아야 하며, 그럼에도 검사

가 공소제기 후 형사소송법 제215조에 따라 수소법원 이외의 지방법원 판사에게 청구하여 발부받은 영장에 의하여 압수·수색을 하였다면, 그와 같이 수집된 증거는 기본적 인권 보장을 위해 마련된 적법한 절차에 따르지 않은 것으로서 원칙적으로 유죄의 증거로 삼을 수 없다.

■ 해설

○ 공소가 제기된 후에는 그 형사 절차의 모든 권한이 수소법원의 권한에 속하게 되며, 수사의 대상이던 피의자는 검사와 대등한 당사자인 피고인으로서의 지위에서 방어권을 행사하게 되므로, 공소제기 후 구속·압수·수색 등 강제 처분은 원칙적으로 수소법원의 판단에 의하여 이루어지지 않으면 안 된다는 것이다.

○ 위 사안의 경우 검사로서는 수소법원에 압수·수색에 관한 직권발동을 촉구하거나 형사소송법 제272조에 의한 사실조회를 신청하여 절차를 위반하지 않고서도 증명 목적을 달성할 수 있다고 판단하였다.

○ 공소제기 후 임의수사의 형태로 취득한 증거에 대하여 증거능력을 부정한 사례로는 공판기일에서 이미 증언을 마친 증인을 검사가 소환한 후 피고인에게 유리한 그 증언 내용을 추궁하여 이를 일방적으로 번복시키는 방식으로 작성한 진술조서의 증거능력이 없다고 본 판결(99도1108 전원합의체 판결)을 들 수 있다.

전문법칙과 휴대전화기 문자메시지

(대법원 2008. 11. 13. 선고 2006도2556 판결)

갑은 휴대전화기를 통하여

자꾸 까부는데 계속 그러면 재미없다고 경고를 해야겠다!

A에게 불안감을 유발하는 문자메시지를 반복적으로 보낸 행위로 기소되었다.

정보통신망법위반 혐의로 기소합니다!

증거로서 문자메시지를 휴대전화기의 화면에 표시하여 촬영한 사진들이 제출되었는데

이걸 보세요!

갑

너 이XX 또 까불면 가만두지 않을거야!

00:XX 60%

갑

자꾸 깝치지 마라 몸 조심 하구~

甲

2심에서는 이를 증거로 사용할 수 없다고 판단하였다.

피고인이 그 성립 및 내용의 진정을 부인하니 증거로 사용할 수 없다!

관련하여 법은 다음과 같이 규정한다.

제310조의2 (전문증거와 증거능력의 제한) 제311조 내지 제316조에 규정한 것 이외에는 공판준비 또는 공판기일에서의 진술에 대신하여 진술을 기재한 서류나 공판준비 또는 공판기일 외에서의 타인의 진술을 내용으로 하는 진술은 이를 증거로 할 수 없다.

휴대전화기에 저장된 문자정보가 전문법칙의 적용을 받는지 문제되었다.

쟁점

형사소송법 제310조의2는 사실을 직접 경험한 사람의 진술이 법정에 제출되어야 하고, 진술에 갈음하는 대체물인 진술 또는 서류가 제출되면 안 된다는 전문법칙이 규정되어 있습니다.

그렇다면 문자메시지도 진술에 갈음하는 대체물로서 전문법칙이 적용될까요? 아니면 그냥 객관적인 증거로서 전문법칙과 무관할까요?

전문증거(hearsay evidence)란 사실인정의 기초가 되는 경험적 사실을 경험자 자신이 직접 법원에 진술하지 아니하고 전언(듣고 전하는) 등 다른 형식으로 간접적으로 보고하는 형태의 증거를 말한다.

전문법칙(傳聞法則. hearsay rule)이란 전문증거의 증거능력을 원칙적으로 부정하는 영미법에서 유래한 증거법상의 원칙인데, '전문증거는 증거가 되지 않는다(hearsay is no evidence)'는 것으로 전문증거는 오류의 가능성이 크므로 사실인정의 자료에서 배제하자는 취지이다.

관련하여 법은 아래와 같이 규정한다.

> 제310조의2(전문증거와 증거능력의 제한) 제311조 내지 제316조에 규정한 것 이외에는 공판준비 또는 공판기일에서의 진술에 대신하여 진술을 기재한 서류나 공판준비 또는 공판기일외에서의 타인의 진술을 내용으로 하는 진술은 이를 증거로 할 수 없다.

예컨대 범행현장을 목격한 증인이 법정에 직접 나와서 증언을 한다면 그 진술은 직접증거이다. 하지만 증인이 그 내용을 경찰서에서 진술조서로 작성하였다면 그 문서는 전문증거이고, 해당 증인이 법정에 나와서 성립의 진정을 인정하는 등 제311조 이하의 요건을 갖추어야 증거능력이 인정되는 것이다.

그렇다면 휴대전화의 문자메시지 또한 일종의 '진술'로서 전문법칙이 적용될까?

이에 관한 법원의 입장을 살펴보자.

■■ 사건 개요

○ 본건은 갑이 휴대전화기를 통하여 불안감을 유발하는 문자메시지를 피해자에게 반복적으로 보낸 행위로 기소되었고(현재 정보통신망 이용촉진 및 정보보호 등에 관한 법률 제74조 제1항 제3호),

○ 항소심에서는 문자메시지의 형태로 전송된 문자정보를 휴대전화기의 화면에 표시하여 이를 촬영한 이 사건 사진들에 대하여 피고인이 그 성립 및 내용의 진정을 부인한다는 이유로 이를 증거로 사용할 수 없다고 판

단하였다. 검사가 상고.

판결 요지

○ 형사소송법 제310조의2는 사실을 직접 경험한 사람의 진술이 법정에 직접 제출되어야 하고 이에 갈음하는 대체물인 진술 또는 서류가 제출되어서는 안 된다는 이른바 전문법칙을 선언한 것이다.

○ 그런데 정보통신망을 통하여 공포심이나 불안감을 유발하는 글을 반복적으로 상대방에게 도달하게 하는 행위를 하였다는 공소사실에 대하여 휴대전화기에 저장된 문자정보가 그 증거가 되는 경우, 그 문자정보는 범행의 직접적인 수단이고 경험자의 진술에 갈음하는 대체물에 해당하지 않으므로, 형사소송법 제310조의2에서 정한 전문법칙이 적용되지 않는다.

○ 검사가 위 죄에 대한 유죄의 증거로 문자정보가 저장되어 있는 휴대전화기를 법정에 제출하는 경우, 휴대전화기에 저장된 문자정보 그 자체가 범행의 직접적인 수단으로서 증거로 사용될 수 있다. 또한, 검사는 휴대전화기 이용자가 그 문자정보를 읽을 수 있도록 한 휴대전화기의 화면을 촬영한 사진을 증거로 제출할 수도 있는데, 이를 증거로 사용하려면 문자정보가 저장된 휴대전화기를 법정에 제출할 수 없거나 그 제출이 곤란한 사정이 있고, 그 사진의 영상이 휴대전화기의 화면에 표시된 문자정보와 정확하게 같다는 사실이 증명되어야 한다.

해설

○ 본건은 휴대전화기에 저장된 문자정보는 그 자체가 범행의 직접적인 수단이고, 경험자의 진술에 갈음하는 대체물에 해당하지 않으므로 전문법칙의 적용을 받지 않는다는 판례이다.

제314조의 증거능력에 대한 예외

(대법원 2006. 4. 14. 선고 2005도9561 판결)

갑은 A를 강간하여 상처를 입게 했다는 혐의로 기소되었다.

어린이를 강간한 악질 강간범입니다! 엄히 처벌해 주십시오!

A는 사고 당시 만 3세 3개월 내지 만 3세 7개월 가량이었는데

너 혼자 왔니? 엄마는?

경찰에서 진술 당시에는 피해상황에 대해 진술을 하여 진술조서가 증거로 남아있다.

저의 발가락을 빨고 가슴을 만지고 그곳에 손가락을 집어넣었어요.

그런데 A는 1심 법정에 증인으로 출석해서, 대부분의 증인신문사항에 관하여 기억이 나지 않는다고 진술하였다.

너무 어릴 때 일이라 잘 기억이 나지 않습니다.

법 314조에서는 아래와 같이 규정하는데

제314조(증거능력에 대한 예외)
제312조 또는 제313조의 경우에 공판준비 또는 공판기일에 진술을 요하는 자가 사망·질병·외국거주·소재불명 그 밖에 이에 준하는 사유로 인하여 진술할 수 없는 때에는 그 조서 및 그 밖의 서류를 증거로 할 수 있다.
다만, 그 진술 또는 작성이 특히 신빙할 수 있는 상태하에서 행하여졌음이 증명된 때에 한한다.

A가 법정에 증인으로 출석한 때에도 '원진술자가 진술을 할 수 없는 때'에 해당되어 A의 경찰 진술조서를 증거로 쓸 수 있는지 문제되었다.

A는 법정에 출석해서 진술했습니다! '진술할 수 없는 때'가 아니라구요!!

A는 법정에 출석해서 증언했죠? 그렇다면 314조는 적용할 수 없죠!

저를 풀어주세요!

법 규정의 취지를 보면, 이렇게 기억이 나지 않는다고 하여 진술이 재현불가능하게 된 경우도 포함됩니다!

법314조의 '원진술자가 진술을 할 수 없는 때'는 원진술자가 공판정에서 진술하면서 증인 신문 당시 기억이 나지 않는다고 진술해 진술 일부가 재현불가능한 경우도 포함한다.

수사기관에서 진술한 유아가 공판정에서 증인신문을 하면서 '기억이 나지 않는다'고 하여 진술이 재현불가능한 경우도 해당한다.

정말 저런 공소사실이 실제로 일어난 일이라면 저런 피고인은 '네 죄를 네가 알렸다~!'하고 철퇴를 내리는 원님재판이 더 맞을 것 같은데~!

결국 유죄도 인정되었구요!

형사소송법은 제312조 또는 제313조에서 전문증거가 증거능력을 갖는 경우를 규정하는바, 원진술자가 법정에서 성립의 진정을 인정하는 등 엄격한 요건이 필요하다.

그런데 예를 들어 원진술자가 사망을 했다거나, 외국으로 이사를 가서 성립의 진정 등을 인정하지 못할 수 있는데, 그런 경우 증거능력을 모두 부정한다면 실체적 진실발견에 큰 지장이 된다.

이에 형사소송법은 제314조에서 '필요성'과 '신용성의 정황적 보장'을 요건으로 전문증거에도 증거능력을 부여하는 전문법칙의 예외규정을 두고 있다.

> **제314조(증거능력에 대한 예외)** 제312조 또는 제313조의 경우에 공판준비 또는 공판기일에 진술을 요하는 자가 사망·질병·외국거주·소재불명 그 밖에 이에 준하는 사유로 인하여 진술할 수 없는 때에는 그 조서 및 그 밖의 서류를 증거로 할 수 있다. 다만, 그 진술 또는 작성이 특히 신빙할 수 있는 상태하에서 행하여졌음이 증명된 때에 한한다.

즉, 제312조 또는 제313조에서 정한 조서 등의 경우 공판기일에서 성립의 진정 등 진술을 요하는 자(원진술자)가 부득이한 사유로 진술을 할 수 없고, 그 진술 또는 작성이 특히 믿을 만한 상황에서 이루어졌으면 예외적으로 증거능력을 인정할 수 있다는 것이다.

그런데 만약 이러한 원진술자가 법정에 나와서 이전에 자신이 진술한 내용이 기억이 나지 않는다고 한다면 이 경우도 '원진술자가 진술을 할 수 없는 때'에 해당할까?

이에 관한 법원의 입장을 살펴보자.

■■ 사건 개요

○ A는 성폭력 피해자로서 사고 당시 만 3세 3개월 내지 만 3세 7개월 가량이었고, 경찰관에게 피해상황에 대하여 진술을 하였으나, 제1심 법정에서 증인으로 출석하여 대부분의 증인신문사항에 관하여 기억이 나지 않는다는 취지로 진술하는 등 그 진정성립을 명백하게 인정한 바가 없었다.

○ 피해자가 법정에 증인으로 출석한 때에도 '원진술자가 진술을 할 수 없는 때'에 해당될 수 있는지 여부가 쟁점이 되었다.

판결 요지

○ 사법경찰리가 작성한 피해자 진술조서는 형사소송법 제313조 제1항의 규정(2007. 6. 1.개정법에서는 제312조 제4항)에 따라 공판정에서의 진술자(피해자)의 진술에 의하여 진정 성립이 인정되거나 형사소송법 제314조의 요건, 즉 공판정에서 진술을 요할 자(피해자)가 사망, 질병, 외국 거주 기타 사유로 인하여 진술할 수 없고, 그 진술이 특히 신빙할 수 있는 상태 하에서 행하여진 때에 해당하는 경우에 한하여 그 증거능력이 인정된다.

○ 형사소송법 제314조에서 말하는 '원진술자가 진술을 할 수 없는 때'에는 사망, 질병 등 명시적으로 열거된 사유 외에도 원진술자가 공판정에서 진술을 한 경우라도 증인신문 당시 일정한 사항에 관하여 기억이 나지 않는다는 취지로 진술하여 그 진술의 일부가 재현 불가능하게 된 경우도 포함하는 것이다.

○ 수사기관에서 진술한 피해자인 유아가 공판정에서 진술을 하였더라도 증인신문 당시 일정한 사항에 관하여 기억이 나지 않는다는 취지로 진술하여 그 진술의 일부가 재현 불가능하게 된 경우, 형사소송법 제314조에서 말하는 '원진술자가 진술을 할 수 없는 때'에 해당한다.

해설

○ 수사기관에서 진술한 피해자인 유아가 공판정에서 진술을 하였더라도 증인신문 당시 일정한 사항에 관하여 기억이 나지 않는다는 취지로 진술하여 그 진술의 일부가 재현 불가능하게 된 경우에도 형사소송법 제314조 (아울러 제316조 제2항)에서 말하는 '원진술자가 진술을 할 수 없는 때'에 해당한다고 한 사례이다.

재전문증거의 증거능력

(대법원 2000. 3. 10. 선고 2000도159 판결)

갑은 생후 30개월의 여아인 피해자 A를 강제추행했다는 사실로 기소되었는데

아저씨가 쉬 닦아줄까?

네?

범행을 한사코 부인하였다.

무슨 소리입니까! 그런 일은 절대 없습니다!

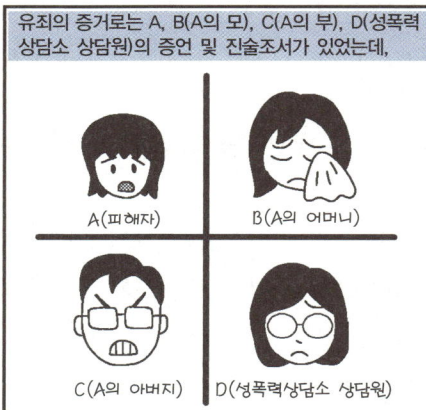

유죄의 증거로는 A, B(A의 모), C(A의 부), D(성폭력상담소 상담원)의 증언 및 진술조서가 있었는데,

A(피해자)

B(A의 어머니)

C(A의 아버지)

D(성폭력상담소 상담원)

B의 수사기관 및 법정에서의 진술은 모두 A로부터 추행 관련 이야기를 들었다는 것이고,
[B의 법정진술(ⓐ), 수사기관에서의 진술(ⓑ)]

제가 딸인 A로부터 갑에게서 추행을 당했다는 이야기를 들었습니다.

C의 법정진술은 B가 A로부터 들었다는 피해사실을 B로부터 전해들어서 알게되었다는 것을,
[C의 법정진술(ⓒ)]

우리 애엄마가 애로부터 추행사실을 들었다고 나에게 말해서 알았습니다…,

D의 진술조서 또한 B가 A로부터 들었다는 피해사실을 B로부터 전해들었다는 내용이었다.
[D의 검찰 진술 조서(ⓓ)]
특히 ⓒ, ⓓ증거의 증거능력이 문제되었다.

B가 저희 상담소로 와서 A로부터 들은 추행사실을 모두 얘기해줬습니다.

다 누구한테 들었다, 그렇다더라 뭐 그런 거 아닙니까? 이런 걸로 사람을 처벌할 수 있습니까?!

아니 뭔 증거같은 증거가 있어야죠!

이런 재전문증거도 전문의 전문이니까 중첩되는 두 요건을 다 갖추면 증거로 사용할 수 있을 것입니다!

형사소송법은 전문진술에 대해 예외적으로 증거능력을 인정하는 규정을 두고 있을 뿐, 재전문진술, 재전문진술을 기재한 조서는 그런 규정이 없다,

피고인의 증거 동의가 없는 한, 증거로 할 수 없다,

'전문'도 어려운데 '재전문'?! 그런데 만화와 같이 한 번 건너고, 두 번 건너면 쉽사리 전문, 재전문이 되는 것 같네요~,

재전문증거(再傳聞證據. double hearsay evidence)란 타인의 진술을 내용으로 하는 진술(전문진술)을 다시 전문하여 제출된 증거를 말한다. 이중전문증거라고도 한다.

만약 B가 A로부터 들은 이야기를 진술하면, 이는 전문증거이다. 그런데 A의 이야기를 들은 B가 이를 다시 C에게 전달하여, C가 B의 이야기를 진술하면 이는 재전문증거이다.

재전문증거에 관한 법원의 입장을 살펴보자.

■■ 사건 개요

○ 갑은 A(생후 30개월, 여)에 대한 강제추행죄로 기소되었다. 유죄의 증거로는 A, A의 어머니 B, A의 아버지 C의 각 증언 및 이들과 D(성폭력상담소 상담원)에 대한 진술조서 등이 제출되었는데,

○ B의 법정 진술(ⓐ) 및 수사기관에서의 진술(ⓑ)은 모두 A로부터 갑에게 추행을 당하였다는 이야기를 들었다는 것이고,

○ C의 법정진술(ⓒ) 및 D의 검찰에서의 진술을 기재한 조서(ⓓ)는 B가 A로부터 들었다는 피해사실을, B로부터 다시 전해 들어서 알게 되었다는 것을 내용으로 한다. 각 증거의 증거능력이 문제된다.

■■ 판결 요지

○ 전문진술이나 전문진술을 기재한 조서는 제310조의2의 규정에 의하여 원칙적으로 증거능력이 없는 것인데, 다만 전문진술은 제316조 제2항의 규정에 따라 원진술자가 사망, 질병, 외국거주 기타 사유로 인하여 진술할 수 없고 그 진술이 특히 신빙할 수 있는 상태 하에서 행하여진 때에 한하여 예외적으로 증거능력이 있다고 할 것이고, 전문진술이 기재된 조서는 제312조 또는 제314조의 규정에 의하여 각 그 증거능력이 인정될 수 있는 경우에 해당하여야 함은 물론, 나아가 제316조 제2항의 규정에 따른 위와 같은 요건을 갖추어야 예외적으로 증거능력이 있다고 할 것이다.

B의 법정진술(ⓐ)은 전문진술이라 할 것이고, 수사기관에서의 진술(ⓑ)은 전문진술이 기재된 조서라고 할 것이며

- 전문진술(ⓐ)은 제316조 제2항의 규정에 따라 원진술자가 사망, 질병, 외국거주 기타 사유로 인하여 진술할 수 없고, 그 진술이 특히 신빙할 수 있는 상태 하에서 행하여진 때에 한하여 예외적으로 증거능력이 있고,
- 전문진술이 기재된 조서(ⓑ)는 형사소송법 제312조 또는 제314조의 규정에 의하여 증거능력이 인정될 수 있는 경우에 해당하여야 함은 물론 나아가 제316조 제2항의 규정의 경우에 한하여 예외적으로 증거능력이 있다고 할 것인바,
- 1) A는 원심법정에 증인으로 출석하여 피고인이나 피고인의 가족을 알고 있느냐는 질문에 대하여는 모른다고 하거나 대답하기 싫다고 하였는데, 원진술자가 진술할 수 없는 사유가 있는 경우에 해당한다고 볼 수 있다.

  한편 고소경위를 보면 (여러 사유로) 그 진술이 특히 신빙할 수 있는 상태 하에서 행하여졌다고 단정할 수 없다.
- 형사소송법은 제316조에서 실질상 단순한 전문의 형태를 취하는 경우에 한하여 예외적으로 그 증거능력을 인정하는 규정을 두고 있을 뿐, 재전문진술이나 재전문진술을 기재한 조서에 대하여는 달리 그 증거능력을 인정하는 규정을 두고 있지 아니하고 있으므로, 피고인이 증거로 하는 데 동의하지 아니하는 한 증거로 할 수 없다.

  C의 법정진술(ⓒ)은 재전문진술이고, D의 검찰에서의 진술을 기재한 조서(ⓓ)는 재전문진술을 기재한 조서로서 위와 같은 사유로 이를 증거로 할 수 없다.

해설

- 판례는 재전문증거에서도 전문진술이 기재된 조서에 한하여 증거능력을 인정할 여지를 두고 있고(본건은 특히 신빙할 수 있는 상태 하에서 행하여졌다는 증명이 없어 증거능력이 부인됨), 재전문진술이나 재재전문증거에 대하여는 증거능력을 인정하는 규정이 없음을 이유로 증거능력을 부정하고 있다.

테마 73 영업상 필요로 작성한 통상문서와 증거능력

(대법원 2007. 7. 26. 선고 2007도3219 판결)

갑은 A가 운영하는 인터넷 채팅사이트를 통해서 알게 된 B와

그럼 오늘 한번 만날까?

오늘 콜~!

성매수대가로 23만 원을 지불하고 1회 성교하여 성매수를 하였다는 혐의로 기소되었다.

갑은 대가를 지급하고 성매수를 했습니다!

억울해요~

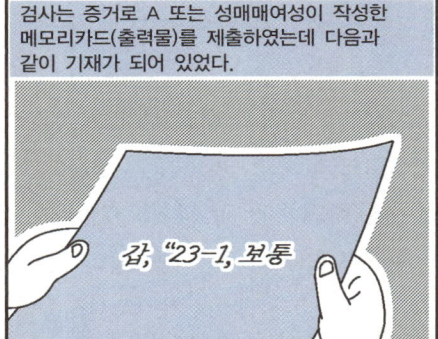

검사는 증거로 A 또는 성매매여성이 작성한 메모리카드(출력물)를 제출하였는데 다음과 같이 기재가 되어 있었다.

갑, "23-1, 보통

갑은 메모리카드의 성립의 진정이 증명되지 않았으니 유죄의 증거로 사용할 수 없다고 주장했다.

저는 오기심에서 채팅사이트에 접속하여 성매매 조건 등에 관한 채팅만을 하였을 뿐, 성매매는 한 사실도 없어요!

1심은 다음과 같은 이유로 무죄로 판단했다.

남성들과 채팅으로 성매매조건만 흥정하고 실제 성매매까지 하지 않은 경우에도 남성의 인상 및 성매매조건 등을 입력한 경우가 있다.

항소심이 갑을 유죄로 판단하자 갑이 상고.

갑에 대한 "23-1, 보통" 기재는, 피고인이 1회 성매수하고, 그 대가로 23만 원을 지급하였다는 취지로 기재되었다고 보인다.

저는 이 문서의 증거동의도 안 했고, 성립 진정도 인정되지 않아 증거능력이 없습니다! 유죄의 증거로 사용할 수 없어요!

겨우 이런 문서 때문에요?

이 문서는 법상 '영업상 필요로 작성된 통상문서'로서 당연히 증거능력이 있고, 유죄 증거가 될 수 있습니다!

메모리카드에 기재된 내용은 A가 성매매 영업 참고용으로 남자 아이디, 전화번호 등을 메모지에 적어두었다가 입력해서 작성된 것이다.

이는 실질적으로 법 315조 2호의 '영업상 필요로 작성한 통상문서'로서 그 자체로 증거능력 있다.

저 아저씨는 과연 성매매를 안 했을까요? 인간의 법으로는 성매매를 한 것으로 결론지어졌지만 진실은 신만이 아시겠죠~.

진술서는 형사소송법 제313조 등에서 정한 요건을 갖춘 경우 증거능력이 인정된다.

그런데 제315조에서는 일정한 서류에 대해서 위와 같은 절차 없이도 당연히 증거능력을 인정하고 있는바, 따로 성립의 진정 등을 입증할 필요가 없고 믿을 만한 서류이기 때문이다.

> 제315조(당연히 증거능력이 있는 서류) 다음에 게기한 서류는 증거로 할 수 있다.
> 1. 가족관계기록사항에 관한 증명서, 공정증서등본 기타 공무원 또는 외국공무원의 직무상 증명할 수 있는 사항에 관하여 작성한 문서
> 2. 상업장부, 항해일지 기타 업무상 필요로 작성한 통상문서
> 3. 기타 특히 신용할 만한 정황에 의하여 작성된 문서

본건에서는 성매매와 관련, 메모리카드에 저장된 파일을 출력한 문서가 '업무상 필요로 작성한 통상문서'인지 여부가 문제되었다.

■■ 사건 개요

○ 본건 공소사실의 요지는 '피고인 갑은 여관에서, 공소외 A가 운영하는 인터넷 채팅사이트를 통하여 알게 된 불상의 여성에게 성매수 대가로 23만 원을 지불하고 1회 성교하여 성매수하였다'는 것이다. 검사는 증거로 A 또는 성매매 여성이 작성한 메모리카드 출력물 등을 제출하였다.

○ 제1심은 메모리카드 출력물에 관하여는, 성매매 여성들이 남성들과 채팅으로 성매매조건만 흥정한 채 실제 성매매까지 나아가지 않은 경우에도 그 남성의 인상 및 성매매조건 등을 입력한 사실이 인정되므로, 위 메모리카드 출력물 및 그 외 다른 증거에 의하더라도, 이 사건 공소사실을 인정하기에는 부족하고, 달리 이를 인정할 증거가 없다고 판단하여 형사소송법 제325조 후단에 의하여 무죄를 선고하였다.

○ 항소심에서는 A 등의 증언과 증거를 종합하여 보면 갑에 관한 메모리카드 출력물의 방법란 중 "23-1, 보통"이라는 기재는 실제 성매매에 이르렀

고, 갑이 성명불상의 여성을 1회 성매수하고, 그 대가로 23만 원을 지급 하였다는 취지로 기재되었다고 봄이 상당하다고 보고 유죄선고.

○ 갑은 메모리카드 출력물은 갑이 이를 증거로 함에 동의한 바 없고, 그 성립의 진정함이 증명되지 아니하여 증거능력이 없는데 유죄의 증거로 사용한 것은 위법이라는 등 이유로 상고.

■■ 판결 요지

○ 본건 메모리카드에 기재된 내용은 공소외 A가 고용한 성매매 여성들이 성매매를 업으로 하면서 영업에 참고하기 위하여 성매매를 전후하여 상 대 남성의 아이디와 전화번호 및 성매매방법 등을 메모지에 적어두었다 가 직접 또는 공소외 A가 고용한 또 다른 여직원이 입력하여 작성된 것 임을 알 수 있는바,

○ 이는 실질적으로 형사소송법 제315조 제2호 소정의 영업상 필요로 작성 된 통상문서로서 그 자체가 당연히 증거능력 있는 문서에 해당한다고 할 것이다. 피고인 상고기각.

■■ 해설

○ 본건은 성매매 여성 등이 작성한 메모리카드의 기재 내용이 전문증거이 지만 형사소송법 제315조 제2호 "영업상 필요로 작성한 통상의 문서"로 서 증거능력이 있는 문서에 해당한다는 요지의 판결이다.

테마 74 · 몰래 녹음한 상대방과의 대화내용의 증거능력

(대법원 2005. 12. 23. 선고 2005도2945 판결)

갑은 A를 상대로 A의 비리 혐의를 문제삼지 않는 등의 조건으로

조합장님이시죠? 제가 비리혐의를 제보받았는데요, 한번 만나서 얘기 좀 하시죠~,

합의금을 요구, 갈취하려 하여 공갈미수를 했다는 혐의로 기소되었다.

3억원의 합의금을 주면 문제삼지 않겠다고 공갈을 했습니다,

A는 위와 같은 갑의 진술을 디지털 녹음기에 녹음을 해두었다가 카세트테이프로 옮기고, 재차 녹취록에 옮겨서 수사기관에 제출했다.

내가 다 녹음을 해뒀지!

공갈범이에요!

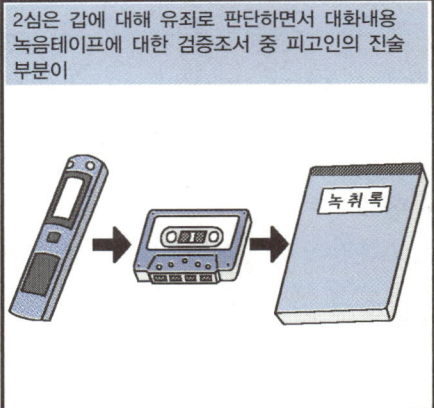

2심은 갑에 대해 유죄로 판단하면서 대화내용 녹음테이프에 대한 검증조서 중 피고인의 진술 부분이

녹취록

증거능력이 인정된다고 판단하였다.

녹음테이프의 작성자인 피해자의 진술 및 그 대화의 내용과 경위 등에 비추어 증거능력이 인정된다,

이에 갑이 상고하였는 바, 녹음테이프의 증거능력이 문제되었다.

＊쟁점＊

녹음테이프 검증조서 중 피고인의 진술내용을 증거로 사용하려면 어떤 조건이 필요할까요?

녹음테이프와 녹취록의 일치를 확인만 하면 될까요?

녹음테이프에서 더 나아가서 디지털 녹음기까지 확인해야 할까요?

녹음테이프도 조작이고, 녹취록도 그냥 그 내용을 옮긴 것뿐입니다!

녹음테이프와 녹취록 내용은 확인이 되었습니다 그 이상 무슨 증거조사가 필요할까요?

녹음테이프가 녹음 원본이거나 사본일 경우, 복사시 편집 등 인위적 개작 없이 원본 내용 그대로 복사된 사본임이 입증되어야 한다.

대화내용을 녹음한 디지털 녹음기에 대한 증거조사를 거쳐야 녹음 내용을 재녹음한 카세트 테이프를 유죄 증거로 할 수 있다.

녹음테이프도 일정한 요건을 갖추면 증거능력이 있다는 거죠~, 그 요건이 오락오락 하지는 않네요~,

다만, 다른 증거에 비추어 보면 유죄~

변호사로서 흔히 "상대방과의 대화내용이나 전화내용을 몰래 녹음해도 문제가 없나요?"라는 질문을 받는다.

관련법인 통신비밀보호법에 따르면 "공개되지 아니한 타인간의 대화를 녹음하거나 전자장치 등을 이용해 청취할 수 없다"라고 하는데(법 제14조 제1항), 대화자 중 일방이 대화를 녹음하는 것은 '타인간의 대화'가 아니므로 문제가 없다.

그러한 녹음내용에 증거능력을 인정하기 위해서는 어떤 요건을 갖춰야 할까?

이에 관한 법원의 입장을 살펴보자.

■■ 사건 개요

○ 본건 공소사실은 갑이 피해자 A를 상대로 A의 비리 혐의를 문제삼지 않는 등의 조건으로 3억 원 가량의 합의금을 요구, 갈취하려 하여 공갈미수하였다는 것이고,

○ 갑은 수사기관 이래 2심에 이르기까지 A가 몰래 녹음한 갑과 A 사이의 대화내용 녹음테이프 또는 이를 풀어 쓴 녹취록이 편집 혹은 조작되었다고 주장하면서 그 증거능력을 일관되게 부정하여 왔다.

○ 2심은 위 대화내용 녹음테이프에 대한 검증조서 중 갑의 진술부분이 위 녹음테이프의 작성자인 A의 진술 및 그 대화의 내용과 경위 등에 비추어 증거능력이 인정된다고 판단하였다. 갑이 상고.

■■ 판결 요지

○ 피고인이 그 녹음테이프를 증거로 할 수 있음에 동의하지 않은 이상 그 녹음테이프 검증조서의 기재 중 피고인의 진술내용을 증거로 사용하기 위해서는 형사소송법 제313조 제1항 단서에 따라 공판준비 또는 공판기일에서 그 작성자인 피해자의 진술에 의하여 녹음테이프에 녹음된 피고인의 진술내용이 피고인이 진술한 대로 녹음된 것임이 증명되고 나아가 그 진술이 특히 신빙할 수 있는 상태 하에서 행하여진 것임이 인정되어야 할 것이고,

○ 녹음테이프는 그 성질상 작성자나 진술자의 서명 혹은 날인이 없을 뿐만 아니라, 녹음자의 의도나 특정한 기술에 의하여 그 내용이 편집, 조작될 위험성이 있음을 고려하여, 그 대화내용을 녹음한 원본이거나 혹은 원본으로부터 복사한 사본일 경우에는 복사과정에서 편집되는 등의 인위적 개작 없이 원본의 내용 그대로 복사된 사본임이 입증되어야만 하고,

○ 피해자가 피고인과의 대화내용을 녹음한 디지털 녹음기에 대한 증거조사 절차를 거치지 아니한 채 그 녹음 내용을 재녹음한 카세트테이프를 유죄의 증거로 할 수 없다(다른 증거만으로 유죄 인정).

■ 해설

○ 당사자의 일방이 상대방 모르게 통화나 대화 내용을 녹음하는 것은 제3자가 타인간의 대화를 녹음하거나 전자적 장치를 이용하여 청취하는 것과는 다르게 통신비밀보호법 등이 규제하고 금지하는 행위는 아니다.

○ 대법원은 갑이 원본의 녹음내용을 옮겨 복제한 녹음테이프에 수록된 대화내용이 녹취록의 기재와 일치함을 확인한 것에 불과한 1심의 검증 결과만으로는 갑이 그 진정성립을 다투고 있는 녹음의 원본, 즉 디지털 녹음기에 수록된 갑의 진술내용이 녹취록의 기재와 일치한다고 단정할 수는 없다고 하면서

○ 위 검증조서를 증거로 채택하기 위해서는 A가 소지 중이라고 하는 위 녹음 원본이 수록된 디지털 녹음기를 제출받아 이를 검증한 다음, 작성자인 A의 진술 혹은 녹음상태 감정 등의 증거조사를 거쳐 그 채택 여부를 결정하였어야 한다고 판시한 것이다.

통화자 중 한쪽의 동의만을 얻고 녹음한 통화내용

(대법원 2002. 10. 8. 선고 2002도123 판결)

갑은 이용원을 운영하였는데, 경쟁업체를 고발하는데 사용할 목적으로

저 가게를 어떻게 하면 문을 닫게 하지?

옳커니!

지인인 A를 시켜 경쟁업체를 운영하는 B에게 전화를 하게 한 다음 이를 녹음하였다.

거기 이용원이죠? 혹시 귀를 뚫어주나요?

오케이! 이제 이것만 구청에 내면 게임 끝!

검사는 갑을 공개되지 않은 타인의 대화를 녹음했다는 공소사실로 기소하였다.

갑은 통신비밀보호법을 위반했습니다!

내가 범죄를 했다구요?!

1심, 2심은 갑에게 무죄를 선고하였고, 이에 검사가 상고.

일방의 동의를 받아 녹음한 것은 일방의 녹음과 같다, 피고인은 무죄!

제3자인 갑이 전화통화 당사자의 동의를 받고 통화 내용을 녹음한 것이 위법한가 문제되었다.

＊쟁점＊

당사자의 일방이 상대방 모르게 통화나 대화 내용을 녹음하는 것은 통신비밀보호법 등이 규제하고 금지하는 행위는 아닙니다.

제3자가 녹음을 할 경우는 어떨까요? 한쪽 동의만 받으면 될까요? 양쪽 동의를 받아야 할까요?

당사자가 전화해서 녹음한 거랑 내가 동의받아 녹음한 거랑 다를 바 없죠~! 역시 판사님들은 똑똑하네요.

당사자 일방이 녹음을 했다면 문제가 안 되지만, 피고인은 당사자 일방이 아닙니다! 당연히 처벌대상이죠!!

전화통화 당사자 일방이 상대방 모르게 통화내용을 녹음하는 것은 '전기통신의 감청'이 아니다.

그러나 제3자의 경우는 설령 전화통화 당사자 일방의 동의를 받고 녹음을 했다 해도, 상대방 동의가 없으면 법 위반이 된다.

A에게 대화와 직접 녹음도 해달라고 한 다음에, A로부터 녹음내용을 받았으면 별 문제가 없지 않았을까? 하는 생각도 드네요.^^;

대화자 중 일방이 대화를 녹음하는 것은 불법이 아님을 살펴보았다. 그렇다면 대화자 중 일방만의 동의를 얻고 녹음을 한 경우는 어떨까?

대화자 중 일방이 녹음을 하는 것이 적법하다면, 일방의 동의만을 얻고 녹음을 해도 역시 적법한 것이 아닐까? 아니면 쌍방의 동의를 모두 얻어야 적법한 것이 될까?

이에 관한 법원의 입장을 살펴보자.

사건 개요

○ 갑은 경쟁업체를 고발하는 데 사용할 목적으로 A로 하여금 같은 상가 내 미용실의 B에게 전화를 걸어 "귓불을 뚫어 주느냐"는 용건으로 통화하게 한 다음 그 내용을 녹음함으로써 공개되지 아니한 타인간의 대화를 녹음하였다는 공소사실로 기소되었는데,

○ 1심과 2심은 공개되지 아니한 타인간의 대화를 녹음하는 행위를 금지하는 이유는 대화 당사자 사이에 대화의 비밀성을 보장하는 것이고, 대화자 일방이 상대방과의 대화를 상대방의 승낙 없이 녹음하는 경우에는 위 조문의 구성요건에 해당하지 아니하는 점 등을 고려해 보면 피고인이 일방 당사자의 동의를 받아 녹음한 이 사건 행위는 대화자 일방의 상대방 승낙 없는 녹음행위와 동일하다고 볼 것이라는 이유로 무죄를 선고하였다. 이에 검사가 상고.

판결 요지

○ 전기통신에 해당하는 전화통화 당사자의 일방이 상대방 모르게 통화내용을 녹음하는 것은 '전기통신의 감청'에 해당하지 아니하지만, 제3자의 경우는 설령 전화통화 당사자 일방의 동의를 받고 그 통화내용을 녹음하였다 하더라도 그 상대방의 동의가 없었던 이상, 동법 제3조 제1항 위반이 된다(이 점은 제3자가 공개되지 아니한 타인간의 대화를 녹음한 경우에도 마찬가지이다).

○ 전화통화의 감청이 법 제3조 제1항 위반으로 되지 않기 위하여는 원칙적

으로 양 당사자 모두의 동의가 있어야 할 것이고, 단지 일방 당사자의 동의를 받은 것만으로는 불법감청이 아니라고 할 수 없을 것이다

▮▮ 해설

o 사안은 피고인에 대한 통신비밀보호법위반 사안이나, B의 측면에서 보면 (공중위생법위반), 피고인이 녹음한 내용이 증거능력이 있는가의 문제가 된다.

o 통신비밀보호법상 누구든지 적법절차에 의하지 않고는, 우편물의 검열·전기통신의 감청·공개되지 아니한 타인간의 대화를 녹음 또는 청취하지 못하고(제3조 제1항), 이에 위반한 경우 형사처벌될 뿐 아니라, 이에 위반하여 취득된 증거는 재판에서 증거로 사용할 수 없기 때문이다(제4조).

o 판례 역시 타인간의 대화를 녹음한 부분은 공개되지 아니한 타인간의 대화를 녹음한 것이므로, 그 증거능력이 없고, 대화의 일방 당사자가 상대방과의 대화를 녹음한 부분은 타인간의 대화를 녹음한 것이 아니라고 판단하여 왔다(2001도3106 판결). 사안에서 2심은 제3자가 당사자 일방의 동의를 얻은 경우 당사자 녹음의 경우와 같이 볼 수 있다고 한 반면, 대법원은 제3자의 경우는 쌍방의 동의를 얻지 않은 이상 위법하다고 판단한 것이다.

o 다만, 3자간의 대화를 그 중 한사람이 그 대화를 녹음한 경우에는 그 녹음행위가 통신비밀보호법 제3조 제1항에 위배되지 않는다(대법원 2006. 10. 12. 선고 2006도4981 판결).

(대법원 2005. 7. 28. 선고 2005도3904 판결)

갑은 새벽에 소주 2병 반 정도를 마셨고

어~ 정말 답이 안 나오네, 힘들다, 힘들어~!

그날 오후 3시경 경찰의 요구로 음주측정기에 의하여 혈중 알코올농도를 측정한 결과, 그 수치가 0.058%로 나왔고

정차, 정차~! 음주운전 단속입니다!

30분 후 갑은 음주측정기에 의한 측정에 불복하며 혈액채취를 요구하여

음주측정기는 못 믿겠수다! 혈액채취해서 정확히 한번 해봅시다!!

혈액을 채취하여 혈중 알코올농도를 측정한 결과 그 수치가 0.047%였다.

혈중 알코올농도 측정결과입니다, 음주운전에 살짝 못미치는 0.047%로 측정되었네요.

검사는 위드마크 공식을 적용, 운전 당시 수치가 0.051%의 주취상태였다면서 기소하였고.

음주운전을 마친 다음 얼마 후에 피를 뽑은 거니, 운전 당시에는 음주운전이 확실하죠?

억울해요!

2심이 유죄로 인정하자 갑이 상고하였다. 2심 판결이 적법한지 문제되었다.

피고인에게 가장 유리한 감소치를 적용해 위드마크 공식에 따라 계산한 혈중 알코올농도가 처벌기준을 넘는다.

경찰공무원은 교통의 안전과 위험방지 등을 위해 필요한 때 음주측정을 할수 있고, 음주운전의 경우 운전자의 혈중알코올농도를 측정하여 혈중 알코올농도에 따라 면허취소, 벌금 등 처벌을 정하게 된다.

혈중 알코올농도 산정에 관한 법원의 입장을 살펴보자.

■■ 사건 개요

○ 본건 공소사실은 갑이 2003. 12. 혈중 알코올농도 0.051%의 주취상태에서 승용차를 운전하였다는 것이고

○ 갑이 음주운전에 이르고, 혈중 알코올농도를 산출한 경위를 보면 갑은
- 2003. 12. 11. 새벽에 소주 2병 반 정도를 마셨고
- 같은 날 15:05경 승용차를 운전하던 중
- 같은 날 15:07경 경찰의 요구로 음주측정기에 의하여 혈중 알코올농도를 측정한 결과, 그 수치가 0.058%로 나왔고,
- 같은 날 15:37 갑이 음주측정기에 의한 측정에 불복하며 혈액채취를 요구하여 혈액을 채취하여 혈중 알코올농도를 측정한 결과 그 수치가 0.047%였으나, 검사는 위드마크 공식을 적용하여 운전 당시에는 그 수치가 0.051%상태였다면서 기소.

○ 1심에서는 혈중 알코올농도가 처벌기준인 0.05%에 미지치 못하였다는 이유로 무죄를 선고하였으나 2심에서는 위드마크 공식을 적용하여 갑의 운전 당시 혈중 알코올농도는 적어도 0.051%가 된다는 이유로 유죄로 인정. 갑이 상고.

■■ 판결 요지

○ 음주운전에 있어서 소위 위드마크 공식을 사용하여 수학적 방법에 따른 계산 결과로 운전 당시의 혈중 알코올농도를 추정할 수 있으나,
- 범죄구성요건 사실의 존부를 알아내기 위해 과학 공식 등의 경험칙을 이용하는 경우에는 그 법칙 적용의 전제가 되는 개별적이고 구체적인 사실에 대하여는 엄격한 증명을 요한다고 할 것이고,

- 한편 위드마크 공식에 의한 역추산 방식을 이용하여 운전시점의 혈중 알코올농도를 추정함에 있어서는, 피검사자의 평소 음주정도, 체질, 음주속도, 음주 후 신체활동의 정도 등의 다양한 요소들이 시간당 혈중 알코올의 감소치에 영향을 미칠 수 있는바,

- 형사재판에 있어서 유죄의 인정은 법관으로 하여금 합리적인 의심을 할 여지가 없을 정도로 공소사실이 진실한 것이라는 확신을 가지게 할 수 있는 증명이 필요하므로, 위드마크 공식에 의하여 산출한 혈중 알코올농도가 근소하게 초과하는 정도에 불과한 경우라면 위 공식에 의하여 산출된 수치에 따라 범죄의 구성요건 사실을 인정함에 있어서 더욱 신중하게 판단하여야 한다.

○ 피고인에게 가장 유리한 감소치를 적용하여 위드마크 공식에 따라 계산한 혈중 알코올농도가 도로교통법상 처벌기준인 0.05%를 넘는 0.051%이었으나, 사건발생시간을 특정하는 과정에서 발생하는 오차가능성 등의 여러 사정을 고려할 때 피고인의 운전 당시 혈중 알코올농도가 처벌기준치를 초과하였으리라고 단정할 수는 없다. 파기환송.

■■ 해설

○ 혈중 알코올농도는 원심이 인정한 사실과 같이 일반적으로 음주 후 30~90분 사이에 상승(상승시점)하였다가 최고농도에 이른 후 시간당 0.008~0.03%(평균 0.015%)씩 감소(하강시점)하는 것으로 알려져 있는바,

○ 본건의 경우 음주 후 혈중 알코올농도가 하강되는 시점에서 음주측정기와 혈액채취에 의한 음주측정이 있었으므로 위드마크 공식에 근거한 혈중알코올 농도 계산이 가능하다고 보고, 그 계산결과가 처벌기준 0.05%보다 0.001%만을 넘은 것으로 나왔는 바, 이는 위드마크 공식 계산에 의한 역추산 방식에 내재하는 불확실성을 종합 고려하면 처벌기준을 넘었다고 단정할 수 없다는 판결이다.

본인의 허락 없이 채혈한 혈액의 증거능력

(대법원 2011. 4. 28. 선고 2009도2109 판결)

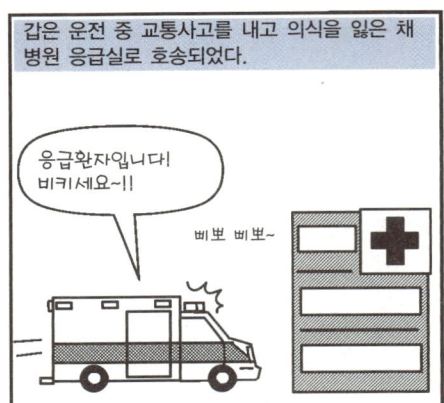

갑은 운전 중 교통사고를 내고 의식을 잃은 채 병원 응급실로 호송되었다.

응급환자입니다! 비키세요~!!

삐뽀 삐뽀~

출동한 경찰관은 영장을 받지 않고

방금 실려온 환자 있죠? 그 양반 술을 먹고 운전을 한 것 같던데… 어디 있어요?

갑의 동서로부터 채혈동의를 받고 의사로 하여금 채혈을 하였고

거기 동의서에 사인해주세요.

환자 피를 좀 뽑아주세요.

그 혈액의 음주측정감정 결과를 토대로 수사를 하여

혈중알코올농도 0.255%? 엄청 드셨구만!

아니… 그게 아니라

검사는 갑을 도로교통법상 무면허운전과 함께 음주운전 혐의로 기소하였다.

무면허운전, 음주운전 혐의로 기소합니다!

이런 억지 증거로…,

2심은 채혈 부분에 대해 증거능력을 부정, 음주운전의 점은 무죄를 선고했고, 이에 검사가 상고

쟁점

형사소송법은 "적법한 절차에 따르지 아니하고 수집한 증거는 증거로 할 수 없다."고 합니다.

또 형사소송법에서는 압수, 수색, 검증의 절차와 영장에 관한 규정을 두고 있구요.
이 사건에서는 위와 같은 절차를 거치지 않고 채혈이 이루어졌는데 과연 증거로 쓸 수 있을까요?

채혈은 영장 없이 진행되었습니다, 혈액감정서는 위법수집증거로서 증거능력이 없습니다,

허락도 없이 내 피를!? 동서도 주책이지!

동서의 동의를 받고 채혈을 했고, 게다가 절차를 거쳐서 갑이 실제로 당시 음주상태였다는 것은 분명하죠~!

법 규정을 위반해 수사기관이 혈액을 채취하고 알코올농도 감정이 이루어졌다면 감정결과보고서는 영장주의 원칙을 위반하여 수집된 증거이다,

절차 위반이 적법절차의 실질적인 내용을 침해한다, 피고인, 변호인의 증거 동의가 있어도 유죄 증거로 사용할 수 없다,

비슷한 사안에서 간호사로부터 진료 목적으로 채혈된 혈액 중 일부를 제출받은 경우는 증거능력에 문제가 없다고 보았습니다~,

피의자가 의식을 잃고 쓰러져 있는데 혈액을 채취해야 하는 경우, 피의자의 허락 없이 피를 뽑아서 증거로 쓸 수 있을까? 아니면 영장을 발부받는 등 절차가 필요할까?

이에 관한 법원의 입장을 살펴보자.

■ 사건 개요

○ 갑이 운전 중 교통사고를 내고 의식을 잃은 채 병원 응급실로 후송되자, 출동한 경찰관이 법원으로부터 압수·수색 또는 검증 영장을 발부받지 아니한 채 갑의 동서로부터 채혈동의를 받고 의사로 하여금 채혈을 하도록 하였고, 그 혈액의 혈중알코올농도 감정결과(혈중알코올농도 0.255%)를 토대로 도로교통법상 무면허운전과 함께 음주운전 부분을 기소하였고,

○ 1심은 모두 유죄를 선고하였으나, 2심은 "이 사건 채혈은 영장 없이 이루어졌으므로 혈액감정서 등은 위법수집증거로서 증거능력이 없다."고 판단하여 음주운전의 점은 무죄를 선고하였고, 검사가 상고.

■ 판결 요지

○ 형사소송법 제215조 제2항 등 규정을 위반하여 수사기관이 법원으로부터 영장 또는 감정처분허가장을 발부받지 아니한 채 피의자의 동의 없이 피의자의 신체로부터 혈액을 채취하고 사후적으로도 지체 없이 이에 대한 영장을 발부받지도 아니한 채 강제 채혈한 피의자의 혈액 중 알코올농도에 관한 감정이 이루어졌다면, 이러한 감정결과보고서 등은 형사소송법상 영장주의 원칙을 위반하여 수집되거나 그에 기초한 증거로서 그 절차 위반행위가 적법절차의 실질적인 내용을 침해하는 정도에 해당하고, 이러한 증거는 피고인이나 변호인의 증거동의가 있다고 하더라도 유죄의 증거로 사용할 수 없다.

■ 해설

○ 형사소송법 제308조의2는 "적법한 절차에 따르지 아니하고 수집한 증거는 증거로 할 수 없다."고 선언하고 있고, 형사소송법이 정한 절차에 따

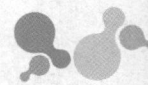

르지 아니하고 수집한 증거는 물론 이를 기초로 하여 획득한 2차적 증거 역시 기본적 인권 보장을 위해 마련된 적법한 절차에 따르지 않은 것으로서 원칙적으로 유죄 인정의 증거로 삼을 수 없다.

○ 본건과 같이 절차에 따르지 아니한 증거수집과 2차적 증거수집 사이에 인과관계가 희석 또는 단절되었는지 여부를 중심으로 2차적 증거수집과 관련된 사정을 전체적·종합적으로 고려하여 볼 때 위와 같은 예외적인 경우에 해당하는지 여부를 판단하여야 한다.

○ 사법경찰관이 범죄 수사에 필요한 때에는 검사에게 신청하여 검사의 청구로 지방법원판사가 발부한 영장에 의하여 압수, 수색 또는 검증을 할 수 있고(법 제215조 제2항), 범행 중 또는 범행 직후의 범죄 장소에서 긴급을 요하여 판사의 영장을 받을 수 없는 때에는 압수·수색·검증을 할 수 있으나 이 경우에는 사후에 지체없이 영장을 받아야 한다(법 제216조 제3항).

법원은 위와 같은 규정에 위반하여 강제 채혈한 피의자의 혈액 중 알코올농도에 관한 감정이 이루어졌다면, 감정결과 보고서 등은 영장주의 원칙을 위반하여 수집되거나 그에 기초한 증거로서 그 절차위반행위가 적법절차의 실질적인 내용을 침해하는 정도에 해당하여, 증거동의가 있다고 하더라도 유죄의 증거로 사용할 수 없다고 판단하였다.

○ 한편 대법원 판례는 경찰관이 간호사로부터 진료 목적으로 채혈된 피고인의 혈액 중 일부를 주취운전 여부에 대한 감정을 목적으로 제출받아 압수한 경우에는 의료인이 진료 목적으로 채혈한 환자의 혈액을 수사기관에 임의로 제출하였다면 반드시 환자의 동의를 받아야 하는 것이 아니라고 하여 압수절차가 피고인 또는 피고인의 가족의 동의 및 영장 없이 행하여졌다고 하더라도 적법절차 위반이 없다고 판시하였다(대법원 1999. 9. 3. 선고 98도968 판결).

무인장비(단속카메라)로 촬영한 사진의 증거능력

(대법원 1999. 12. 7. 선고 98도3329 판결)

갑은 제한속도가 시속 90km인 도로에서 운전을 했는데

한번 달려볼까?

도로의 무인단속카메라에는

찰칵!

쌩~~~

90
단속구간
Police enforcement

갑이 시속 101km로 주행한 것으로 촬영되었다.

및 과태료부과

아니, 이게 뭐야?
내가 범법을 했다구?!

갑은 도로교통법 위반으로 기소되었다.

몇 만 원이 문제가
아니지!

재판에서 한번
다퉈보겠다!

갑은 재판에서 자신이 시속 90km 이상으로 운전한 사실이 없다고 주장하였다.

제가 왜 믿을수도 없는
카메라 촬영 때문에 범법자가
되어야 합니까!

무인단속카메라 사진을 근거로 갑의 유죄를 인정할 수 있는지 문제되었다.

＊쟁점＊

무인단속카메라(Speed Camera)는 사람없이 카메라만 설치되어 속도위반, 신호위반 등을 단속하는 카메라입니다.
이렇게 카메라로 사람의 위법행위를 잡아 내는 것이 문제가 될까요?

거의 문제가 안 될 것 같은 이런 장치에 대해서도 법원에서 다투어졌습니다.

무인카메라 단속의 법적 근거가 뭡니까? 믿을 만한 장비인지도 의심스럽구요!

나는 달리고싶다~~~!

무인카메라 단속은 수사기관의 증거 수집 행위로서 특별한 법적 근거가 필요 없고, 장비의 신뢰성도 있습니다.

무인장비에 의한 제한속도 위반차량 단속은 제한속도 위반이 행해지고 있고, 긴급하게 증거 보전을 할 필요가 있는 상태에서 일반적인 허용 한도를 넘지 않는 상당한 방법에 의한 것이다.

이를 통해 차량번호를 촬영한 사진은 위법하게 수집된 증거라고 할 수 없다.

저 돈 내고 말지, 대법원까지… -_-

길거리에 설치되어 자동차의 속도위반을 측정하는 무인단속카메라. 이 카메라에 의해 촬영한 사진으로 범칙금 등 처분을 받는 것은 너무나 당연히 생각하는데, 이러한 사진의 증거능력을 문제삼은 사람이 있었다.

무인단속카메라가 촬영한 사진의 증거능력에 관한 법원의 입장을 살펴보자.

■ 사건 개요

○ 갑은 과속운전을 하여 도로교통법위반으로 기소되었고, 공소사실에 대한 증거로는 무인카메라에 의해 찍힌 사진이 제출되었다. 1심은 이에 근거하여 유죄를 인정하였는데, 갑은 무인카메라에 의한 과속단속의 법적 근거와 그 성능에 대한 신뢰성이 결여되어 있는데도, 위 사진을 유죄의 증거로 채택한 것은 위법하다며 항소하였다.

○ 2심은 교통단속용 무인장비(무인카메라)에 의한 제한속도 위반차량의 단속은 수사기관이 범죄의 혐의 유무를 밝히고 공소의 제기 여부를 결정하기 위하여 증거를 수집하는 행위로서 특별히 그 법적 근거가 필요한 것은 아니고, 위 무인장비 성능의 신뢰성도 인정할 수 있다는 이유로 항소를 기각하고, 유죄를 인정한 1심을 유지하였다. 이에 갑이 상고.

■ 판결 요지

○ 무인장비에 의한 제한속도 위반차량 단속은 수사활동의 일환으로서 도로에서의 위험을 방지하고 교통의 안전과 원활한 소통을 확보하기 위하여 도로교통법령에 따라 정해진 제한속도를 위반하여 차량을 주행하는 ①범죄가 현재 행하여지고 있고, ②그 범죄의 성질·태양으로 보아 긴급하게 증거보전을 할 필요가 있는 상태에서 ③일반적으로 허용되는 한도를 넘지 않는 상당한 방법에 의한 것이라고 판단되므로,

○ 이를 통하여 운전 차량의 차량번호 등을 촬영한 사진을 두고 위법하게 수집된 증거로서 증거능력이 없다고 말할 수 없다.

■ 해설

○ 사안에서 무인카메라에 의한 사진촬영은 도로교통법위반자에 대한 증거

를 수집하는 행위이므로, 수사의 한 방법에 해당한다. 문제는 사진촬영이 강제수사인지 아니면 임의수사인지의 구별 및 그 적법요건이다.

○ 사진촬영의 법적성질에 대하여 1) 임의수사라고 하는 견해, 2) 상대방의 사적공간에서 그의 의사에 반하여 행하여지는 사진촬영은 강제처분으로서 영장이 요구되지만, 공개된 장소에서의 사진촬영은 임의수사에 해당한다는 견해, 3) 사진촬영은 피촬영자의 프라이버시, 특히 초상권을 침해하는 강제처분으로 검증의 성격을 갖는다는 견해 등이 대립되고 있다.

○ 대법원은 사진촬영의 법적 성질에 대하여는 명시적으로 판단하지 않았지만, "촬영이 영장 없이 이루어졌다 하여 이를 위법하다고 단정할 수 없다."(대법원 1999. 9. 3. 선고 99도2317 판결)고 판단한 바 있고,

○ 위 판결 역시 영장을 요하는지에 대하여는 언급이 없으나, 판시 ① 내지 ③의 요건(증거보전의 필요성, 긴급성, 방법의 상당성) 하에 행해진 이상 위법하지 않다고 판단하고 있다.

거짓말탐지기 검사 결과와 증거능력

(대법원 2005. 5. 26. 선고 2005도130 판결)

갑은 자동차로 A에게 상해를 입히고 도주했다며 특가법위반(도주차량)죄로 기소되었다.

악! 누가 저 차 좀 잡아요!

갑은 일관되게 사고 당시 이 사건 현장에 간 적도 없다는 취지로 범행을 부인하였고

저는 사고현장에 가본 적도 없어요!

저는 여자 속옷 훔친 적 없다구요!

경찰은 갑의 동의를 받아 거짓말탐지기 검사를 하였는데,

좋아, 그럼 거짓말 탐지기 해보시죠!

좋아요! 얼마든지

그 심사결과에서 갑의 답변이 모두 거짓 반응을 나타내었다.

그날 사고 현장 근처에 갔었죠?

아뇨~~,

삐~~(거짓)

2심은 거짓말탐지기 검사결과 등 증거에 비추어 갑을 유죄로 판단하였다.

갑의 진술은 믿을 수 없다! 피고인은 유죄!

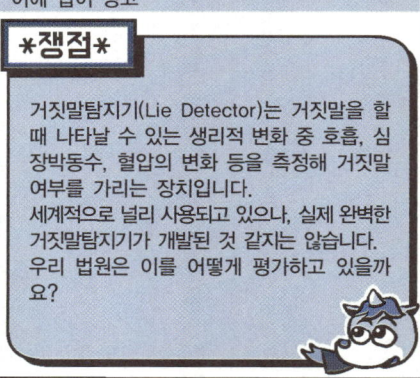

이에 갑이 상고

＊쟁점＊

거짓말탐지기(Lie Detector)는 거짓말을 할 때 나타날 수 있는 생리적 변화 중 호흡, 심장박동수, 혈압의 변화 등을 측정해 거짓말 여부를 가리는 장치입니다.
세계적으로 널리 사용되고 있으나, 실제 완벽한 거짓말탐지기가 개발된 것 같지는 않습니다. 우리 법원은 이를 어떻게 평가하고 있을까요?

비록 제가 동의하긴 했지만, 거짓말 탐지기는 도저히 믿을 수 없는 조사방법입니다!

알고보니 그게 엉망이더라구요…

피고인이 동의한 검사결과를 토대로 유죄를 인정함이 뭐가 문제가 되나요?

거짓말탐지기 검사 결과에 증거능력이 인정될 요건은 다음과 같다.

1. 거짓말을 하면 반드시 일정한 심리상태 변동이 일어나야 하고
2. 심리상태 변동은 반드시 일정한 생리적 반응을 일으켜야 하며
3. 생리적 반응으로 거짓인지가 정확히 판정될 수 있어야 한다.

지금 법원 태도로는 거짓말탐지기 조사결과는 큰 의미가 없네요. 언젠가는 완벽한 거짓말탐지기가 나와서, 도움이 될 날이 올까요?^^

거짓말탐지기는 '심리생리검사'라고도 하는데 대검예규인 '심리생리검사규정'에서는 이에 대해 "심리생리분석기(폴리그래프 등)에 의하여 양심의 가책 및 탄로 우려 등 사람의 심리변화에 따른 혈압, 맥박, 호흡 등을 측정, 기록한 후 그 기록의 해석에 의하여 진술의 진위여부를 추론하는 심리분석기법"이라고 정의한다.

거짓말탐지기에 관한 우리 법원의 입장을 살펴본다.

■■ 사건 개요

○ 갑은 차를 운전하여 가다가 과실로 길을 걸어가던 A를 우측 후사경 및 펜더(fender) 부분으로 들이받아 상해를 입게 하고도 A를 구호하는 등 필요한 조치를 취하지 아니한 채 그대로 도주하였다는 사실로 공소제기되었다.

○ 증거로는 ① A와 목격자인 공소외 1의 진술은 골목길을 나란히 걸어가고 있었는데 피해자의 뒤에서 시속 약 30km의 속도로 진행하여 오던 차량에 충격 당하여 노상에 넘어졌고, 도주하던 차량의 번호를 확인하였고, 사고 현장으로부터 약 100m 떨어진 빵집에 주차된 차량을 발견하고 차량번호와 당시 갑 차량의 진행방향이 일치되어 빵집에서 나오는 갑을 보고 '방금 저 골목으로 지나오지 않았느냐.'고 묻자 갑이 '차는 원래부터 여기에 서 있었다.'고 하였고, 이에 A가 자신을 충격한 차량번호를 이야기하자 갑이 '나는 그런 일 없다.'고 하면서 바로 시동을 걸고 출발하였다는 요지의 수사기관에서의 진술과 1심에서 A의 증언

② 갑을 상대로 한 거짓말탐지기 검사에서 '당신이 그 사고를 내고 도주했습니까?', '당신이 그날 골목길에서 보행자를 충격했습니까?'라고 질문을 한 후 부정적인 대답을 하도록 하였으나 거짓반응을 나타내었고, '그 시간대에는 족발 배달을 할 시간으로 성남에 갈 이유가 없으며, 또한 그 곳에서 보행자를 충격한 적도 없고, 성남에 가지도 않았으며 피해자와 이야기한 적도 없는가.'라는 질문에 대하여 갑에게 긍정적인 대답을 하도록 하였으나 역시 거짓반응을 나타내었다는 점이 있다.

o 1심에서는 무죄를 선고하였으나, 2심에서 위 진술, 증언 및 거짓말탐지조
  사결과 등을 종합하여 유죄를 선고하자, 갑이 상고.

판결 요지

o 거짓말탐지기의 검사 결과에 대하여 증거능력을 인정할 수 있으려면, ①
  거짓말을 하면 반드시 일정한 심리상태의 변동이 일어나고, ② 그 심리상
  태의 변동은 반드시 일정한 생리적 반응을 일으키며, ③ 그 생리적 반응
  에 의하여 피검사자의 말이 거짓인지 아닌지가 정확히 판정될 수 있다는
  세 가지 전제요건이 충족되어야 할 것이며,

o 특히 생리적 반응에 대한 거짓 여부 판정은 1) 거짓말탐지기가 검사에
  동의한 피검사자의 생리적 반응을 정확히 측정할 수 있는 장치이어야 하
  고, 2) 질문사항의 작성과 검사의 기술 및 방법이 합리적이어야 하며, 3)
  검사자가 탐지기의 측정내용을 객관성 있고 정확하게 판독할 능력을 갖
  춘 경우라야만 그 정확성을 확보할 수 있는 것이므로, 이상과 같은 여러
  가지 요건이 충족되지 않는 한 증거능력을 부여할 수는 없는바, 이 사건
  거짓말탐지기 검사가 위와 같은 세 가지 전제요건을 갖추었음을 인정할
  만한 자료가 없으므로 증거능력이 없다.

해설

o 대법원 1986. 11. 25. 선고 85도2208 판결에 따르면 1) 거짓말탐지기의
  검사결과는 위 요건을 충족하는 경우 형사소송법 제313조 제2항에 의한
  증거로 할 수 있고, 2) 거짓말탐지기의 검사결과가 증거능력이 있는 경우
  에도 그 검사 즉 감정의 결과는 검사를 받는 사람의 진술의 신빙성을 가
  늠하는 정황증거로서의 기능을 다하는 데 그친다고 판시한다.

(대법원 2010. 1. 28. 선고 2009도10092 판결)

경찰관은 갑에 대해 흉기 등 상해 혐의 사실에 대해 조사하면서

솔직히 말하시죠~!

갑 소유의 쇠파이프를 갑의 주거지 앞 마당에서 발견했다.

여기군!

경찰관은 위 쇠파이프를 소유자, 소지자 또는 보관자가 아닌 피해자 A로부터 임의로 제출받는 형식으로 압수했고

복잡하니 그냥 선생님으로부터 압수한 것으로 하시죠?

그,그러시죠…,

위 압수물의 사진을 찍어 이를 증거로 제출했다.

제218조(영장에 의하지 아니한 압수)
검사, 사법경찰관은 피의자 기타인의 유류한 물건이나 소유, 소지자 또는 보관자가 임의로 제출한 물건을 영장없이 압수할 수 있다.

이 조항에 따라 압수했지~!

갑은 위 사진을 증거로 하는데 동의하였으며, 1심과 2심은 사진을 유죄 인정의 증거로 하였다.

갑, 유죄!

위 판결에 대해 갑이 상고.

＊쟁점＊

형사소송법에서는 "검사, 사법경찰관은 … 소유자, 소지자 또는 보관자가 임의로 제출한 물건을 영장없이 압수할 수 있다."고 규정합니다.

그런데 이 사안에서 물건을 제출한 A는 소유자, 소지자, 보관자가 아니었죠.
그래도 경찰은 영장없이 압수를 했는데… 문제가 없을까요?

형사소송법 제218조(영장에 의하지 아니한 압수)에서는 검사, 사법경찰관이 소유자, 소지자, 보관자가 임의로 제출한 물건을 영장 없이 압수할 수 있다고 규정하고 있다. 이를 영치(領置)라고 한다.

그런데 위 규정을 위반하여 소유자, 소지자, 보관자가 아닌 사람이 제출한 물건을 경찰관이 압수한다면 그 물건에 대해서 증거능력을 인정할 수 있을까? 이에 관한 법원의 입장을 살펴보자.

■ 사건 개요

○ 경찰관은 갑 소유의 쇠파이프를 갑의 주거지 앞 마당에서 발견하였으면서도 그 소유자, 소지자 또는 보관자가 아닌 피해자 공소외 A로부터 임의로 제출받는 형식으로 위 쇠파이프를 압수하였고,

○ 수사기관은 위 압수물의 사진을 찍어 증거로 제출하였고, 갑은 위 사진을 증거로 하는데 동의하였으며, 제1심 및 항소심 판결에서 위 사진을 유죄 인정의 증거로 하였다. 갑이 상고.

■ 판결 요지

○ 형사소송법 제218조는 '사법경찰관은 소유자, 소지자 또는 보관자가 임의로 제출한 물건을 영장 없이 압수할 수 있다.'고 규정하고 있는바, 본건은 위 규정을 위반하여 소유자, 소지자 또는 보관자가 아닌 자로부터 제출받은 물건을 영장 없이 압수한 경우로서 그 압수물 및 압수물을 찍은 사진은 이를 유죄 인정의 증거로 사용할 수 없다.

○ 헌법과 형사소송법이 선언한 영장주의의 중요성에 비추어 볼 때 피고인이나 변호인이 이를 증거로 함에 동의하였다고 하더라도 달리 볼 것은 아니다.

○ 위 사진을 유죄 증거로 할 수 없으나 나머지 증거로 범죄사실을 유죄로 인정, 상고기각.

■ 해설

○ 위법수집 증거의 증거능력과 관련하여 1) 개정 형사소송법(2007. 6. 1.)은

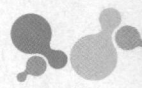

적법한 절차에 따르지 아니하고 수집한 증거는 증거로 할 수 없다고 하고 있고(제308조의2),

2) 대법원 판례의 입장은 헌법과 형사소송법이 정한 절차에 따르지 아니하고 수집한 증거는 물론, 이를 기초로 하여 획득한 2차적 증거는 원칙적으로 유죄 인정의 증거로 삼을 수 없고,

다만 수사기관의 절차 위반행위가 적법절차의 실질적인 내용을 침해하는 경우에 해당하지 아니하고, 그 증거의 증거능력을 배제하는 것이 오히려 헌법과 형사소송법이 적법절차의 원칙과 실체적 진실 규명의 조화를 통하여 형사 사법 정의를 실현하려고 한 취지에 반하는 결과를 초래하는 것으로 평가되는 예외적인 경우에 한하여 그 증거를 유죄 인정의 증거로 사용할 수 있을 뿐이라는 것이다(대법원 2007. 11. 15. 선고 2007도3061 전원합의체 판결, 대법원 2009. 3. 12.선고 2008도11437 판결 등).

○ 법원은 본건의 압수물과 그 사진은 형사소송법상 영장주의 원칙을 위반하여 수집하거나 그에 기초한 증거로서 그 절차 위반행위가 적법절차의 실질적인 내용을 침해하는 정도에 해당한다고 할 것이므로, 증거능력이 없어 유죄 인정의 증거로 할 수 없고, 피고인이 증거로 동의하더라도 범죄사실을 유죄로 인정하는 증거로 사용할 수 없다고 한다.

자백의 보강증거와 수첩

(대법원 1996. 10. 17. 선고 94도2865 전원합의체 판결)

갑은 준설허가 인허가 관련 업무를 하면서

우리 회사가 어로를 확보하기 위해 공사를 해야 하는데요…,

아, 인허가가 필요하시군요? 잘 찾아오셨네요.

공무원인 을에게 뇌물을 공여하였다는 내용으로 기소되었다.

이거 약소합니다만… 잘 좀 도와주십시오.

갑은 검찰에서는 자백을 하였지만, 법정에서는 부인을 하였고,

저는 을에게 돈을 준 사실이 없습니다!

을은 일관되게 범행을 부인하였다.

저도 갑에게서 돈을 받은 사실이 없습니다!

그런데 갑은 평소 수첩을 쓰면서 자신의 자금지출 내역을 모두 기재해 놓았는데,

오늘… 을에게 50만원 줬고, 사무집기 3만원 지출…,

1심과 2심은 증거로서 수첩의 기재 등 갑의 자백만 있을 뿐이라는 이유로 무죄를 선고했다.

허걱… 저 수첩이 증거로 나오다니!

자백의 보강법칙(自白補强法則)은 피고인의 자백이 피고인에게 불이익한 유일한 증거인 경우 그 자백에 대한 다른 보강증거가 없으면 유죄의 증거로 할 수 없다는 원칙을 말한다. 즉, 자백만 갖고 처벌할 수는 없다는 것이다.

우리 헌법과 형사소송법은 아래와 같이 규정한다.

> **대한민국헌법 제12조**
> ⑦ 피고인의 자백이 고문·폭행·협박·구속의 부당한 장기화 또는 기망 기타의 방법에 의하여 자의로 진술된 것이 아니라고 인정될 때 또는 정식재판에 있어서 피고인의 자백이 그에게 불리한 유일한 증거일 때에는 이를 유죄의 증거로 삼거나 이를 이유로 처벌할 수 없다.
>
> **제310조(불이익한 자백의 증거능력)** 피고인의 자백이 그 피고인에게 불이익한 유일의 증거인 때에는 이를 유죄의 증거로 하지 못한다.

본건에서는 피고인이 업무처리에서 작성한 수첩의 기재 내용을 자백으로 볼 수 있는지, 그렇지 않으면 자백과 별개의 독립된 증거로 보아야 하는지 문제되었다.

■■ 사건 개요

○ 갑은 공무원인 을에게 뇌물을 공여하였다는 내용으로 기소되었다. 갑은 검찰에서는 자백하였으나, 법정에서는 부인하였고, 을은 일관되게 범행을 부인하였다.

○ 이에 대하여, 1심과 2심은 이에 관한 증거로 검사 작성의 갑에 대한 진술조서 및 피의자신문조서의 각 기재와 갑이 작성한 수첩(자금지출내역이 기재됨)의 기재 등 갑의 자백만 있을 뿐, 달리 이를 보강할 아무런 증거가 없다는 이유로 무죄를 선고하였다.

■■ 판결 요지

○ 상법장부나 항해일지, 진료일지 또는 이와 유사한 금전출납부 등과 같이 범죄사실의 인정 여부와는 관계없이 자기에게 맡겨진 사무를 처리한 사

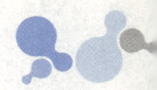

무 내역을 그때그때 계속적, 기계적으로 기재한 문서 등의 경우는 사무처리 내역을 증명하기 위하여 존재하는 문서로서 그 존재 자체 및 기재가 그러한 내용의 사무가 처리되었음의 여부를 판단할 수 있는 별개의 독립된 증거자료이다.

○ 수첩의 기재 내용은 위 문서로서 피고인이 자신의 범죄사실을 시인하는 자백이라고 볼 수 없으므로, 증거능력이 있는 한 피고인의 금전출납을 증명할 수 있는 별개의 증거라고 할 것인즉, 피고인의 검찰에서의 자백에 대한 보강증거가 될 수 있다.

■ 해설

○ 자백의 보강법칙에 있어서 보강증거는 자백과는 독립된 증거여야 하므로, 피고인의 자백을 내용으로 하는 것은 보강증거가 될 수 없다. 한편, 자백은 범죄사실의 전부 또는 일부를 인정하는 진술로서, 진술자의 법률상의 지위나 진술의 형식과 상대방을 묻지 않으므로, 반드시 피고인이나 피의자의 지위에서 진술한 것에 한하지 않고, 구두에 의한 자백뿐 아니라 서면에 기재된 진술서, 일기장, 수첩 등도 포함된다.

○ 이와 관련하여, 사안은 범죄혐의를 받기 전에 사무처리 내역을 계속적·기계적으로 기재한 문서가 범죄사실을 포함하고 있는 경우에도 이를 피고인의 자백으로 보아 보강증거가 될 수 없다고 할 것인가가 문제된다.

○ 학설은 1) 이 경우에도 피고인의 진술을 내용으로 하는 것인 한 보강증거가 될 수 없다는 견해, 2) 업무의 계속성·반복성에 비추어 볼 때, 문서의 개성이 후퇴하여 누구든지 그 상황에서 동일한 내용을 기재한 것으로 예상되기 때문에 이를 자백과는 독립된 증거로 보는 견해의 대립이 있는데, 판례는 후자의 견해와 마찬가지로 사안의 경우 자백이라고 볼 수 없다고 보았다.

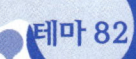

공범자의 법정에서의 자백의 증거능력

(대법원 1985. 6. 25. 선고 85도691 판결)

공무원인 갑은 직무와 관련하여 공동피고인 을로부터 뇌물을 받았다는 공소사실로 기소되었다.

계장님, 유통센터 건은 꼭 잘 좀 부탁드리겠습니다.

이게 뭔가?

갑은 법정에서 범행을 부인하였으나

뇌물요? 저는 절대 그런 거 받는 사람이 아닙니다!

을은 재판에서 갑에게 돈을 주었다고 진술했고

제가 돈 준 것이 맞습니다!

그 후 재판에서는 50만원을 돌려받기도 했다고 진술하였다.

게다가 일부는 저에게 돌려주기도 한 걸요!

아니 그게 아니라...

2심은 갑, 을의 조서 등을 믿을 수 없고 달리 증거가 없다고 무죄를 선고했다.

갑, 을의 진술 등은 믿을 수 없다. 피고인들은 무죄!

만세! 만세!

공동피고인 을의 법정 자백을 갑의 유죄증거로 삼을 수 있는지 문제되었다.

＊쟁점＊

2심은 을의 법정 자백에 대해서는 판단을 하지 않고 무죄를 인정했습니다.

공범자인 공동피고인의 법정 자백의 증거능력을 인정할 수 있을까요? 그래서 을의 법정 자백을 갑의 유죄 증거로 할 수 있을까요?

공범자의 진술에는 여러 가지 쟁점이 있고, 공범자의 법정에서의 자백과 관련하여 다음과 같은 문제가 제기된다:

우선 피고인과 공범인 공동피고인의 법정 자백은 피고인에 대해 증거능력이 있을까(증거능력의 문제)?

또한 '자백의 보강법칙'에 따라 피고인의 자백이 불이익한 유일의 증거인 때에는 유죄의 증거로 하지 못하는데, 공범자가 자백한 경우, 이것 역시 '피고인의 자백'이므로 피고인을 처벌할 수 없을까(자백의 보강법칙의 적용 문제)? 이에 관한 법원의 입장을 살펴보자.

■ 사건 개요

○ 공무원인 갑은 직무와 관련하여 1, 2심 공동피고인 을로부터 뇌물로 교부받았다는 공소사실로 기소되었다. 갑은 법정에서 범행을 부인하였으나, 을은 1심에서는 갑에게 위 공소사실과 같이 돈을 교부하였다고 진술하였고, 항소심에서는 그중 50만 원을 갑으로부터 돌려받은 것 같다고 진술하였다.

○ 2심은 공소사실에 부합하는 검사작성의 갑과 을에 대한 각 피의자신문조서 및 갑 작성의 자술서는 그 임의성을 의심할 만한 상당한 이유가 있거나 신빙성이 없으므로, 유죄의 증거로 삼을 수 없고, 달리 위 공소사실을 인정할 증거가 없으므로 결국 범죄의 증명이 없는 것이라고 하여 무죄를 선고하였다. 검사 상고.

■ 판결 요지

○ 공동피고인의 자백은 이에 대한 피고인의 반대신문권이 보장되어 있어 증인으로 신문한 경우와 다를 바 없으므로 독립한 증거능력이 있다.

○ 원심이 위와 같은 공동피고인의 법정진술의 증거가치에 관하여는 전혀 언급함이 없이 공소사실을 인정할 증거가 없다고 판단한 것은 잘못이다.

■ 해설

○ 사안에서는 공범인 공동피고인 을의 법정 자백 외에는 달리 증거가 없고

(다른 증거는 증거능력이 없다고 판단), 이러한 경우 을의 자백을 갑에 대한 유죄의 증거로 할 수 있는지가 문제된다.

○ 공범자인 공동피고인의 법정 자백의 증거능력에 대해서는, (1) 공판절차에서 피고인의 공동피고인에 대한 반대신문권이 보장되어 있으므로, 증거능력을 인정하여야 한다는 견해(적극설), (2) 변론을 분리하여 증인신문을 하지 않는 이상 피고인의 공소사실에 대한 증거로 사용할 수 없다는 견해(소극설), (3) 공판정에서 피고인이 공범자에 대하여 실제로 충분히 반대신문을 하였거나 반대신문 기회가 부여된 경우에 한하여 증거능력을 인정하자는 견해(절충설) 등이 대립하고 있는데, 판례는 적극설의 입장에서, 공동피고인의 자백의 증거능력을 인정하고 있다(공범이 아닌 공동피고인과 구별).

○ 나아가 이와 관련하여 공범자의 자백에도 형사소송법 제310조(자백의 보강법칙)가 적용되는가의 문제가 있는데, 판례는 「형사소송법 제310조 소정의 "피고인의 자백"에 공범인 공동피고인의 진술은 포함되지 아니하므로, 공범인 공동피고인의 진술은 다른 공동피고인에 대한 범죄사실을 인정하는 증거로 할 수 있다(대법원 1990. 10. 30. 선고 90도1939 판결)」고 하여, 공범자의 자백을 독립된 증거로 보아 보강증거를 요하지 않는다는 태도를 보이고 있다.

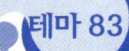

테마 83 형법의 적용범위와 입증책임

(대법원 2008. 7. 24. 선고 2008도4085 판결)

대한민국 내에서 살고 있는 우리 국민에게 우리 형법이 적용되는 것은 당연하다.

그러나 외국인이 우리 형법상 범죄를 저지른 경우, 외국인이 우리 국민 또는 우리나라에 대하여 범죄를 저지른 경우 등에는 형법상 별도의 관련 규정이 있다(제3-6조).

본건에서는 형법의 적용에 대한 입증책임이 문제되었다.

██ 사건 개요

○ 본건 공소사실은 갑이 A로 하여금 갑이 운영하던 학원의 분원을 운영하게 하더라도 이로서 A가 뉴질랜드 영주권을 취득할 가능성이 없었음에도, 분원을 양도받아 운영하면 고용관계가 2년 이상 유지되어 뉴질랜드 영주권을 취득할 수 있다고 거짓말하여 학원 양수대금 등 명목으로 13만 뉴질랜드 달러를 편취하였다는 요지이다.

○ 1심, 2심은 갑에게 유죄를 선고하였으나 갑은 범행 당시 뉴질랜드의 시민권을 취득하여 외국인 신분이었고, A는 내국인이며, 행위지는 뉴질랜드로서 외국이었다. 갑이 상고.

██ 판결 요지

○ 형법 제6조 본문에 의하여 외국인이 대한민국 영역 외에서 대한민국 국민에 대하여 범죄를 저지른 경우에도 우리 형법이 적용되지만, 같은 조 단서에 의하여 행위지의 법률에 의하여 범죄를 구성하지 아니하거나 소추 또는 형의 집행을 면제할 경우에는 우리 형법을 적용하여 처벌할 수 없다고 할 것이고, 이 경우 행위지의 법률에 의하여 범죄를 구성하는지 여부에 대해서는 엄격한 증명에 의하여 검사가 이를 입증하여야 할 것이다(대법원 1973. 5. 1. 선고 73도289 판결).

○ 피고인은 범행 이전 뉴질랜드 시민권을 취득한 사실이 인정되므로, 피고인은 그 무렵 대한민국의 국적을 상실하였다고 할 것이어서, 범행 당시에는 피고인이 외국인이라고 할 것이고, 범행의 장소도 뉴질랜드이므로, 결

국 외국인이 대한민국 영역 외에서 대한민국 국민에 대하여 범죄를 저지른 경우에 해당한다고 할 것이다.

○ 본건 공소사실이 행위지의 법률에 의하여 범죄를 구성하고 그에 대한 소추나 형의 집행이 면제되지 않는 경우에 한하여 우리 형법을 적용하여 처벌하였어야 할 것인데, 이에 관하여 아무런 입증이 없음에도 원심이 이 부분 공소사실을 유죄로 인정한 것은 위법하다고 할 것이다. 파기환송.

■ 해설

○ 본건은 형법의 적용범위와 관련하여 외국인이 대한민국 영역 외에서 대한민 국민에 대하여 죄를 범한 때에 해당한다고 본 사안이며, 행위지의 법률에 의하여 범죄를 구성하지 아니하거나 소추 또는 형의 집행을 면제할 경우에는 우리 형법을 적용하여 처벌할 수 없으므로(형법 제6조), 본건의 경우 행위지 법률에 의하여 범죄를 구성하는지 여부에 대해서는 검사가 엄격한 증명에 의하여 입증하여야 한다(대법원 1973. 5. 1. 선고 73도289 판결 참조)는 것이다.

IV

판결 및 상소

판결 및 상소의 개관

1. 공판절차가 끝나면 법관은 판결을 한다.

   판결선고는 변론이 종결한 공판기일에 하거나 따로 선고기일을 정할 수 있다.

   판결의 선고는 재판장이 주문을 낭독하고 이유의 요지를 설명하는 식으로 하는데, 선고시 상소할 기간과 상소할 법원을 고지한다.

   판결선고에 의해 그 심급의 공판절차는 종결되고 상소기간이 진행한다.

2. 판사는 재판 결과 유죄를 인정할 만한 증거가 없으면 무죄를, 죄가 인정되면 유죄 판결을 한다. 다만, 유죄인 경우 정상을 참작하여 집행유예나 선고유예를 할 수도 있다.

   집행유예는 징역 또는 금고형을 선고하면서 일정 기간 형의 집행을 미루어 두었다가 그 기간에 재범을 하지 않으면 형의 선고를 실효시켜 집행을 하지 않는 것이다. 선고유예는 형의 선고 자체를 미루어 두었다가 일정 기간 무사히 경과하면 면소된 것으로 보아 집행을 하지 않는 것이다.

3. 형사재판은 민사재판과 마찬가지로 3심제로 되어 있으므로, 1심 판결에 대하여는 항소를, 2심 판결에 대하여는 다시 대법원에 상고를 할 수 있다. 항소와 상고를 합쳐서 상소라고 한다.

   상소를 할 수 있는 사람은 검사와 피고인이다. 만약 무죄 판결이 나면 검사가 상소를 할 것이다. 거꾸로 유죄 판결이 나면 피고인이 상소를 할 것이다.

4. 항소는 1심 판결이 법령에 위반된 경우뿐 아니라 사실오인이 있어 판결에 영향을 미친 경우(즉, 1심 판결이 인정한 사실과 객관적 사실에 차이가 있어 판결에 영향을 미친 경우)나 선고된 형량이 부당하다(양형부당)고 생각되는 경우에 할 수 있다.

   그러나 상고는 (무기 또는 10년 이상의 징역이나 금고의 중한 형이 선고된 경우를 제외하고는) 사실오인이나 양형부당을 이유로 상고할 수 없으므로 주의해야 한다.

5. 판결과 다소 다른 절차로 형사조정절차가 있다. 형사조정은 형사분쟁을 원만히 해결하기 위해 검사가 형사조정위원회의 조정절차에 회부하는 절차를 말한다. 민간인으로 구성된 형사조정위원회가 조정절차를 진행한다. 절차가 종료되면 형사조정위원회는 결과를 검사에게 보내고, 검사는 사건 처리시 그 결과를 고려할 수 있다.

6. 판결이 더 이상 다툴 수 없는 상태로 '확정'되면 그 다음에는 형의 집행 단계로 넘어간다.

MEMO

유죄 판결문에 기재되는 사항

(대법원 2004. 6. 11. 선고 2004도2018 판결)

갑은 A의 손목을 묶어 반항을 억압하고 A를 간음하였다는 이유로

좀 쓸 만한 물건이 있을려나?

성폭력범죄처벌등에관한특례법위반(특수강간등)죄로 기소되었다.

소리치면 죽인다!

갑은 재판과정에서

네, 제가 한 일이 다 맞습니다,

자신이 수사기관에 자수했으므로 선처를 바란다고 진술하였으나,

다만 제가 수사기관에 자수를 한 바 있으니 선처하여 주십시오,

1심, 2심은 자수감경을 하지 않았고, 이에 대해 판단도 하지 않았다.

갑은 유죄!

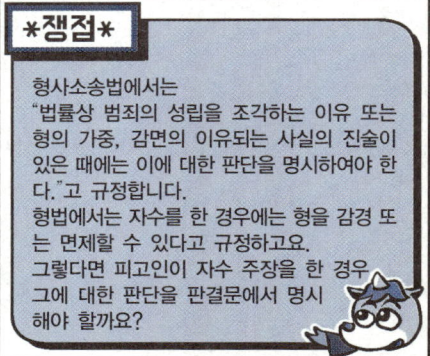

이에 갑이 상고

＊쟁점＊

형사소송법에서는 "법률상 범죄의 성립을 조각하는 이유 또는 형의 가중, 감면의 이유되는 사실의 진술이 있은 때에는 이에 대한 판단을 명시하여야 한다."고 규정합니다.
형법에서는 자수를 한 경우에는 형을 감경 또는 면제할 수 있다고 규정하고요.
그렇다면 피고인이 자수 주장을 한 경우 그에 대한 판단을 판결문에서 명시해야 할까요?

당연히 자수감경을 했어야죠! 안 할 것이면 이유라도 써주던가요!

난 자수했다! 선처하라!

피고인의 자수는 임의적 감면사유에 불과하므로 굳이 판단을 쓰지 않아도 됩니다!

피고인이 자수하였다고 해도, 임의로 형을 감경할 수 있을 뿐이다.

2심이 자수감경을 안 했다거나 자수감경 주장에 대해 판단을 안 했다고 해도 위법하지 않다.

유죄판결을 받은 사람들은 왜 자신들의 항변에 대해서 판결문에서 제대로 쓰지 않느냐는 불만을 품는 경우가 많습니다.^^;

유죄판결문에는 일정한 사항이 기재되는데, 형사소송법에서는 아래와 같이 관련 규정을 두고 있다.

> 제323조(유죄판결에 명시될 이유) ① 형의 선고를 하는 때에는 판결이유에 범죄될 사실, 증거의 요지와 법령의 적용을 명시하여야 한다.
> ② 법률상 범죄의 성립을 조각하는 이유 또는 형의 가중, 감면의 이유되는 사실의 진술이 있은 때에는 이에 대한 판단을 명시하여야 한다.

그런데 유죄판결문을 보면 판결을 받은 피고인 입장에서는 자신이 재판 내내 주장한 내용들(주로 자신의 행위가 범죄가 되지 않는다는 내용들)이 판결문에 아예 언급되지 않거나 매우 간략하게만 언급되어 있어 불만을 갖는 경우가 있다.

본건에서도 피고인이 주장하는 '자수감경(자수를 하면 형을 깎아주는 것)'에 대해 판결문에 명시하지 않은 것이 위법하지 않은지 문제되었다.

■■ 사건 개요

○ 갑은 피해자 A에 대한 성폭력범죄의 처벌 및 피해자보호 등에 관한 법률 위반(특수강간등)죄로 기소되었다.

○ 갑은 재판과정에서 수사기관에 자수하였으므로 선처를 바란다고 진술하였으나, 1심 및 2심은 자수감경을 하지 않았고, 이에 대하여 판단을 하지도 않았다. 이에 갑은 자수감경 주장에 대하여 판단하지 않은 것은 위법하다며 상고.

■■ 판결 요지

○ 피고인이 자수하였다 하더라도 자수한 자에 대하여는 법원이 임의로 형을 감경할 수 있음에 불과한 것으로서 원심이 자수감경을 하지 아니하였다거나 자수감경 주장에 대하여 판단을 하지 아니하였다 하여 위법하다고 할 수 없다.

해설

o 형사소송법 제323조에는 유죄판결에 명시할 이유로 1) 범죄될 사실, 증거의 요지와 법령의 적용(동조 제1항) 2) 소송관계인의 ① 법률상 범죄의 성립을 조각하는 이유 또는 ② 형의 가중, 감면의 이유되는 사실의 진술이 있는 때에는 이에 대한 판단을 명시하도록 하고 있다(동조 제2항).

o 이때 ①에는 구성요건해당성조각사유를 포함한다는 견해도 있으나, 이는 범죄의 부인에 불과하므로 위법성조각사유와 책임조각사유만을 의미한다는 것이 판례의 태도이다.

o 판례는 예컨대, 공정증서원본불실기재 및 동행사죄로 공소제기된 경우 등기가 실체적 권리 관계에 부합하는 유효한 등기라는 주장은 공소사실에 대한 적극부인에 해당할 뿐, 법률상 범죄의 성립을 조각하는 사유에 관한 주장이라고는 볼 수 없다고 한다(대법원 1990. 9. 28. 선고 90도427 판결).

　②와 관련하여서는 필요적 가중·감면사유(누범, 심신미약, 농아자, 중지미수, 위증죄 및 무고죄의 자수·자백 등)가 이에 해당한다는 점에는 이론이 없으나, 임의적 감면사유(장애미수, 불능미수, 과잉방위, 과잉긴급피난, 과잉자구행위, 자수·자복 등)의 경우에는 견해의 대립이 있다.

　판례는 자수는 형의 필요적 감면사유가 아니므로 유죄판결에 명시할 이유에 해당한다고 할 수 없다고 하여, 임의적 감면사유는 ②에 해당하지 않는다는 태도를 보이고 있으나, 학설상으로는 당사자의 주장을 신중히 고려하여 판결의 객관적 공정을 확보한다는 취지에 비추어 볼 때에는 임의적 가중·감면의 경우도 다를 바 없으므로, ②에 포함하자는 견해도 있다.

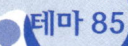

피고인의 진술거부권 행사와 가중 처벌

(대법원 2001. 3. 9. 선고 2001도192 판결)

갑, 을, 병, 정은 전과자로서, 집행유예 기간중에 다시 범행을 결의하고

언제까지 이대로 찌질하게 살 거야?

형님 뭐 좋은 건수라도 있어요?

치밀한 사전 모의를 하고, 현장답사까지 한 후

좋아, 내가 이 방을 털테니 너는 감시를 해

차는 여기 골목에 세워 놓을까?

강도범행을 하였는데

할머니 반항하면 가만 안둬!

살살이 뒤져요!

범행 도중 80세 노인을 심하게 폭행해서 피해자를 숨지게까지 하였다(강도치사죄).

노친네가 죽었다! 빨리 철수하자!

갑은 재판과정에서 자신의 죄책을 회피하기만 했고 피해자와 합의도, 배상도 하지 않았다.

내가 때린 게 아니고요~

합의는 안 했는데요, 저도 돈이 없어서…,

이에 항소심에서는 갑의 죄책 회피 등을 양형사유로 삼아 징역형 등 중형을 선고했다. 갑이 상고.

쟁점

우리 헌법은 "모든 국민은 형사상 자기에게 불리한 진술을 강요당하지 아니한다."라고 하여 진술거부권을 보장합니다.

그런데 진술거부권을 행사함을 이유로 유죄를 인정하는 것은 아니지만, 더 무겁게 처벌을 하는 것은 가능할까요?

자백을 안 했다고 중형을 선고한다면, 이건 실질적으로 자백 강요입니다!

자백을 강요하지말라!

범인이 범죄를 인정하고 뉘우치는지 여부는 당연히 양형에서 고려할 수 있고, 고려해야 합니다!

범죄사실의 단순 부인을 '반성이나 후회하지 않는다'는 인격적 비난 요소로 보아 가중적 양형을 함은 자백을 강요하는 것이다.

단, 그런 부인이 방어권 행사를 넘어, 증거가 있음에도 진실 발견을 숨기거나 법원을 오도하려는 시도였다면 가중적 양형 조건으로 참작할 수 있다.

결국 대법원은 항소심 판단이 정당하다고 판시하였습니다.

우리 헌법은 "모든 국민은 …형사상 자기에게 불리한 진술을 강요당하지 아니한다."라고 진술거부권을 규정하여 국민의 기본적 인권을 보장하고 있다(헌법 제12조 제2항).

그런데 피고인이 재판절차에서 진술거부권을 행사하여 진술거부를 하는 경우 이를 이유로 가중적 처벌을 한다면 어떨까? 진술거부권을 보장하는 취지에 반하지 않을까?

이에 관한 법원의 입장을 살펴보자.

■ 사건 개요

○ 갑, 을, 병, 정은 강도살인 혐의로 구속기소되어 1, 2심에서 유죄판결을 받았으나, 대법원에서 살인의 고의가 없다는 이유로 파기환송되었고, 항소심에서 검사는 강도치사죄로 공소장을 변경하였다.

○ 항소심에서는 갑이 죄책을 회피하는 태도로 일관하는 등 반성하지 않는 점을 양형의 이유로 참작하였고, 갑의 변호인은 갑의 태도를 양형에 고려한 것은 갑에게 불리한 진술을 강요한 것이 되어 위법하다는 이유로 상고하였다.

■ 판결 요지

○ 범죄사실을 단순히 부인하고 있는 것이 죄를 반성하거나 후회하고 있지 않다는 인격적 비난요소로 보아 가중적 양형의 조건으로 삼는 것은 결과적으로 피고인에게 자백을 강요하는 것이 되어 허용될 수 없다고 할 것이나,

○ 그러한 태도나 행위가 피고인에게 보장된 방어권 행사의 범위를 넘어 객관적이고 명백한 증거가 있음에도 진실의 발견을 적극적으로 숨기거나 법원을 오도하려는 시도에 기인한 경우에는 가중적 양형의 조건으로 참작될 수 있다(사안의 경우 진술거부권침해가 아니라고 판단).

■ 해설

○ 진술거부권을 행사하였다는 이유로 이를 피고인에게 불이익한 간접증거

로 하거나 이를 근거로 유죄의 추정을 하는 것은 허용되지 않음에는 이론이 없다.

○ 그러나 사안의 경우와 같이 진술거부권의 행사를 양형에서도 고려할 수 없는가에 대하여는, 1) 피고인의 진술의 자유를 보장하기 위하여 이를 양형에서 고려하는 것은 허용되지 않는다는 견해(소극설), 2) 범인의 개전이나 회오(뉘우침)는 양형에서 고려해야 할 사정이며, 자백에 의하여 개전의 정을 표시한 자와 진술거부권행사를 한 자를 동일하게 처벌하는 것은 합리적이라고 할 수 없다는 이유로 양형에서의 고려는 허용된다는 견해(적극설)가 대립되고 있다.

○ 위 판례는 적극설의 입장에 있다고 볼 수 있다.

실체재판과 형식재판

(대법원 2002. 7. 12. 선고 2001도6777 판결)

갑은 자동차에서 피해자 A의 반항을 억압한 후 A를 강간하여

같이 한잔 더하지?

나 집에 가야 되는데…,

상해를 입게 했다는 강간치상죄 혐의로 기소되었다.

갑이 저를 강간해서 상처까지 입혔습니다,

엄벌해주세요!

그런데 경찰수사 단계에서 A는 갑과 합의한 후

유…

합의했으니 합의서 제출해요~^^

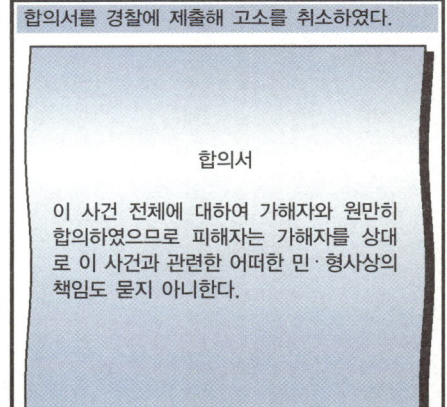

합의서를 경찰에 제출해 고소를 취소하였다.

합의서

이 사건 전체에 대하여 가해자와 원만히 합의하였으므로 피해자는 가해자를 상대로 이 사건과 관련한 어떠한 민·형사상의 책임도 묻지 아니한다.

1심 법원은 유죄를 선고하였으나, 2심은 A의 치상의 점이 인정되지 않고

상처를 입었다고 보기 힘들고… A의 말은 일관성이 없어 믿을 수 없고 다른 증거들도 신빙성이 없다,

강간도 범죄 증명이 없다고 보아 무죄를 선고했다. 이에 검사가 상고.

갑은 무죄!

무죄요? 무죄는 좀 이상한데요! 상고한다!

당연히 무죄지!

제가 얼마나 힘들게 무죄를 밝혔는데요! 무죄 판결을 해주세요!

무죄를 분명히 밝혀줘요!!

이 사건은 무죄판결이라는 실체재판을 할 기본 전제가 없습니다. 고소가 없으니 공소기각 판결이 합당합니다!

강간치상죄로 기소된 사건에서 '치상'의 증명이 없더라도 법원은 공소장 변경 없이 '강간'에 대해 심리 판단할 수 있다.

이 경우 기소 전에 고소 취소가 있었다면 법 327조 2항에 따라 공소기각의 판결을 해야 한다. 범죄 증명이 없다고 무죄판결을 할 수 없다.

갑의 입장에서는 무죄 판결을 꼭 받고 싶었겠죠? 그런데 대법원은 무죄 선고를 할 수 없다고 하네요~.

재판을 크게 나누면 피고 사건의 실체에 대해 구체적인 형벌권의 존부를 판단하는 실체재판(유죄판결, 무죄판결)과 사건의 실체에 대해 심리하지 않고 절차적 법률관계를 판단하는 형식재판(면소판결, 공소기각판결 등)이 있다.

강간치상죄는 강간죄를 범하여 사람을 상해에 이르게 하는 죄이다(형법 제301조). 형법 개정 전에는 강간죄가 친고죄였는데 친고죄의 경우 고소가 취소되면 공소기각 판결을 하였다(법 제327조 제2호).

피고인이 강간치상죄로 기소된 경우에, 재판 과정에서 아예 강간사실이 없었던 것으로 밝혀졌다면? 법원은 무죄판결을 해야 할 것이다.

그런데 강간죄로 기소된 경우, 재판 과정에서 고소가 취소되었다면? 법원은 공소기각 판결을 하여야 한다.

그런데 위와 같은 사유가 동시에 발생한 경우에 어떻게 판단을 해야 할까? 이에 관한 법원의 입장을 살펴보자.

■■ 사건 개요

○ 갑은 A에 대한 강간치상죄로 기소되었다. 그런데, 경찰수사 단계에서 A는 갑과 합의한 후 "이 사건 전체에 대하여 가해자와 원만히 합의하였으므로 피해자는 가해자를 상대로 이 사건과 관련한 어떠한 민·형사상의 책임도 묻지 아니한다."는 취지의 합의서를 경찰에 제출한 바 있었다.

○ 1심 법원은 유죄를 선고하였으나, 2심은 치상의 점이 인정되지 않고, 강간의 점에 대하여도 범죄의 증명이 없는 때에 해당한다고 보아 갑에 대하여 무죄를 선고하였다. 이에 검사가 상고.

■■ 판결 요지

○ 강간치상죄는 강간죄의 결과적가중범으로서 강간치상의 공소사실 중에는 강간죄의 공소사실도 포함되어 있는 것이어서, 강간치상죄로 공소가 제기된 사건에 있어서 그 치상의 점에 관하여 증명이 없더라도 법원으로서는 공소장 변경절차 없이 강간의 점에 대하여 심리 판단할 수 있다고 할 것인데,

○ 다만 이 경우에 있어서 공소제기 전에 그 소추요건인 고소의 취소가 있었다면, 형사소송법 제327조 제2호에 의하여 공소기각의 판결을 선고하여야 할 것이지, 범죄의 증명이 없다고 하여 무죄의 선고를 할 수는 없다.

■ 해설

○ 강간치상죄로 기소된 사건에서 치상의 점에 대하여 증명이 없는 경우 법원은 공소장변경 없이도 강간의 점에 대하여 판단할 수 있고(축소사실의 인정), 강간죄는 친고죄이므로 고소취소가 있다면, 공소기각판결을 하여야 할 것이다.

○ 그러나 사안과 같이 강간의 점에 대하여도 범죄의 증명이 없는 경우에도 공소기각판결을 하여야 하는지에 대하여는 논란이 있다.

   강간치상죄는 결과적가중범으로서 기본범죄인 강간의 점이 인정될 것, 그로 인해 상해의 결과가 발생하였을 것이라는 구조로 되어 있으므로, 강간의 점에 대한 판단이 논리구조상 치상의 점에 대한 판단에 선행되어야 하고, 무죄판결을 할 수 있음에도 공소기각판결을 하는 것은 피고인의 이익에도 반하지 않는가의 의문이 제기되기 때문이다.

○ 위 판결은 강간죄에 있어 고소는 소송조건에 해당하고, 소송조건은 실체심판을 하기 위한 전제라고 판단한 것이다.

* 참고 - 본건은 형법이 개정되기 이전에 강간죄가 친고죄일 때의 판례이고, 현행 형법상 강간죄는 친고죄가 아니므로 고소가 문제되지 않는다. 관련 법리를 설명하기 위한 판결로 수록하였다.

일사부재리(1): 과태료 부과처분

(대법원 1992. 2. 11. 선고 91도2536 판결)

갑은 허가를 받지 않고 주거용으로 사용할 수 없는 지하층과 옥내주차장을

집을 좀 넓게 쓰고 싶은데, 방법이 없을까?

그래, 지하층을 개조하면 되겠다!

주거용으로 변경하여 사용하였다.

잘 고쳤다!

관할관청은 이에 대하여 시정명령을 하였지만

허가 없이 고친 것을 원상회복하시오!

갑이 이에 따르지 않자 과태료부과처분을 하였고, 이에 갑은 과태료를 납부하였다.

과태료 내세요!

내 피같은 돈…

이후 갑은 위와 같은 사실에 대해 건축법위반(무허가용도변경의 점)죄 등으로 기소되었다.

건축법위반 혐의로 수사를 해야 하니 검찰에 나오세요.

뭣이!

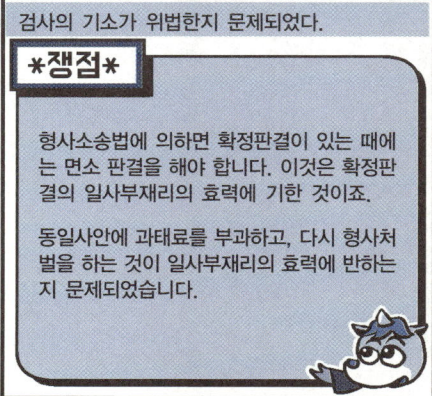

검사의 기소가 위법한지 문제되었다.

쟁점

형사소송법에 의하면 확정판결이 있는 때에는 면소 판결을 해야 합니다. 이것은 확정판결의 일사부재리의 효력에 기한 것이죠.

동일사안에 과태료를 부과하고, 다시 형사처벌을 하는 것이 일사부재리의 효력에 반하는지 문제되었습니다.

아니 과태료를 전부 냈는데 무슨 처벌을 또 한다는 건가요!

과태료는 확정판결이 아닙니다, 과태료를 냈다고 해도 재판을 피할 수 없습니다!

확정판결이 있으면 면소 판결을 하도록 규정되어 있다. 확정판결의 일사부재리 효력에 기해 동일성 있는 범죄사실의 재소를 금지하는 취지이다,

'확정판결'에는 약식명령, 즉결심판이 포함되나, 행정벌인 과태료 부과 처분은 확정판결이 아니다,

과태료는 행정벌이니까 일사부재리와 관계가 없군요~,

일사부재리(一事不再理)란 어떤 사건에 대하여 일단 판결이 내려지고 확정되면 그 사건을 다시 심리, 판단하는 것이 허용되지 않는다는 원칙을 말한다.

헌법 제13조 제1항은 "모든 국민은 …동일한 범죄에 대하여 거듭 처벌받지 아니한다."라고 규정하고, 피고인이 범행에 대해 이미 처벌을 받았다면, 이에 대해 재차 공소가 제기되어 처벌하는 것은 부당하므로, 형사소송법은 '면소판결'을 하도록 규정하고 있다.

관련 규정은 아래와 같다.

제326조(면소의 판결) 다음 경우에는 판결로써 면소의 선고를 하여야 한다.
  1. 확정판결이 있은 때
  2. 사면이 있은 때
  3. 공소의 시효가 완성되었을 때
  4. 범죄후의 법령개폐로 형이 폐지되었을 때

이러한 일사부재리의 효력이 인정되는 '확정판결'에 관한 법원의 입장을 살펴보자.

■■ 사건 개요

○ 갑은 허가를 받지 않고 주거용으로 사용할 수 없는 지하층과 옥내주차장을 주거용으로 용도를 변경하여 사용하다가 관할관청으로부터 시정명령을 받았음에도, 이를 이행하지 않아 과태료부과처분을 받고 과태료를 납부하였다.

○ 이후 갑은 위와 같은 사실에 대하여 건축법위반(무허가용도변경의 점)죄 등으로 기소되었다. 동일사안에 대하여 행정벌을 부과하고, 다시 기소하는 것이 일사부재리의 효력에 반하는지 여부가 문제됨.

■■ 판결 요지

○ 형사소송법 제326조 제1호에 의하면 확정판결이 있는 때에는 판결로써 면소의 선고를 하도록 규정되어 있는바, 이는 확정판결의 일사부재리의

효력에 기하여 동일성이 인정되는 범죄사실에 대한 재소를 금지하는 데에 그 취지가 있는 것이다.

○ 여기에서 말하는 확정판결에는 정식재판에서 선고된 유죄판결과 무죄의 판결 및 면소의 판결뿐만 아니라, 확정판결과 동일한 효력이 있는 약식 명령이나 즉결심판 등이 모두 포함되는 것이지만, 행정벌에 지나지 않는 과태료의 부과처분은 위 "확정판결"의 범주에 속하지 않는다고 할 것이다.

■ 해설

○ 일사부재리의 효력은 확정판결의 외부적 효력으로서 인정되는 것이므로, 확정판결의 존재를 전제로 한다. 이때 확정판결에는 유·무죄의 실체판결뿐 아니라, 면소판결도 포함된다는 것이 통설적 견해이고, 이외에도 약식명령이나 즉결심판의 경우에도 법률규정에 따라 확정판결과 동일한 효력이 인정되므로, 일사부재리의 효력이 인정된다.

○ 다만, 일사부재리의 효력은 형사재판에 대하여만 인정되는 것이므로, 사안과 같이 행정벌의 일종인 과태료 부과처분의 경우에는 인정되지 않는다.

(대법원 2007. 4. 12. 선고 2006도4322 판결)

버스운전기사인 갑은 신호위반의 범칙행위로 통고처분을 받고

다들 비켜~~!

빵빵~!!

범칙금을 납부했다.

저,, 범칙금 내려 왔습니다,

범칙금만 내면 살짝 넘어가는 거야?

여기요~

이후 갑은 위 범칙행위와 같은 일시, 장소에서의 행위로 재차 기소되었는 바

허,, 꽤 중한 사고가 있었네, 제대로 기소를 해야겠군!

갑이 신호에 위반하여 A가 운전하는 오토바이를 들이받는 등 사고를 내고

으악! 미친 버스다!

A 등에게 상해를 입혔다는 교통사고처리특례법 위반 사실로 기소되었다.

이런 난폭운전 버스는 가만두면 안 됩니다, 아시죠?

1, 2심이 유죄를 선고하자 갑은 이중처벌이라고 주장하며 상고. 관련 규정은 아래와 같다.

교통사고처리특례법 제3조(처벌의 특례)
① 차의 운전자가 교통사고로 인하여 「형법」 제268조의 죄를 범한 경우에는 5년 이하의 금고 또는 2천만원 이하의 벌금에 처한다.
② 차의 교통으로 제1항의 죄 중 업무상과실치상죄(업무상과실치상죄) …를 범한 운전자에 대하여는 피해자의 명시적인 의사에 반하여 공소(공소)를 제기할 수 없다. 다만, …다음 각 호의 어느 하나에 해당하는 행위로 인하여 같은 죄를 범한 경우에는 그러하지 아니하다.
1. … 신호기가 표시하는 신호…를 위반하여 운전한 경우

범칙금(犯則金)은 예컨대 쓰레기 방치, 노상방뇨 등 경범죄처벌법위반, 도로교통법규위반 등 경미한 범죄행위를 범하거나 위반했을 때 부과하는 벌금을 말한다. 이러한 범칙행위에도 일사부재리의 효력이 미치므로 같은 사건에 대해 공소가 제기되면 법원은 면소 판결을 해야 한다.

일사부재리의 효력은 '공소사실과 동일성이 인정되는 범위'에까지 미치는데, 판례와 통설의 입장에 의하면 이러한 일사부재리의 효력은 현실적 심판대상인 당해 공소사실은 물론 그 공소사실과 단일하고 동일한 관계에 있는 사실의 전부(잠재적 심판대상)에도 미친다.

본건에서는 공소사실의 동일성을 어느 범위까지 인정할 수 있는지 문제되었다.

■■ 사건 개요

○ 버스운전기사인 갑은 신호위반의 범칙행위로 통고처분을 받고 범칙금을 납부하였다. 이후 갑은 위 범칙행위와 같은 일시, 장소에서 신호에 위반하여 A운전의 오토바이를 들이받는 등 사고를 내고 A 등에게 상해를 입혔다는 교통사고처리특례법위반 사실로 기소되었다. 하급심에서 유죄가 선고되었고, 갑은 이중처벌이라고 주장하며 상고.

■■ 판결 요지

○ 범칙자가 경찰서장으로부터 범칙행위를 하였음을 이유로 범칙금 통고를 받고 그 범칙금을 납부한 경우 다시 벌 받지 아니하게 되는 행위는 범칙금 통고의 이유에 기재된 당해 범칙행위 자체 및 그 범칙행위와 동일성이 인정되는 범칙행위에 한정된다고 해석함이 상당하므로, 범칙행위와 같은 때, 같은 곳에서 이루어진 행위라 하더라도 범칙행위와 별개의 형사범죄행위에 대하여는 범칙금의 납부로 인한 불처벌의 효력이 미치지 아니한다.

○ 교통사고처리특례법 제3조 제2항 단서의 각 호에서 규정한 신호위반 등의 예외사유는 같은 법 제3조 제1항 위반죄의 구성요건 요소가 아니라 그 공소제기의 조건에 관한 사유이다.

○ 교통사고처리특례법 제3조 제2항 단서 각 호에서 규정한 예외사유에 해당하는 신호위반 등의 범칙행위와 같은 법 제3조 제1항 위반죄는 그 행위의 성격 및 내용이나 죄질, 피해법익 등에 현저한 차이가 있어 동일성이 인정되지 않는 별개의 범죄행위라고 보아야 할 것이다. 피고인 상고 기각.

해설

○ 사안과 같이 도로교통법위반으로 범칙금을 납부한 경우 그 범칙행위에 대하여 다시 처벌받지 아니하므로(동법 제119조), 교통사고처리특례법위반죄의 공소사실이 위 범칙행위와 동일한 사실로 인정된다면, 면소판결을 해야 한다.

○ 공소사실의 동일성 판단에 있어서는 기본적 사실동일설에 따라 그 자연적·사회적 사실관계를 기준으로 하되(93도2080판결 참조), 규범적 요소도 고려하는 것이 판례의 태도이다.

　사안에서 신호위반의 범칙행위와 교통사고처리특례법위반죄 공소사실은 범행일시와 장소가 동일할 뿐 아니라 신호위반의 점이 교통사고처리특례법위반죄의 구성요건인 업무상과실을 이루고 있는 등 자연적·사회적 사실관계의 동일성이 인정될 여지가 있다. 그러나 위 판결은 교통사고처리특례법위반죄와 신호위반의 범칙행위는 그 죄질, 피해법익 등에 있어 현저한 차이가 있다는 규범적 요소를 고려하여 공소사실의 동일성을 부인한 것이다.

일사부재리(3): 경범죄처벌법상 범칙행위

(대법원 2011. 4. 28. 선고 2009도12249 판결)

갑은 시장 화장실 내에서 경범죄처벌법상의 범칙행위를 하였음을 이유로

뭐야, 이 시키들! 다 나와!!

쾅

관할 경찰서장으로부터 범칙금 30,000원을 납부할 것을 통고받고 이를 납부한 사실이 있었다.

제3조(경범죄의 종류)
① 다음 각 호의 어느 하나에 해당하는 사람은 10만원 이하의 벌금, 구류 또는 과료(科料)의 형으로 처벌한다.
26.(인근소란 등) 악기·라디오·텔레비전·전축·종·확성기·전동기등의 소리를 지나치게 크게 내거나 큰소리로 떠들거나 노래를 불러 이웃을 시끄럽게 한 사람

그 후 검사는 갑을 기소하였는데 그 공소사실의 요지는,

갑을 기소합니다!

갑이 위와 같은 일시, 장소에서 A와 다투다가

녀 이 시키 잘 걸렸다!

A를 밀어 넘어뜨린 후 칼로 A의 다리 부위를 찔러 A에게 4주간의 치료를 요하는 상해를 가하였다는 것이다.

으아악!!

검사의 기소가 적법한지 문제되었다.

쟁점

경범죄처벌법상 범칙자가 범칙금을 납부하면 그 행위에 대하여 다시 벌 받지 않습니다(경범죄처벌법 제7조 제3항).

즉 범칙행위에 대하여 범칙금을 납부하면 일종의 일사부재리의 원칙이 적용되어 재차 기소가 되면 면소 판결을 받습니다(법 제326조 제1호).

이 사건의 경우도 면소 판결을 받을까요?

경범죄처벌법상 범칙금을 납부하면
다시 벌 받지 않는다면서요? 왜 자꾸
문제삼는지 모르겠습니다.

아니 사람들이
융통성이 없어…

양자의 사실관계가 다른데 왜 그 조항이
문제가 됩니까! 엄연히 별개 사건입니다!

범칙행위의 동일성을 벗어난 범죄행위에
대해서는, 범칙금 납부에 따라 확정판결에
준하는 일사부재리 효력이 미치지 않는다.

양자는 범죄사실의 내용, 행위의 수단 및 태양,
피해법익, 죄질이 크게 다르다. 따라서 범칙행위와
이 사건 공소사실은 기본적 사실관계가 다르다.

몇 가지 사례가
좀 비슷하면서도
다른 것 같죠?
잘 이해해보세요~.

범칙행위에도 일사부재리의 효력이 미치므로 같은 사건에 대해 공소가 제기 되면 법원은 면소 판결을 해야 함은 살펴보았다.

본건에서도 경범죄처벌법상 범칙행위와 새로운 공소사실의 동일성 여부가 문제되었다.

■ 사건 개요

○ 이 사건 공소사실은 "피고인이 11:50경 시장 앞길에서 피해자 A와 시비 하던 중 피해자를 밀어 넘어뜨린 후 흉기인 야채 손질용 칼 2자루로 피해 자의 다리 부위를 찔러 피해자에게 전치 4주간의 상해를 가하였다."는 것 이고, 이 사건과 관련하여 피고인은 공소제기되기 전 "같은 날 12:30경 시장 화장실 내에서 경범죄처벌법 제1조 제26호(인근소란행위)"의 범칙 행위로 경찰서장으로부터 범칙금 3만원을 납부할 것을 통보받고 납부하 였다.

○ 1심 법원은 양 사실은 기본적 사실관계가 동일하다고 판단하여 위 범칙 금의 납부에 따른 확정판결의 기판력이 이 사건 공소사실에도 미친다고 보아야 한다는 이유로 형사소송법 제326조 제1호에 의하여 면소를 선고 하였고, 2심 법원은 이를 유지. 검사가 상고.

■ 판결 요지

○ 범칙행위와 같은 시간과 장소에서 이루어진 행위라 하더라도 범칙행위의 동일성을 벗어난 형사범죄행위에 대하여는 범칙금의 납부에 따라 확정판 결에 준하는 일사부재리의 효력이 미치지 아니한다고 할 것이다(대법원 2002. 11. 22. 선고 2001도849 판결 참조).

○ 피고인에게 적용된 경범죄처벌법 제1조 제26호(인근소란 등)의 범칙행위 는 "…큰소리로 떠들거나 노래를 불러 이웃을 시끄럽게 한 행위"인 데 반하여, 이 사건 공소사실인 흉기휴대상해는 흉기인 칼 2자루를 휴대하 여 사람의 신체를 상해하였다는 것이므로, 범죄사실의 내용이나 그 행위 의 수단 및 태양이 매우 다르다. 또한 각 행위에 따른 피해법익이 전혀

다르고, 그 죄질에도 현저한 차이가 있다. 위 범칙행위와 이 사건 공소사실은 기본적 사실관계가 동일한 것으로 평가할 수 없다고 봄이 상당하다. 파기환송.

■ 해설

o 경범죄처벌법이 정한 범칙자가 범칙금을 납부한 경우 그 범칙행위에 대하여 다시 벌 받지 아니한다(동법 제7조 제3항). 즉 범칙행위에 대하여 경찰서장으로부터 통고처분을 받고 범칙금을 납부하면 일종의 일사부재리의 원칙이 적용되어 동일한 사실에 대하여 기소가 되는 경우 확정판결이 있는 때에 해당하여 면소의 판결사유(형사소송법 제326조 제1호)가 된다.

o 본 판례는 공소사실과 범칙행위 간에 그 행위의 수단, 태양이 다르고, 피해법익이 전혀 다르며, 그 죄질에도 현저한 차이가 있어 기본적 사실관계가 동일한 것으로 평가할 수 없다고 판단하였다.

테마 90　일사부재리(4): 즉결심판

(대법원 1996. 6. 28. 선고 95도1270 판결)

갑은 경범죄처벌법위반죄(음주소란)로 즉결심판을 받아

주인 나와!

확정이 되었으나

피고인 갑, 벌금형에 처합니다!

유우… 다행이다…,

이후 위 음주소란행위와 같은 일시, 장소에서 피해자와 말다툼을 하다가 위험한 물건인 도끼를 가지고 와 피해자를 향해 내리쳐

아니, 알고 보니 다른 사건이 있었네!

도끼로 피해자의 뒷머리를 스치게 하여 두부타박상 등을 가하였다는 폭처법위반죄로 기소되었다.

피해자에게 도끼를 휘둘렀어요?

그 사건은 재판을 받았는데요,

1심은 유죄를 선고하였고, 2심은 즉결심판의 기판력이 미친다고 보아 면소를 선고하였다.

이미 확정판결이 있었으니 면소!

YES!

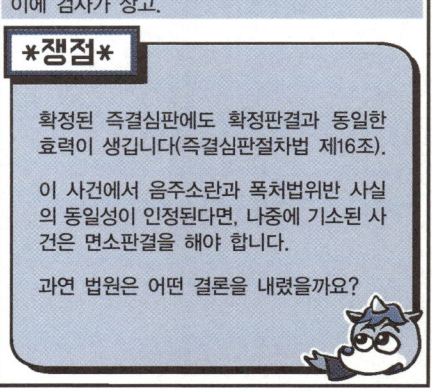

이에 검사가 상고.

＊쟁점＊

확정된 즉결심판에도 확정판결과 동일한 효력이 생깁니다(즉결심판절차법 제16조).

이 사건에서 음주소란과 폭처법위반 사실의 동일성이 인정된다면, 나중에 기소된 사건은 면소판결을 해야 합니다.

과연 법원은 어떤 결론을 내렸을까요?

제가 왜 두 번 처벌을 받아야 합니까! 억울합니다!!

즉결심판과 본 사건이 어떻게 같습니까! 유죄 판결을 해주세요!

공소사실, 범죄사실의 동일성 여부는 피고인 행위와 사회적 사실관계를 기본으로 하되, 규범적 요소도 고려하여 판단한다.

경범죄처벌법위반죄의 음주소란과 폭처법 위반죄의 공소사실은 범행장소, 범행일시가 같고, 모두 시비에서 발단한 일련의 행위이다. 기본적 사실관계가 동일하다.

검사 상고 기각!

섣불리 기소가 되어 판단이 내려지면 나중에 처벌을 못 하는 경우도 생길 수 있겠죠?

즉결심판(卽決審判)은 경미한 범죄사건(도로교통법 위반사건, 경범죄처벌법 위반사건)에 대해 정식 형사재판 절차를 거치지 않고 '즉결심판에 관한 절차법'에 따라 경찰서장의 청구로 판사가 행하는 약식의 재판을 말한다.

즉결심판이 확정된 때에도 면소판결을 해야 하나, 본건에서도 확정된 즉결심판과 새로운 공소사실의 동일성의 범위가 문제되었다.

■ 사건 개요

○ 갑은 경범죄처벌법위반죄(음주소란)로 즉결심판을 받아 확정되었으나, 이후 위 음주소란행위와 같은 일시·장소에서 피해자와 말다툼을 하다가 갑의 차에 실려 있던 위험한 물건인 도끼를 가지고 와 피해자를 향해 내리치며 도끼머리 부분으로 피해자의 뒷머리를 스치게 하여 피해자에게 약 2주간의 치료를 요하는 두부타박상 등을 가하였다는 내용의 폭력행위 등 처벌에 관한 법률위반죄로 기소되었다.

○ 1심은 유죄를 선고하였고, 2심은 이미 확정판결이 있었다는 이유로 면소를 선고. 검사가 상고.

■ 판결 요지

○ 공소사실이나 범죄사실의 동일성 여부는 사실의 동일성이 갖는 법률적 기능을 염두에 두고 피고인의 행위와 그 사회적인 사실관계를 기본으로 하되 그 규범적 요소도 고려하여 판단하여야 할 것인바,

○ 이 사건 경범죄처벌법위반죄의 범죄사실인 음주소란과 폭력행위 등 처벌에 관한 법률위반죄의 공소사실은 범행 장소가 동일하고 범행일시도 같으며, 모두 피고인과 피해자의 시비에서 발단한 일련의 행위들임이 분명하므로, 위와 같은 요소들을 고려한다고 하더라도 양 사실은 그 기본적 사실관계가 동일한 것이라고 하지 않을 수 없다.

○ 이 사건 공소사실과 즉결심판의 범죄사실은 그 기초가 되는 사회적 사실관계가 그 기본적인 점에서 동일하므로 위 즉결심판의 기판력은 이 사건 공소사실에도 미친다고 할 것이므로, 피고인에 대한 이 사건 공소사실에

관하여는 이미 확정판결이 있다는 이유로 면소를 선고하여야 한다. 검사
상고 기각.

■ 해설

○ 유·무죄의 실체판결이 확정되면, 동일사건에 대하여 다시 심리·판단하
는 것이 허용되지 않는데, 이러한 기판력의 외부적 효력을 일사부재리의
효력이라고 한다(통설).

○ 일사부재리의 효력은 심판대상인 공소사실은 물론 그 공소사실과 단일하
고 동일한 관계에 있는 사실(즉, 공소사실과 동일성이 인정되는 사실) 전
부에 미치는데, 확정된 즉결심판 역시 확정판결과 동일한 효력이 생기므
로(즉결심판절차법 제16조), 사안의 경우 확정된 즉결심판에서 인정된 사실
(음주소란)과 폭력행위 등 처벌에 관한 법률위반 사실의 동일성을 인정
하여 나중에 기소된 폭력행위 등 처벌에 관한 법률위반 사건에 대하여는
면소판결을 한 것이다.

(대법원 1992. 9. 22. 선고 91도3317 판결)

갑은 A당 소속 국회의원으로서 정기국회 본회의에서 정치분야 대정부 질문자로 내정되었다.

의원님, 본회의에서 네 번째로 대정부 질문을 하시면 됩니다.

이에 갑은 대정부 질문의 질문 원고를 작성하였는데,

음… 이 질문은 좀 민감할 수 있겠군.

통일을 위해서라면 공산화통일도 용인해야 한다는 취지 등을 담은 원고를

우리나라 국시는 반공이 아닌 통일…, 통일은 자본주의, 공산주의보다 위에 있어야…

용기를 내보자!

국회의원 갑

국회의사당 내 기자실에서 국회 출입기자들에게 배포함으로써

기자님들, 우리 의원님 질문 원고 사본입니다.

이런 내용 써도 괜찮을라나?

이거 내용이 좀 강하네요?

반국가단체인 북괴의 활동에 동조해 이롭게 하였다는 공소사실(국가보안법위반죄)로 기소되었다.

이런 무책임한 행동을 짚고 넘어가야겠다!

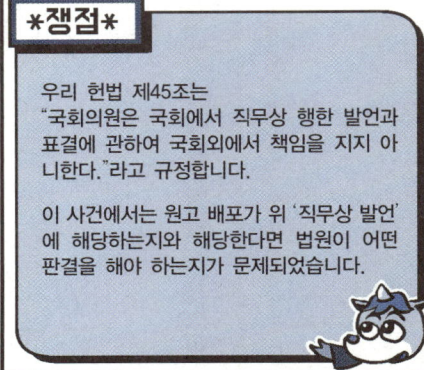

＊쟁점＊

우리 헌법 제45조는 "국회의원은 국회에서 직무상 행한 발언과 표결에 관하여 국회외에서 책임을 지지 아니한다."라고 규정합니다.

이 사건에서는 원고 배포가 위 '직무상 발언'에 해당하는지와 해당한다면 법원이 어떤 판결을 해야 하는지가 문제되었습니다.

저는 헌법상 면책특권이 있습니다. 원고 배포는 면책특권의 대상인 직무에 부수한 행위구요!

국회에서의 직무상 발언이나 표결이 아니라 기자들에게 원고를 배포한 행위는 면책특권의 대상이 아닙니다!

피고인의 행위는 면책특권의 대상이 되는 직무부수행위이다!

국회의원 면책특권 대상 행위에 대해서는 공소를 제기할 수 없다, 기소된다면 공소권 없음에도 공소가 제기된 것이니 공소를 기각해야 한다.

한때 우리 사회에서 큰 파장을 일으켰던 사건이죠.

국회의원은 국회에서 직무상 행한 발언과 표결에 관하여 국회 밖에서 책임을 지지 아니하는 특권인 면책특권(免責特權)이 있다(헌법 제45조).

그런데 국회의원의 면책특권 행위에 대해 검사가 공소를 제기하면 법원은 어떻게 판단해야 할까?

이에 관한 법원의 입장을 살펴보자.

■ 사건 개요

○ 갑은 A당 소속 국회의원으로서 정기국회 본회의에서의 정치 분야 대정부 질문자로 내정되어 그 질문 원고를 작성함에 있어 통일을 위해서라면 공산화통일도 용인하여야 한다는 취지 등을 담은 원고를 국회의사당 내 기자실에서 국회 출입기자들에게 배포함으로써 반국가단체인 북괴의 활동에 동조하여 이를 이롭게 한 것이라는 공소사실(국가보안법위반죄)로 기소되었다.

○ 이에 대하여 2심은 갑의 행위가 면책특권의 대상이 되는 직무부수행위에 해당한다고 판단하여 형사소송법 제327조 제1호의 "피고인에 대하여 재판권이 없는 때"에 해당한다고 보아 공소기각 판결을 하였다. 이에 검사가 상고.

■ 판결 요지

○ 국회의원의 면책특권에 속하는 행위에 대하여는 공소를 제기할 수 없으며,

○ 이에 반하여 공소가 제기된 것은 결국 공소권이 없음에도 공소가 제기된 것이 되어 형사소송법 제327조 제2호의 "공소제기의 절차가 법률의 규정에 위반하여 무효인 때"에 해당되므로 공소를 기각하여야 한다.

■ 해설

○ 사안의 경우 2심과 대법원 모두 국회의원의 면책특권의 대상이 되는 행위로 보아 공소기각판결을 하여야 한다는 점에서는 결론을 같이 하였으나, 그 사유를 달리 보았다.

○ 2심에서는 국회의원의 면책특권의 대상이 되는 행위에 대하여 공소가 제

기된 경우는 피고인에 대하여 재판권이 없는 때에 해당하여 공소기각을 하여야 한다(형사소송법 제327조 제1호)고 판단하였으나,

○ 대법원은 2심과 같은 견해는 국회의원의 면책특권에 해당하는 경우에는 재판권의 일부가 입법부에 속하는 것으로 파악됨을 전제로 한 것이 되어 재판권행사에 관한 현행법체계 하에서는 채용할 수 없고, 이와 같은 경우 에는 공소제기 절차가 법률의 규정에 위반하여 무효라고(형사소송법 제327 조 제2호) 판단하였다.

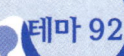

확정판결의 효력범위와 면소 판결

(대법원 2004. 9.16. 선고 2001도3206 전원합의체 판결)

갑은 사기죄(단순사기죄)로 유죄 판결을 받아

피고인 갑, 유죄!

판결이 확정되었으나

이걸 다퉈봤자…

이후 그 선고 전에 범한 A, B, C, D, E 등에 대한 각 사기범행에 대하여

실제로는 몇 건 더 있었지롱!

앗!

1996.12.   1998.1. 1998.3.

다시 공소가 제기되었다.

갑은 피해자로부터 동업자금, 운영권 등 1억원을 편취했습니다.

항소심은 위 확정판결의 기판력이 A 등에 대한 사기 공소사실에 미친다며 면소판결을 하였다.

각 범행은 모두 사기습벽의 발현에 의한 것으로 포괄일죄인 상습사기죄에 해당한다!

아싸~!

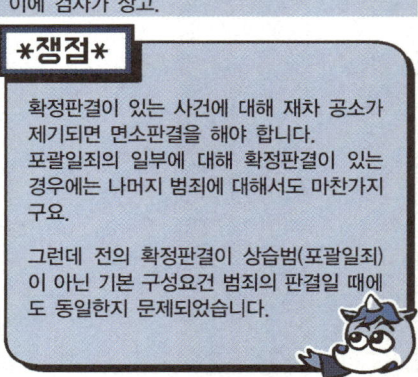

이에 검사가 상고.

＊쟁점＊

확정판결이 있는 사건에 대해 재차 공소가 제기되면 면소판결을 해야 합니다.
포괄일죄의 일부에 대해 확정판결이 있는 경우에는 나머지 범죄에 대해서도 마찬가지 구요.

그런데 전의 확정판결이 상습범(포괄일죄)이 아닌 기본 구성요건 범죄의 판결일 때에도 동일한지 문제되었습니다.

저는 사기죄로 처벌을 받은 걸요! 당연히 면소판결을 받아야죠~~,

단순사기죄로 처벌받은 것은 상습사기 행위까지 기판력이 미칠 수 없습니다!

상습범으로 포괄일죄 관계의 범죄사실 중 일부에 대해 유죄판결이 확정된 경우, 사실심판결 선고 전에 저질러진 나머지 범죄에 공소가 제기되었다면 새로운 공소는 면소 판결을 해야 한다,

다만 이런 법리가 적용되려면 전의 확정판결에서 피고인이 상습범으로 기소되어 처단되었어야 한다,

OK!

이전 판결의 효력으로 인해 생기는 처벌의 공백을 메꾸는 판단을 한 사례로 보입니다, 이전에 상습사기로 기소되었다면 면소가 될 수 있겠죠,

통설, 판례에 따르면 판결이 확정되면 그 효력은 현실적 심판대상인 당해 공소사실은 물론 그 공소사실과 단일하고 동일한 관계에 있는 사실의 전부(잠재적 심판대상)에도 미침은 이미 보았다.

그러므로 포괄일죄의 일부에 대해서만 기소가 되었는데 판결이 확정되면, 실제로 심리대상이 되지 않은 나머지 포괄일죄 부분에까지 판결의 효력이 미치므로 이러한 부분이 나중에 기소되면 법원은 면소판결을 해야 한다.

본건에서는 선행 사건이 포괄일죄가 아닌 기본범죄로 기소되어 문제되었다.

■■ 사건 개요

○ 갑은 사기죄로 유죄판결을 선고받아 확정되었으나, 이후 그 선고 전에 범한 A, B, C, D, E 등에 대한 각 사기범행에 대하여 다시 공소제기되었다.

○ 항소심은 위 판결이 확정된 범죄사실과 위 각 사기 공소사실은 모두 사기 습벽의 발현에 의한 것으로 포괄일죄인 상습사기죄에 해당하므로 위 확정판결의 기판력이 그와 포괄일죄의 관계에 있는 위 공소사실 부분에 대하여도 미친다고 판단하여 1심에서 한 면소판결을 유지하였고, 이에 검사 상고.

■■ 판결 요지

○ 상습범으로서 포괄적 일죄의 관계에 있는 여러 개의 범죄사실 중 일부에 대하여 유죄판결이 확정된 경우에, 그 확정판결의 사실심판결 선고 전에 저질러진 나머지 범죄에 대하여 새로이 공소가 제기되었다면 그 새로운 공소는 확정판결이 있었던 사건과 동일한 사건에 대하여 다시 제기된 데 해당하므로 이에 대하여는 판결로써 면소의 선고를 하여야 하는 것인바 (형사소송법 제326조 제1호),

○ 다만 이러한 법리가 적용되기 위해서는 전의 확정판결에서 당해 피고인이 상습범으로 기소되어 처단되었을 것을 필요로 하는 것이고, 상습범 아닌 기본 구성요건의 범죄로 처단되는 데 그친 경우에는, 가사 뒤에 기소된 사건에서 비로소 드러났거나 새로 저질러진 범죄사실과 전의 판결에

서 이미 유죄로 확정된 범죄사실 등을 종합하여 비로소 그 모두가 상습범으로서의 포괄적 일죄에 해당하는 것으로 판단된다 하더라도 뒤늦게 앞서의 확정판결을 상습범의 일부에 대한 확정판결이라고 보아 그 기판력이 그 사실심판결 선고 전의 나머지 범죄에 미친다고 보아서는 아니 된다(과거에 이와 다르게, 상습범으로서 포괄일죄 관계에 있는 죄 중 일부에 대하여 유죄의 확정판결이 있고, 그 나머지 부분 즉 확정판결의 사실심 선고 전에 저질러진 범행이 나중에 기소된 경우에, 그 확정판결의 죄명이 상습범이었는지 여부를 고려하지 아니하고, 단지 확정판결이 있었던 죄와 새로 기소된 죄 사이에 상습범인 관계가 인정된다는 이유만으로 확정판결의 기판력이 새로 기소된 죄에 미친다고 판시하였던 대법원의 판결을 변경).

■ 해설

○ 확정판결의 기판력은 공소사실뿐 아니라 이와 동일성이 인정되는 잠재적 심판범위까지 미치므로, 상습범을 포괄일죄로 보게 되면, 포괄일죄 관계에 있는 여러 개의 범죄사실 중 일부에 대한 기판력은 실제로 심리대상이 되지 않은 부분에까지 미치게 된다.

○ 이에 따라 종전 확정판결의 선고 전에 범한 다수의 사기범행이 확정된 범죄사실과 상습범 관계에 있는 경우에는 처벌의 공백이 생기는 문제가 있다. 이에 위 판결은 확정된 판결이 단순사기와 같은 기본범죄로 처벌된 경우와 상습범으로 처벌된 경우를 구분하여, 전자의 경우에는 그 선고 전에 행한 범죄사실에 대하여 기판력이 미치지 않는 것으로 태도를 변경한 것이다(후자의 경우에는 여전히 확정판결의 기판력이 미침).

착오로 소송행위를 한 경우

(대법원 1995. 8. 17. 자 95모49 결정)

갑은 1심에서 간통죄로 징역 10월 형을 선고받고,

갑, 을을 징역형에 처한다!

교도소에서 항소를 하려고 담당교도관에게 항소장 용지를 달라고 했는데,

교도관님, 항소장 용지를 좀 주실래요?

담당교도관이 실수로 상소권포기서 용지를 잘못 내주었다.

자, 한번 열심히 해보쇼! 화이팅~!

갑은 안경을 쓰지 않아 글을 읽기 불가능한 상황에서 이를 항소장 용지로 잘못 알고

운동시간에 안경을 깨뜨려서 글이 안 보이는데….

교도관이 어련히 알아서 줬겠지,

확인을 하지 않은 채 서명 무인을 하여 1심 법원에 제출하였고,

여기 서류 제출합니다!

이후 갑의 변호사가 다시 항소기간 내에 항소를 하였으나 법원이 항소기각의 결정을 하자 재항고.

항소합니다!

음? 피고인이 이미 항소는 포기했는데?

착오로 행위를 했다면 소송절차에서도 피고인을 구제해줘야 할 것입니다!

착각! 착각은 밝혀져야죠!

이런 절차적인 소송행위에서 착오를 인정한다면 소송절차의 형식적 확실성을 담보할 수 없습니다! 무조건 기각!

'항소포기' 같은 절차형성적 소송행위가 착오로 행해진 경우, 무효가 되기 위해서는 행위자가 책임질 수 없는 사유로 발생했어야 한다,

교도관이 준 상소권포기서를 항소장으로 잘못 믿어 확인하지도 않고 서명 무인한 경우 과실이 없다고 할 수 없다, 항소포기는 유효하다,

재항고 기각!

얼마나 눈이 나쁘길래 글자를 잘 못 읽어 항소포기를 했다는 건지, 그것도 조금은 수상하죠? ^^;

민법상 착오로 인한 의사표시는 일정한 요건 하에 취소할 수 있다(제109조). 그런데 이는 '실체법'인 '민법'이 적용되는 영역에 대한 것이고, '절차법'인 '형사소송법'에서 이것이 그대로 적용될 수는 없고, 형사소송법에서 착오로 인한 의사표시는 소송행위의 유효·무효 여부로 논의되고 있다.

특히 절차법은 당사자 개개인의 의사보다는 객관적이고 형식적인 확실성이 강조되어야 하는 측면이 있는 한편, 다른 한편으로는 부당한 당사자의 절차적 정의를 보장해야 하는데, 양자를 어떻게 조화시킬 수 있는지가 문제된다.

이에 관한 법원의 입장을 살펴보자.

■■ 사건 개요

○ 갑은 1심에서 간통죄로 징역 10월의 형을 선고받고, 항소하면서 담당교도관이 실수로 항소장 용지 대신에 상소권포기서 용지를 잘못 내어 주었는데, 안경을 쓰지 않아 글을 읽기 불가능한 상황에서 이를 항소장 용지로 잘못 알고 확인을 하지 않은 채 서명 무인하여 1심 법원에 제출하였고,

○ 이후 갑의 변호인이 다시 항소기간 내에 항소를 하였다. 항소기각 결정, 변호인 재항고.

■■ 결정 요지

○ 항소포기와 같은 절차형성적 소송행위가 착오로 인하여 행하여진 경우 그 행위가 무효로 되기 위하여는 그 착오가 행위자 또는 대리인이 책임질 수 없는 사유로 발생하였을 것이 요구된다.

○ 교도관이 내어 주는 상소권포기서를 항소장으로 잘못 믿은 나머지 이를 확인하여 보지도 않고 서명 무인한 경우, 과실이 없다고 할 수 없으므로 항소포기는 유효하다. 재항고 기각.

■■ 해설

○ 소송행위는 법관의 심증형성을 위한 행위인 실체형성행위(증거조사, 변론, 증언 등)와 절차면의 형성에 역할을 담당하는 행위인 절차형성행위(공소제기, 공판기일의 지정, 상고의 제기 등)로 나누어 볼 수 있는데, 사

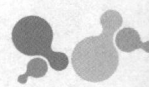

안과 같이 착오 등에 의한 소송행위가 무효원인이 되는가의 논의에 구별 실익이 있다.

○ 실체형성행위에서는 의사에 합치하는가가 아니라 실체에 합치하는지가 문제되므로, 착오 등이 무효원인이 될 수 없지만, 절차형성행위의 경우에는 1) 소송절차의 형식적 확실성을 강조하여 착오 등이 무효원인이 될 수 없다는 견해, 2) 절차의 형식적 확실성만을 강조하여 피고인의 이익과 정의가 희생되어서는 안 된다는 이유로 일정한 경우 무효로 해석하는 견해의 대립이 있다.

○ 판례는 후자의 견지에서 ① 통상인의 판단을 기준으로 하여 만일 착오가 없었다면 그러한 소송행위를 하지 않았으리라고 인정되는 중요한 점(동기를 포함)에 관하여 착오가 있고, ② 착오가 행위자 또는 대리인이 책임질 수 없는 사유로 인하여 발생하였으며, ③ 그 행위를 유효로 하는 것이 현저히 정의에 반한다고 인정되는 경우는 무효로 보고 있다(대법원 1992. 3. 13. 자 92모1 결정), 위 사안에서 대법원은 위 기준에 따라 피고인에게 귀책사유가 있으므로, 항소포기에 착오가 있더라도 유효하다고 판단한 것이다.

(대법원 1997. 8. 22. 선고 97도1211 판결)

갑은 5세 가량의 미성년자를 추행하여

아저씨랑 재미있는 놀이할까?

자, 여기 의자에 앉아서 얼굴에 수건을 덮고….

상해를 입게 했다는 공소사실로 기소가 되었다.

우리 아이가 유치원에서 기사한테 추행을 당했대요!

검사는 다음과 같이 기소를 하였다.

피고인은 수십회에 걸쳐 개천가에서 학원생 여자아이를 추행한 아주 질 나쁜 자입니다.

갑은 무죄를 다투었고, 1심은 유죄를 선고했으나

피고인은 유죄!

허위 입니다!

그런일 없습니다!

2심은 위 공소사실이 구체적인 범죄사실의 기재가 없는 경우라며 공소기각 판결을 했다.

1996년 월일불상 11:30경 수십회에 걸쳐 추행했다는 공소사실은 범죄의 일시, 횟수가 특정되지 않아, 위법합니다!

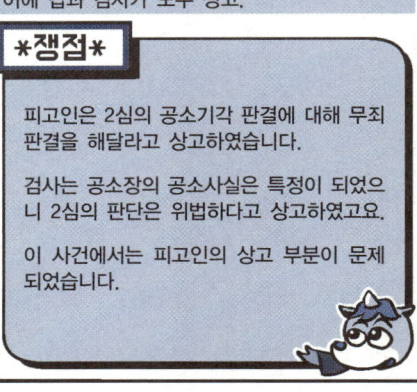

이에 갑과 검사가 모두 상고.

＊쟁점＊

피고인은 2심의 공소기각 판결에 대해 무죄 판결을 해달라고 상고하였습니다.

검사는 공소장의 공소사실은 특정이 되었으니 2심의 판단은 위법하다고 상고하였고요.

이 사건에서는 피고인의 상고 부분이 문제 되었습니다.

나는 그런 일 한 적이 없어요! 깨끗하게 무죄 판결을 해주세요!

광기값은 뭔지도 모르겠어요!

공소기각 판결을 받았는데 굳이 무죄 판결은 필요가 없습니다! 공소사실 부분 상고를 받아주세요!

피고인을 위한 상소는 피고인에게 불이익한 재판을 시정해 이익된 재판을 청구하는 것이다. 재판이 불이익하지 않으면 상소권이 없다.

공소기각 판결이 있으면 피고인은 유죄판결의 위험에서 벗어나는 것이다. 따라서 그 판결은 피고인에게 불이익한 재판이라고 할 수 없다.

형사사건에서는 흉악한 사건들이 은근히 많네요. 어쨌건, 무죄판결을 받으려는 사람으로서는 억울하겠죠?

위 판결에서는 여러 이유로 공소사실이 특정되었다고 보아 검사 상고를 인용했습니다!

상소(上訴)는 판결을 한 법원의 판단에 불복하여 상급법원에 취소·변경을 구하는 불복신청을 말하고, 1심 판결에 대한 상소를 항소(抗訴), 2심 판결에 대한 상소를 상고(上告)라고 한다.

그런데 상소는 제한 없이 할 수 있는 것이 아니고, 요건 중 하나로 '상소의 이익'이 필요하다. 상소의 이익은 판결을 한 법원의 판단에 대해 불복함으로써 얻게 되는 법률상태의 개선을 의미하는데, 예를 들어서 소송에서 전부 이긴 당사자는 그 판결에 불복하여 더 얻는 이익이 없으므로 상소의 이익이 없고, 따라서 상소를 할 수 없다.

형사재판의 경우에도 예컨대 무죄판결을 받은 피고인은 판결에 불복한다고 해도 자신에게 더 유리한 판결을 얻을 수 없으므로 상소의 이익이 없고, 따라서 상소를 할 수 없다.

본건에서는 공소기각 판결을 받은 피고인이 무죄를 구하여 상소를 할 수 있는지가 문제되었다.

■■ 사건 개요

- ○ 갑은 1996년 월일불상 11:30경 미성년자(5세 가량) A를 추행하고, 이로 인하여 외음부염의 상해를 입게 하였다는 공소사실로 기소되었다.
- ○ 갑은 무죄를 다투었고, 1심은 유죄를 선고하였으나, 2심은 위 공소사실이 구체적인 범죄사실의 기재가 없는 경우로서 형사소송법 제327조 제2호에 위반되어 무효라고 보아 공소기각판결을 선고하였다. 이에 갑과 검사 모두 상고하였는바 공소기각판결이 갑에게 상소의 대상이 되는 불이익한 재판인지 여부가 문제.

■■ 판결 요지

- ○ 피고인을 위한 상소는 피고인에게 불이익한 재판을 시정하여 이익된 재판을 청구함을 그 본질로 하는 것이므로 피고인은 재판이 자기에게 불이익하지 아니하면 이에 대한 상소권이 없다고 할 것인바,
- ○ 공소기각의 판결이 있으면 피고인은 유죄판결의 위험으로부터 벗어나는

것이므로 그 판결은 피고인에게 불이익한 재판이라고 할 수 없다.

피고인 상고 기각, 검사 상고 받아들여(공소사실 특정됨) 파기 환송.

해설

○ 상소에 의하여 원심재판에 대한 불만이나 불복을 제거함으로써 얻게 되는 법률상태의 개선을 상소의 이익이라고 하며, 이는 상소의 적법요건이다. 상소의 이익은 주로 피고인의 상소이익과 관련하여 논의되는데, 그 판단기준에 있어서는 피고인의 주관을 떠나 재판에 의한 법익박탈의 대소라는 객관적 기준에 의하여야 한다(객관설).

○ 이에 의하면, 형의 경중을 정한 형법 제50조와 불이익 변경금지원칙을 규정한 법 제368조가 상소이익의 판단을 위한 주요자료가 되고, 무죄판결은 피고인에게 가장 유리한 재판이므로 이에 대하여 피고인이 상소할 이익은 없게 된다.

○ 그러나 사안의 경우처럼 형식재판의 일종인 공소기각판결의 경우에도 피고인이 무죄를 구하여 상소할 수 있는가에 대하여는 적극설과 소극설의 견해대립이 있다. 전자는 형식재판보다는 무죄판결이 기판력이나 형사보상에 있어 피고인에게 유리하다는 점을 근거로 하나, 형식재판의 경우도 형사보상이 인정되고, 오히려 형사절차로부터 조기에 해방될 수 있다는 점에서 무죄판결의 경우보다 유리한 면도 있다. 위 판례는 이러한 견지에서 공소기각판결의 경우 피고인에게 상소이익이 없다는 취지로 판단한 것이다.

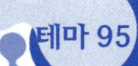
국선변호인의 조력을 받을 권리

(대법원 2012. 2. 16. 자 2009모1044 전원합의체 결정)

갑은 A명의의 사문서를 위조해서 고소장에 첨부하여 제출하여 사문서위조와 위조사문서행사 혐의로 기소되었다.

나를 그렇게 괴롭혀? A가 스스로 업무방해를 했다는 사실확인서를 작성해서 고소를 해야겠다!

혼좀 나 봐라!

1심은 유죄판단을 하였고, 이에 갑이 항소하였다.

나이도 많은 분이 왜 그런 짓을 하셨어요~!

벌금 200만원!

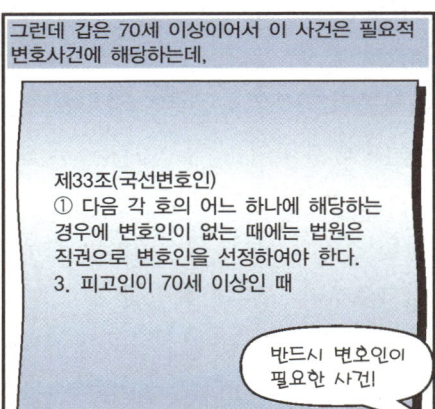

그런데 갑은 70세 이상이어서 이 사건은 필요적 변호사건에 해당하는데,

제33조(국선변호인)
① 다음 각 호의 어느 하나에 해당하는 경우에 변호인이 없는 때에는 법원은 직권으로 변호인을 선정하여야 한다.
3. 피고인이 70세 이상인 때

반드시 변호인이 필요한 사건!

2심 법원은 항소이유서 제출기간 경과 후 비로소 국선변호인을 선정하고 그에게 소송기록접수 통지를 하였으나

국선변호인으로 선정합니다!

갑과 국선변호인은 모두 기간 내에 항소이유서를 제출하지 아니하였다.

둘 다 항소이유서를 제출하지 않았군!

항소기각!

2심은 기간 내에 항소이유서를 제출하지 아니하였다는 이유로 갑의 항소를 기각하였다. 이에 갑이 재항고.

＊쟁점＊

이 사건 이전의 대법원 입장은 국선변호인이 기간 내에 항소이유서를 제출하지 않으면 피고인 본인이 항소이유서를 제출했어야 하고 그렇지 않으면 항소기각 결정을 해야 한다는 것이었습니다.
과연 그 입장은 이 사건에서도 유지될까요?

아니, 국선변호인을 항소이유서 제출기간 경과 후에 선정하고 항소를 기각하면 어떡해요!

~억울합니다!

국선변호인의 선정이 늦으면 본인이라도 조치를 했어야지, 남 탓을 하면 안 됩니다!

국선변호인으로부터 조력을 받을 권리는 공판심리 단계는 물론, 항소이유서의 작성, 제출 과정에서도 당연히 보장되어야 한다.

귀책사유가 없음에도 피고인 항소를 기각하면, 국선변호인의 조력을 받을 권리를 보장하고 국가의 의무를 규정하는 헌법 취지에 반한다.

국선변호인의 조력을 받을 권리를 두텁게 보호하네요.

국선변호인(國選辯護人)은 일정한 요건에 해당하는 경우에 법원이 직권으로 피고인의 이익을 위하여 선임하는 변호인으로, 개인이 선임하는 사선변호인과 대립되는 개념이다.

우리 헌법은 형사피고인이 스스로 변호인을 구할 수 없는 경우에는 국가가 변호인을 붙이도록 하고 있으며(헌법 제12조 제4항), 형사소송법 제33조에서는 자세한 관련 규정을 두고 있다.

본건에서는 항소이유서 제출 관련, 국선변호인으로부터 조력을 받을 피고인의 권리가 문제되었다.

▪▪ 사건 개요

○ 갑은 1심 판결에 불복하여 항소하였고, 한편, 갑이 70세 이상이어서 이 사건은 형사소송법 제33조 제1항 제3호에 의한 필요적 변호사건에 해당하는데, 2심 법원은 갑 본인의 항소이유서 제출기간이 경과한 후 비로소 국선변호인을 선정하고 그에게 소송기록접수통지를 하였으나 위 국선변호인이 법정기간 내에 항소이유서를 제출하지 아니하였다.

○ 2심은 국선변호인이 항소이유서를 제출하지 아니한 데 대하여 갑에게 책임을 돌릴 만한 사유가 있는지 여부를 확인하거나 고려하지 아니한 채, 갑과 국선변호인이 모두 그 제출기간 내에 항소이유서를 제출하지 아니하였고, 1심 판결에 직권조사사유가 없다는 등의 이유로 형사소송법 제361조의4 제1항에 따라 결정으로 갑의 항소를 기각하였다. 갑이 재항고.

▪▪ 판결 요지

○ 형사소송법은 일정한 경우 법원으로 하여금 직권 또는 피고인의 청구 등에 의하여 국선변호인을 선정하도록 하고(제33조), 국선변호인이 선정된 사건에 관하여 변호인 없이 개정하지 못하게 하면서 만일 변호인이 출석하지 않은 때에는 직권으로 새로운 국선변호인을 선정하도록 하였다(제282조, 제283조, 제370조).

○ 한편 형사소송법 제361조의3 제1항, 제361조의2 제1항, 제2항, 제361조

의4 제1항, 제364조 제1항 등에 의하면, 법정기간 내에 적법한 항소이유서가 제출되지 아니하면 원칙적으로 피고인의 항소를 기각하도록 되어 있고, 그 결과 피고인은 항소법원으로부터 본안판단을 받을 기회를 잃게 된다. 항소심 소송절차에서 항소이유서의 작성과 제출이 지니는 위와 같은 의미와 중요성에 비추어 볼 때, 항소심 소송절차에서 국선변호인이 선정된 경우 국선변호인으로부터 충분한 조력을 받을 피고인의 권리는 공판심리 단계에서뿐만 아니라 항소이유서의 작성·제출 과정에서도 당연히 보장되어야 한다.

○ 그러므로 피고인을 위하여 선정된 국선변호인이 법정기간 내에 항소이유서를 제출하지 아니하면 이는 피고인을 위하여 요구되는 충분한 조력을 제공하지 아니한 것으로 보아야 하고, 이런 경우에 피고인에게 책임을 돌릴 만한 아무런 사유가 없음에도 불구하고 항소법원이 형사소송법 제361조의4 제1항 본문에 따라 피고인의 항소를 기각한다면, 이는 위에서 본 바와 같이 피고인에게 국선변호인으로부터 충분한 조력을 받을 권리를 보장하고 이를 위한 국가의 의무를 규정하고 있는 헌법의 취지에 반하는 조치라고 할 것이다.

○ 원심결정을 파기하여 환송.

■■ 해설

○ 본건 판례는 국선변호인이 선정된 경우 국선변호인이 형사소송법 제361조의3 제1항의 기간 내에 항소이유서를 제출하지 아니한 때에는 피고인 본인이 적법한 항소이유서를 제출하지 아니한 이상 법 제361조의4 제1항 본문에 따라 항소기각의 결정을 하는 것이 상당하다고 판시한 대법원 1966. 5. 25.자 66모31 결정 등을 변경한 전원합의체 결정이다.

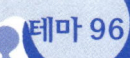

법원의 국선변호인 선정과 국선변호인의 조력을 받을 권리

(대법원 2003. 10. 27. 자 2003모306 결정)

갑은 1심에서 유죄판결을 받고 항소했다.

피고인 갑은 상해죄 유죄!

인정 못한다! 항소한다!

이후 갑은 2003. 7. 1. 항소심 법원으로부터 소송기록접수통지서를 송달받고

음, 항소심 재판이 시작되는구나.

2003. 7. 4. 국선변호인 선정청구를 하였다.

저는 형편상 사선 변호인 선임이 어렵습니다.

그러나 항소심 재판부는 국선변호인 선정 여부 결정을 지연하다가

항소이유서 제출기간이 끝나자 항소기각결정을 함과 동시에 국선변호인선정청구도 기각하였다.

피고인의 항소를 기각한다!

국선변호인 선정청구도 기각한다!

뭐야?!

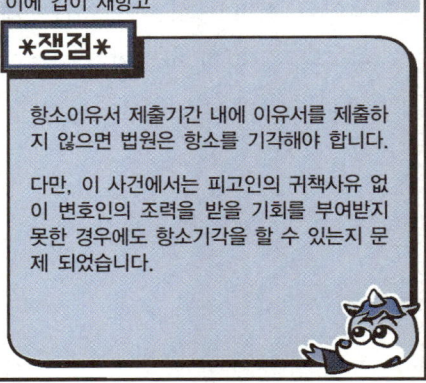

이에 갑이 재항고

쟁점

항소이유서 제출기간 내에 이유서를 제출하지 않으면 법원은 항소를 기각해야 합니다.

다만, 이 사건에서는 피고인의 귀책사유 없이 변호인의 조력을 받을 기회를 부여받지 못한 경우에도 항소기각을 할 수 있는지 문제 되었습니다.

변호인의 조력을 받을 권리가 법원에 의해 침해되었습니다. 너무 억울합니다!!

국선변호인을 탓하며 법상 규정된 내용을 무시하면 안 됩니다. 직접 하든지 사선변호인이라도 선임해서 대응했어야죠!

피고인이 국선변호인 선정 청구를 했는데 법원이 선정을 지연해 항소이유서 제출기간이 지났다면 법원이 변호인의 조력을 받을 권리를 침해한 것이다.

따라서 항소이유서 제출기간 내 항소이유서 미제출을 이유로 항소를 기각해선 안된다.

사선변호인의 도움을 받을 권리도 판례가 많이 나와야 할 텐데···^^

앞에서 국선변호인의 조력을 받을 권리에 대해서 살펴보았다.

본건에서는 법원이 부당하게 국선변호인 선정을 지연한 경우, 국선변호인의 조력을 받을 권리와 관련하여 이를 어떻게 판단해야 하는지 문제되었다.

■■ 사건 개요

○ 갑은 1심에서 유죄판결을 받고 항소하였다. 이후 갑은 2003. 7. 1. 항소심 법원으로부터 소송기록접수통지서를 송달받고, 2003. 7. 4. 국선변호인 선정청구를 하였다.

○ 그러나 항소심 재판부는 국선변호인 선정 여부 결정을 지연하다가 항소 이유서 제출기간이 경과한 후인 2003. 8. 4. 항소기각결정을 함과 동시에 국선변호인선정청구도 기각하는 결정을 하였다. 이에 갑은 재항고.

■■ 결정 이유

○ 피고인이 빈곤 등을 이유로 국선변호인선정청구를 하였음에도 불구하고, 법원이 정당한 이유 없이 국선변호인 선정을 지연하여 항소이유서 제출 기간이 경과한 경우 변호인의 조력을 받을 피고인의 권리가 법원에 의하여 침해된 것과 다를 바 없으므로, 항소이유서 제출기간 내에 적법한 항소이유서의 제출이 없었다는 사유를 들어 곧바로 결정으로 피고인의 항소를 기각하여서는 아니 된다.

○ 위와 같은 경우 항소심법원으로서는 항소이유서 제출기간이 지난 후에라도 국선변호인 선정 결정과 함께 그 변호인에게 소송기록접수 통지를 하여 국선변호인이 그 통지를 받은 날로부터 기산하여 소정의 기간 내에 피고인을 위하여 항소이유서를 제출할 기회를 주든지, 형사소송규칙 제44조(법정기간의 연장)를 유추 적용하여 항소이유서 제출기간을 연장하여 피고인에게 사선 변호인을 선임하여 항소이유서를 제출할 수 있는 기회를 실질적으로 부여하는 조치를 취하여야 한다.

■■ 해설

○ 항소이유서 제출기간 내에 항소이유서를 제출하지 않는 때에는 항소법원

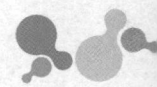

은 결정으로 항소를 기각하여야 하지만(법 제361조의4), 이 경우에도 피고인의 귀책사유로 인한 것이 아닌 경우로서, 변호인의 조력을 받을 기회를 부여받지 못하였다면, 항소기각결정을 하여서는 안 된다는 점을 밝힌 결정이다.

국민참여재판과 배심원의 평결

(대법원 2010. 3. 25. 선고 2009도14065 판결)

갑은 모텔에서 A를 때려 반항을 억압한 후 목걸이를 강취하고 A에게 상해를 가하였다는 혐의로 기소되었다.

갑을 강도상해 혐의로 기소합니다, 미성년인 여자와 짜고, 성교를 미끼로 금품을 강취했다고 합니다!

1심은 국민참여재판으로 진행되었는데 재판부는 A와 모텔 주인 등 다수의 관련자들에 대한 증인신문을 마친 다음,

갑이 A에 대해서 뭐라고 말하던가요?

A를 때리는 장면은 본 것이 있습니까?

몇명이 몰려와서 교합을 치더라구요~

배심원 9명이 만장일치로 강도상해의 점에 대해서 무죄평결을 하였고, 재판부도 무죄로 판단하였다.

강도상해의 점에 대해 무죄의 평결을 합니다!

2심은 A에 대하여만 증인신문을 추가로 실시한 다음,

당시 저 사람이 여자 오빠라고 하면서 때렸고요,

제 목에서 금목걸이를 벗겨간 다음 150만원을 더 부치라고 했습니다!

그 진술의 신빙성이 인정된다는 이유 등을 들어 1심판결을 파기하고 위 강도상해의 공소사실에 관하여 유죄로 판단하였다.

여러 증거를 종합하여 봤을 때 강도상해는 유죄로 인정됩니다!

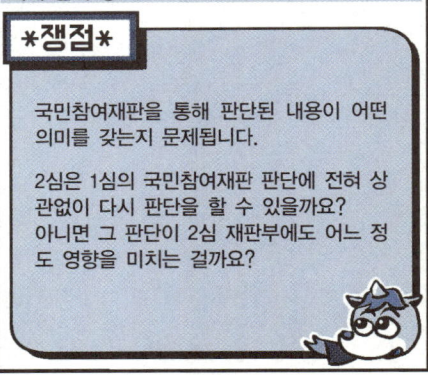

이에 갑이 상고.

쟁점

국민참여재판을 통해 판단된 내용이 어떤 의미를 갖는지 문제됩니다.

2심은 1심의 국민참여재판 판단에 전혀 상관없이 다시 판단을 할 수 있을까요?
아니면 그 판단이 2심 재판부에도 어느 정도 영향을 미치는 걸까요?

제가 범인이 아니라는 것이 명백히 드러났습니다! 그게 아니라면 국민참여재판은 왜 한 겁니까?!

1심의 국민참여재판은 참고할 대상이지, 2심 법원이 구애될 이유가 없습니다!

배심원 만장일치의 무죄 평결이 재판부 심증에 부합해 그대로 채택된 경우,

2심에서 새로운 증거조사를 통해 명백히 반대되는 충분하고 납득할 현저한 사정이 없는 한, 존중되어야 한다.

존중을 해야 한다는 것이지 항상 그것에 따라야 한다는 것은 아니겠죠?^^

2007년 "국민의 형사재판참여에 관한 법률"이 통과되어 2008년부터 국민참여재판이 본격 도입되었다.

우리나라 국민참여재판은 배심제와 참심제를 적당히 혼합, 수정한 형태인데 배심원은 원칙적으로 법관의 관여 없이 평결을 진행한 후 만장일치로 평결에 이르러야 하고(배심제적 요소), 만장일치의 평결에 이르지 못한 경우 법관의 의견을 들은 후 다수결로 평결을 할 수 있다(참심제적 요소). 배심원의 평결은 법원을 기속하지 않고 단지 권고적 효력만을 가진다.

본건에서는 위 배심원의 평결에 대해서 어떤 효력을 인정할 수 있는지에 대해서 다루고 있다.

■ 사건 개요

○ 본건 공소사실 중 강도상해의 요지는 갑이 공소외인과 합동하여, 모텔에서 A를 때려 반항을 억압한 금목걸이를 강취하고 A에게 상해를 가하였다는 것이다.

○ 국민참여재판으로 진행된 제1심에서는 금목걸이의 강취 사실 및 범의 여부가 공판의 쟁점이 되자, A, 갑과 함께 모텔에 들어간 일행들과 모텔 주인 등 다수의 관련자들에 대한 증인신문을 마친 다음, 배심원 9명이 만장일치로 무죄평결을 하였고, 재판부도 무죄로 판단하였다.

○ 항소심은 A에 대하여만 증인신문을 추가로 실시한 다음, 그 진술의 신빙성이 인정된다는 이유 등을 들어 제1심판결을 파기하고 위 강도상해의 공소사실에 관하여 유죄로 판단하였다. 갑이 상고.

■ 판결 요지

○ 제1심 증인이 한 진술의 신빙성 유무에 대한 제1심의 판단이 명백히 잘못되었다고 볼 특별한 사정이 있거나, 제1심의 증거조사 결과와 항소심 변론종결시까지 추가로 이루어진 증거조사 결과를 종합하면 제1심 증인이 한 진술의 신빙성 유무에 대한 제1심의 판단을 그대로 유지하는 것이 현저히 부당하다고 인정되는 등의 예외적인 경우가 아니라면, 항소심으

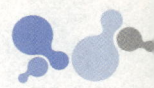

로서는 제1심 증인이 한 진술의 신빙성 유무에 대한 제1심의 판단이 항
소심의 판단과 다르다는 이유를 들어 제1심의 판단을 함부로 뒤집어서는
아니 된다.

○ 국민참여재판의 형식으로 진행된 형사공판절차에서, 배심원이 증인신문
등 사실심리의 전 과정에 함께 참여한 후 증인이 한 진술의 신빙성 등
증거의 취사와 사실의 인정에 관하여 만장일치의 의견으로 내린 무죄의
평결이 재판부의 심증에 부합하여 그대로 채택된 경우라면 이러한 절차
를 거쳐 이루어진 증거의 취사 및 사실의 인정에 관한 제1심의 판단은
실질적 직접심리주의 및 공판중심주의의 취지와 정신에 비추어 항소심에
서의 새로운 증거조사를 통해 그에 명백히 반대되는 충분하고도 납득할
만한 현저한 사정이 나타나지 않는 한 존중될 필요가 있다.

○ 항소심에서 피해자에 대하여만 증인신문을 추가로 실시한 다음 제1심의
판단을 뒤집어 이를 유죄로 인정한 것은 공판중심주의와 실질적 직접심
리주의 원칙의 위반 및 증거재판주의에 관한 법리오해의 위법이 있다. 파
기환송.

■ 해설

○ 항소심이 제1심의 판단을 뒤집는 경우에는 무죄추정의 원칙 및 형사증명
책임의 원칙에 비추어 이를 수긍할 수 없는 충분하고도 납득할 만한 현
저한 사정이 나타나는 경우라야 하고,

○ 제1심 판단은 판시와 같은 이유로 존중되어야 함에도, 항소심에서 제1심
증인 중 공소사실에 부합하는 증인만을 추가로 조사한 후 제1심의 다른
증인의 증언의 신빙성 유무에 관한 판단을 뒤집어 유죄로 인정한 것은
법리오해의 위법이 있다고 한 사례이다.

※ 한편 판례는 국민참여재판이 아닌 재판에서도 항소심이 증인진술의 신빙성에
대한 제1심의 판단을 함부로 뒤집을 수 없다고 판단하고 있다(대법원 2006.
11. 24. 선고 2006도4994 판결).

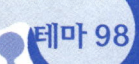

미결구금일수의 통산

(대법원 2002. 6. 20. 선고 2002도807 전원합의체 판결)

갑은 무면허의료행위를 하면서

무면허라니! 전통의술이야

정신분열증 환자인 A(장애인)를 준강간했다는 공소사실로 기소가 되어

내가 기를 불어넣어 줄 테니까 옷을 벗어!

네? 옷을요?

2심에서는 전자(무면허의료행위)에 대해서는 유죄,

면허 없이 의료행위 했죠? 무면허의료행위 부분 유죄!

후자(준강간)에 대해서는 무죄판결을 선고하였다.

피해자가 그 정도로는 심신상실 상태라고 볼 수 없다! 준강간 부분은 무죄!

갑은 유죄 부분, 검사는 무죄 부분에 대해 상고했으나 상고는 모두 기각되었다.

무죄 부분에 대해 상고합니다!

유죄 부분에 대해 상고합니다!

이 경우 상고 제기 후의 미결구금일수가 전부 산입되어야 하는지가 문제되었다.

쟁점

상소제기 후의 판결 선고 전 구금일수는 본형에 전부 또는 일부를 산입합니다.
예를 들어서 구속상태에서 30일간 구치소에 구금되어 있었는데 차후 징역 1년형을 선고 받으면 구금되어 있던 30일을 산입해서 나머지 기간만 형을 삽니다(미결구금일수의 산입).
법에 따르면 검사가 상소를 제기하면 전부(30일)를 산입하고 피고인만이 상소하였으나 상소 기각되는 경우에는 법원 재량에 따라 산입을 합니다(30일, 10일, 0일 등).

검사가 상소해서 기각이 되면 전부를 본형에 산입합니다. 대법원은 검사의 상소로 판결 전부를 판단했으니 전부 산입이 되어야 합니다.

부당합니다!

유죄 부분에 대해서는 검사 상고 없이 피고인만 상고한 것입니다. 전부를 산입할 이유가 없습니다!

형법 37조 전단 경합범 중 유죄부분은 피고인이, 무죄부분은 검사가 상고하고, 양쪽 상고를 모두 기각하는 경우이다.

이때도 '검사가 상소를 제기한 때'로 보아 상고제기 후 판결 선고 전의 구금일수는 전부를 본형에 삽입해야 한다.

피고인의 보호를 철저히 하는 입장이네요.

범죄의 혐의를 받는 자를 재판이 확정될 때까지 구금하는 것을 미결구금(未決拘禁)이라고 한다.

이러한 미결구금은 차후 본형에 산입(算入)되는데, 예를 들어서 구속상태에서 재판을 받으면서 30일간 구치소에 구금되어 있었는데 차후 징역 1년형을 선고받으면 이미 구금되어 있던 30일을 1년에 산입하여 나머지 기간만 징역형을 사는 것을 구금일수의 산입이라고 말한다.

미결구금일수의 산입은 ① 법률에 의하여 산입하는 것을 '법정통산'이라고 하고, ② 법원의 재량에 따라 판결주문에 판시한 미결구금일수를 본형에 산입하는 것을 '재정통산'이라고 한다.

검사가 상소한 경우에는 그 전부를 본형에 산입하고, 피고인이 상소한 경우에는 원판결이 파기될 때에만 그 전부를 본형에 산입하고(두 경우는 법에 규정이 있어 이것이 '법정통산'임), 피고인만이 상소하였으나 상소가 기각된 때에는 재정통산에 의하여 산입을 한다.

본건에서는 피고인은 유죄 부분에 대해서, 검사는 무죄 부분에 대해서 각 상고를 하였으나 대법원이 양쪽의 상고를 모두 기각한 경우, 법정통산에 따라 미결구금일수 전부를 산입해야 하는지 문제되었다.

사건 개요

○ 갑은 무면허의료행위와 장애인에 대한 준강간으로 공소제기되어, 2심에서 전자에 대하여는 유죄, 후자에 대하여는 무죄판결을 선고받았다.

○ 갑은 유죄부분에 대하여, 검사는 무죄부분에 대하여 각 상고하였으나, 대법원에서 상고가 모두 기각되었다. 이 경우 상고 제기 후의 미결구금일수가 전부 산입되어야 하는지가 문제됨.

판결 요지

○ 형법 제37조 전단의 경합범관계에 있는 공소사실 중 유죄부분에 대하여는 피고인이, 무죄부분에 대하여는 검사가 상고하였으나, 피고인과 검사의 상고를 모두 기각하는 경우에 있어서도 상고제기 후의 판결 선고 전

의 구금일수는 형사소송법 제482조 제1항 제1호의 '검사가 상소를 제기한 때'에 해당하는 것으로 보아 그 전부를 본형에 산입하여야 한다(법정통산).

해설

○ 상소제기 후의 판결 선고 전 구금일수는 (ⅰ)검사가 상소를 제기한 때와 (ⅱ)검사 아닌 자가 상소를 제기한 경우에 원판결이 파기된 때에는 그 전부를 본형에 산입하고(제482조 제1항, 이를 '법정통산'이라고 한다), 반대로 피고인만이 상소하였으나 상소 기각되는 경우에는 '재정통산'에 의하게 된다.

○ 문제는 사안과 같이 경합범의 일부 무죄, 일부 유죄 판결에 대하여 검사와 피고인이 각기 상소하였으나 피고인의 상소가 기각되는 경우 상소심에서의 미결구금은 재정통산에 의해야 하는가이다. 경합범의 경우 유죄부분과 무죄 부분을 분리할 수 있는데, 유죄 부분에 대하여는 검사의 상소가 없었으므로, 검사가 상소를 제기한 때에 해당하지 않는다고 볼 여지가 있기 때문이다.

○ 위와 같이 검사와 피고인 모두 상소한 경우에는 원심판결 전부의 확정이 차단되어 상고심에 이심되고, 이때 검사의 상소가 이유 있는 때에는 유죄부분과 무죄부분이 모두 파기될 가능성이 있어 서로 밀접하게 관련되어 있다. 따라서 검사의 상고가 이유 있는지 여부를 가리기 전에는 유죄부분에 대한 피고인의 상고만을 분리하여 기각할 수 없어, 상고심의 미결구금이 오로지 피고인의 책임으로 돌릴 사유로 인하여 생긴 것이라고 할 수 없으므로, 이러한 경우 검사가 상소를 제기한 때에 준하여 법정통산을 하여야 한다는 것이 위 판례의 취지이다.

(대법원 1992. 12. 8. 선고 92도2020 판결)

갑은 음화판매죄로 기소가 되어

> 어이 학생, 좋은 사진 안볼래?

항소심은 징역 8월, 집행유예 2년을 선고했고

> 피고인 갑을 징역형 및 집행유예에 처한다!

이에 대해 갑만이 상고했다.

> 사진 좀 팔았다고 실형까지 때리냐! 상고한다!

상고심에서는 위 항소심 판결을 파기하고, 사건을 항소심에 환송하였는데

> 파기 환송한다!

항소심은 징역 8월, 집행유예 2년에 더하여 압수물의 몰수를 선고하였다.

> 징역 및 집행유예에 처하고 압수된 음화들은 몰수한다!

> 음화 몰수를 깜빡했네!

이 판결이 적법한 판결인지 문제되었다.

＊쟁점＊

피고인만 항소한 사건에서는 원심판결(2심 판결)보다 중한 형을 선고하지 못합니다(법 388조). '불이익변경금지' 원칙이라고 하죠.

대법원에서 판결을 파기하면 보통 항소심으로 사건을 돌려보냅니다('환송'이라고 함).

항소심-대법원 관계에서는 불이익변경금지가 적용되는데, 항소심과 환송후 항소심의 관계에서도 그것이 적용되는지 문제됩니다.

환송전 2심 판결보다 몰수형이 더해졌으니 저에게 불이익한 변경입니다!

내 생명같은 사진들을 왜 몰수해!!

불이익변경금지는 2심과 상소심인 대법원간 적용되는 것이지, 환송받은 2심 법원은 상소심이 아니니 문제되지 않습니다!

피고인만이 상고하여, 상고심에서 2심에 환송한 경우, 환송 전 2심 판결과의 관계에서도 불이익변경금지원칙이 적용된다.

파기된 2심 판결보다 중한 형을 선고할 수 없으니 몰수를 새로이 선고함은 불이익변경금지원칙에 위배된다.

불이익변경 맞는 거 같죠?^^

불이익변경금지원칙이란 피고인이 상소한 사건이나 피고인을 위하여 상소한 사건에 관하여 상소심이 원판결의 형보다 중한 형을 선고하지 못한다는 원칙을 말한다(형사소송법 제368조, 제396조 제2항).

> 제368조(불이익변경의 금지) 피고인이 항소한 사건과 피고인을 위하여 항소한 사건에 대하여는 원심판결의 형보다 중한 형을 선고하지 못한다.

불이익변경금지원칙은 피고인만 또는 피고인을 위해서만 상소한 사건에 한하여 적용되고, 검사만 상소한 사건이나 검사와 피고인 쌍방이 상소한 사건에 대해서는 적용되지 않는다.

본건에서는 불이익변경인지 여부가 문제되었다.

■ 사건 개요

- ○ 갑은 음화판매죄로 기소되어, 항소심에서 징역 8월에 집행유예 2년이 선고되었고, 이에 대하여 갑만이 상고하였다.
- ○ 상고심에서는 위 항소심판결을 파기하고 사건을 항소심에 환송하였는데, 환송 후 항소심[10]은 갑에 대하여 징역 8월에 집행유예 2년 및 압수물의 몰수를 선고하였다. 이에 갑은 환송 전의 항소심이 선고한 판결보다 몰수형이 추가된 것은 불이익변경금지원칙에 반한다고 주장하며 상고.

■ 판결 요지

- ○ 피고인만의 상고에 의하여 상고심에서 원심판결을 파기하고 사건을 항소심에 환송한 경우에는 환송 전 원심판결과의 관계에서도 불이익변경금지의 원칙이 적용되어 그 파기된 항소심판결보다 중한 형을 선고할 수 없다.
- ○ 환송 후 원심판결이 환송 전 원심판결에서 선고하지 아니한 몰수를 새로이 선고하는 것은 불이익변경금지의 원칙에 위배된다.

■ 해설

- ○ 불이익변경금지원칙은 피고인이 상소한 사건이나 피고인을 위하여 상소

---

10) 대법원이 환송판결을 하여 환송을 받아 다시 재판을 하는 원심(항소심).

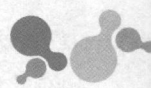

한 사건에 관하여 상소심이 원판결의 형보다 중한 형을 선고하지 못한다는 원칙(형사소송법 제368조, 제396조제2항)으로, 피고인이 중형변경의 위험 때문에 상소제기를 포기하는 것을 방지함으로써 피고인의 상소권을 보장하려는 정책적 이유에 근거한다(정책적 배려설, 판례).

○ 사안과 같이 원판결을 파기환송한 경우 환송받은 법원은 다시 원판결을 계속하는 것이므로, 상소심이라고 할 수는 없어 그 적용 여부가 문제되는데, (ⅰ) 파기자판의 경우에는 적용되고, 파기환송의 경우에는 이를 부정하는 것은 불합리한 점, (ⅱ) 피고인의 상소에 의하여 원판결이 파기된 경우에 원심 법원이 원판결보다 중한 형을 선고할 수 있다고 할 경우 피고인의 상소권을 보장한다는 위 불이익변경금지원칙의 취지에 반한다는 점 등에 비추어 보면, 파기환송의 경우에도 그 적용을 긍정하는 것이 타당하고, 위 판결도 동일한 취지이다.

○ 나아가 불이익한 변경인지의 판단에 있어 판례는 주형의 감경 없이 몰수 등 부가형이 추가된 경우에는 불이익한 변경으로 판단하였다.

항소와 항소이유, 항소이유서

(대법원 2003. 12. 12. 선고 2003도2219 판결)

갑은 특정경제범죄처벌법위반(횡령)죄로 기소되었으나,

X회사의 자금을 Y회사로 옮겨서 횡령하였습니다,

1심은 이에 대해 무죄를 선고하였다.

피고인에게 고의가 있다고 보이지 않는다, 무죄!

이에 검사는 항소를 하면서 항소장의 '항소의 이유'란에 '사실오인 및 법리오해'라고만 기재하였고,

급하니까 일단 이렇게 내자!

항소이유: 사실오인 및 법리오해

항소이유서는 기간 내에 제출하지 못하였다.

검사가 제대로 된 항소이유서는 안 낼려나 보네,

앞으로 서면 많이 내니까요…,

오케이~!

항소심에서 검사는 예비적 공소사실을 추가하여 항소심은 이를 유죄로 인정하였다.

갑은 Y회사의 돈을 개인적으로 써서 횡령했으니 유죄!

항소심의 판단이 적법한지 문제되었다.

쟁점

항소이유의 기재에 관하여 형사소송법은 따로 규정이 없습니다. 따라서 항소 이유를 어느 정도 구체적으로 기재해야 하는지 문제됩니다.

이 사건 항소장에 기재된, 아주 약식의 '사실오인 및 법리오해'를 항소이유의 기재로서 유효하다고 볼 수 있는지의 문제입니다.

검사가 항소이유를 제대로 쓰지 않았으니 2심은 항고기각을 했어야 합니다!

제가 항소이유를 쓰지 않았습니까!
(아주 약식으로 쓰기는 했지만 -_-)

덜덜덜···
이게 문제되면
난 큰일 나는데···.

검사가 항소장 항소이유에 '사실오인 및 법리오해'라고만 기재했다면, 적법한 항소이유의 기재가 없는 것이다.

2심은 이런 항소장이 적법한 항소이유가 기재된 것이라고 보아 유죄판단을 했으니 위법하다.

항소이유를 이렇게 간단하게만 쓰는 검사는 큰코 다치겠죠?

항소시에는 항소의 이유를 기재한 '항소이유서'를 제출해야 한다.

항소이유란 항소를 제기할 수 있는 법률상의 이유를 말한다. 항소인은 정해진 기간 내에 항소이유서를 항소법원에 제출해야 하고(법 제361조의3 제1항), 항소이유서를 제출하지 않으면 항소기각결정의 사유가 된다(법 제361조의4).

본건에서는 항소이유서에 항소이유를 어느 정도로 기재해야 하는지가 문제되었다.

■■ 사건 개요

○ 갑은 특정경제범죄 가중처벌 등에 관한 법률위반(횡령)죄로 기소되었으나, 1심은 이에 대해 무죄를 선고하였다. 이에 검사는 항소하면서, 항소장의 '항소의 이유'란에 '사실오인 및 법리오해'라고만 기재하였고, 항소이유서는 기간 내에 제출하지 못하였다.

○ 항소심에서 검사는 예비적 공소사실을 추가하였고, 항소심은 예비적 공소사실을 유죄로 인정하였다. 이에 갑이 상고.

■■ 판결 요지

○ 검사가 제1심 무죄판결에 대한 항소장의 '항소의 이유'란에 '사실오인 및 법리오해'라고만 기재한 경우 이를 적법한 항소이유의 기재가 있는 것으로 볼 수 없다.

○ 원심은 위와 같은 항소장의 기재가 적법한 항소이유의 기재에 해당한다고 전제한 다음, 달리 직권으로 조사할 사항이 있다고 볼 수 없는 이 사건에서 더 나아가 심리를 한 뒤 원심에서 추가된 예비적 공소사실을 유죄로 판단하였으니, 원심판결에는 항소이유의 적법한 기재에 관한 법리를 오해한 위법이 있다고 할 것이다.

■■ 해설

○ 항소인 또는 변호인은 항소법원의 소송기록접수통지를 받은 날로부터 20일 이내에 항소이유서를 항소법원에 제출하여야 하고(형사소송법 제361조의3), 위 기간 내에 항소이유서를 제출하지 않을 때에는 직권조사사유가

존재하거나 항소장에 항소이유가 기재된 경우가 아닌 한 항소기각의 결
정을 해야 한다(같은 법 제361조의4).

o 결국 사안의 경우 항소이유서 제출기간 내에 검사의 항소이유서 제출이
없었으므로, 항소장의 항소이유란에 기재된 '사실오인 및 법리오해'를 항
소이유의 기재로서 유효하다고 하지 않는 이상 검사의 항소는 기각되어
야 한다.

o 즉, 항소이유를 어느 정도 구체적으로 기재하여야 하는가가 문제되는데,
항소이유의 기재와 관련하여, 형사소송법은 따로 규정하고 있지 않으나,
형사소송법규칙은 항소이유를 구체적으로 간결하게 명시할 것을 요구하
고 있고(같은 규칙 제155조), 항소심의 심판범위는 원칙적으로 항소이유에
포함된 사유에 한정되므로, 항소심의 심판을 위해서는 항소이유의 구체
적인 기재가 반드시 필요하다는 점에 비추어 보면, '사실오인 및 법리오
해'라고만 기재한 것은 적법한 항소이유의 기재라고 볼 수 없을 것이다.

상소와 상소이유서의 제출

(대법원 2006. 3. 16. 선고 2005도9729 전원합의체 판결)

갑은 사기죄로 기소되어 1심, 2심에서 징역형의 판결이 선고되었다.

피고인 항소 기각!
피고인은 징역형!

이에 갑은 상고하였는데, 얼마 후 수감중이던 구치소에서 대법원으로부터 상소기록 접수 통지서를 송달받았다.

기록을
접수받았습니다.

갑은 상소기록 송부 통지를 받은 날로부터 20일 이내에 상고이유서를 상고법원에 제출해야 하는데

자, 이제 빨리
상고이유서를 준비해야겠네.

갑은 해당 기간 내에 구치소 교도관에게 상고이유서를 제출하였지만,

교도관님, 상고이유서인데요,
대법원에 좀 제출해주세요.

교도관은 대법원에 이를 우편으로 발송하여 해당 문서는 상고이유서 제출기간 이후에 대법원에 도달하였다.

피고인은 기간 내에
상고이유서를 안냈구만~!

형사소송법은 상소장에 관해 특칙을 규정하는데 이것이 상고이유서에도 적용되는지 문제되었다.

제344조(재소자에 대한 특칙)
(1) 교도소 또는 구치소에 있는 피고인이 상소의 제기기간 내에 상소장을 교도소장 또는 구치소장 또는 그 직무를 대리하는 자에게 제출한 때에는 상소의 제기기간 내에 상소한 것으로 간주한다.

특칙 규정의 취지를 생각해볼 때, 상소
이유서에도 규정이 준용되어야 합니다!

제발 상소심 재판을
받게 해주세요!

법에서 '상소장'만 규정한 것을 보면
상소이유서는 특칙이 적용되지 않습니다!

법 355조는 재소자에 대한 특칙규정이
준용되는 경우로 '상소이유서 제출'을
규정하지 않고 있다.

그러나 344조 1항의 재소자 특칙 규정의 취지와
그 준용규정인 355조의 법리에 비추어, 상소이유서
제출에 관해서도 재소자 특칙규정이 준용된다.

법조문과 달리 꽤 넓게
준용을 인정한
이례적인 사례네요.

형사사건의 상소(항소, 상고)시에는 '상소장'과 '상소이유서'를 제출해야 한다. 기간 내에 상소장 제출이 중요함은 물론이지만, 못지 않게 중요한 것이 정해진 기간 내에 상소이유서를 제출하는 것이다.

그런데 구속상태에서 재판을 받는 피고인은 법원에 상소장을 제출하는 것이 쉽지 않기 때문에 형사소송법은 상소장을 교도소장, 구치소장 등에게 제출한 때에는 이를 법원에 제출한 것과 마찬가지로 보아 상소제기기간 내에 상소한 것으로 간주하는 규정을 두고 있다(법 제344조).

그런데 형사소송법은 '상소장'과 달리 '상소이유서'에 대해서는 이러한 재소자에 관한 규정을 두고 있지 않은데, 본건에서는 상소이유서에 대해서도 상소장의 특칙이 적용될 수 있는지가 문제되었다.

■■ 사건 개요

○ 갑은 사기죄로 기소되어 징역 10월을 선고받고 항소하였으나 기각되었다. 이에 상고하였는데, 2005. 12. 28. 수감 중이던 구치소에서 대법원으로부터 소송기록접수통지를 송달받았다. 이후 갑은 2006. 1. 16. 구치소 교도관에게 상고이유서를 제출하였는데(상고이유서 제출기간 내), 교도관은 이를 우편으로 발송하여 2006. 1. 20. 대법원에 도착하였다(상고이유서 제출기간 도과).

○ 상소장 제출에 관하여 재소자에 대한 특칙(교도소장 등에 제출한 때에는 상소의 제기기간 내에 상소한 것으로 간주)을 규정한 형사소송법 제344조 제1항이 상소이유서 제출에도 준용이 되는지가 쟁점이 되었다.

■■ 판결 요지

○ 형사소송법 제355조에서 재소자에 대한 특칙 규정이 준용되는 경우 중에 상소이유서 제출의 경우를 빠뜨리고 있다고 하더라도 제344조 제1항의 상소에서의 재소자에 대한 특칙 규정의 취지와 일부 조항에 대한 준용을 규정한 제355조의 법리에 비추어 상소이유서 제출에 관하여도 위 재소자에 대한 특칙 규정이 준용되는 것으로 해석함이 상당하다(반대되는 기존 판례 변경).

■■ 해설

○ 상소장의 경우 교도소 또는 구치소에 있는 피고인이 상소의 제기기간 내에 상소장을 교도소장 또는 구치소장 또는 그 직무를 대리하는 자에게 제출한 때에는 상소의 제기기간 내에 상소한 것으로 간주된다(제344조 제1항).

○ 그러나 상소이유서의 경우에는 이와 같은 규정을 두고 있지 않으므로, 사안과 같이 재소자가 교도관 등에게 상소이유서 제출기간 내에 상소이유서를 제출하였으나, 제출기간이 경과한 후에야 상소법원에 접수된 경우에는 상소이유서가 그 제출기간 내에 제출된 것으로 볼 것인가의 논란이 있다.

○ 학설상으로는 형사소송절차에 있어 법원에 제출하는 서류는 법원에 도달해야 제출의 효과가 발생함이 원칙인데, 상소이유서의 경우 그 예외규정인 제344조를 준용하는 규정이 없다는 점을 근거로 이 경우 위 규정이 준용되지 않는다는 것이 통설적 견해이고, 종전의 판례 역시 같은 취지였다가, 위 판결로 견해를 변경한 것이다.

V

형의 집행, 기타

형의 집행, 기타의 개관

1. 형의 집행

범죄를 저질러 유죄 판결이 확정되면 형의 집행을 받게 된다. 재판의 집행은 형이 확정된 후에 검사의 지휘, 감독 하에 즉시 집행하는 것이 원칙이다.

형의 집행은 사형, 자유형(징역, 금고, 구류), 자격형(자격상실, 자격정지), 재산형(벌금, 과료, 몰수)의 집행으로 구분된다. 징역과 비슷한 형벌인 금고는 교도소에 감금되는 것은 징역과 같으나 노동을 시키지 않는 점에서 징역과 구별된다.

사형은 법무부장관의 명령으로 교수(絞首. 목을 매다는 것)하여 집행하고, 자유형은 검사의 지휘에 의하여 교도소에서 집행한다.

재산형 역시 검사의 명령에 의하여 집행하는데, 이러한 명령은 민사집행법상 집행력 있는 집행권원(예컨대 판결)과 동일한 효력이 인정된다.

징역 또는 금고의 형 집행 중에 있는 자 중에서 복역 성적이 양호하고 뉘우침이 있는 때에는 법무부 장관이 가석방을 할 수 있다. 그러나 가석방 중에 행실이 나쁘거나 다시 죄를 저지르면 가석방이 취소 또는 실효되어 남은 형기를 마저 복역해야 한다.

그리고 형이 집행될 경우, 생명이 위험해질 수 있거나 연령이 70세 이상인 때, 기타 중대한 사유가 있으면 검사는 형의 집행을 정지시키고 석방할 수도 있는데, 이를 '형 집행 정지'라고 한다.

2. 소년 범죄

청소년은 신체적, 정신적으로 미성숙한 단계에 있으므로 소년 범죄의 처벌에는 교육적 목적이 강조되므로 일반 형사 절차와 다른 점이 있다. 참고로 범죄를 한 10세 이상 14세 미만을 촉법소년, 같은 14세 이상을 범죄소년, 10세 이상 19세 미만의 범죄행위를 할 가능성이 높은 소년을 우범소년이라고 한다.

(1) 경찰은 만 12세 이상 만 14세 미만의 청소년이 범죄를 저질렀을 때에는

검사를 거치지 않고 직접 소년법원에 보내서 보호 처분을 받게 한다. 만 14세 이상 청소년이 범죄를 저질렀을 때 경찰은 사건을 검사에게 보낸다. 그러나 청소년이 아주 경미한 범죄를 저지른 경우에는 경찰이 법적 조치를 취하지 않고 훈방 조치를 하기도 한다.

(2) 검사는 소년에 대한 피의사건을 수사한 결과, 보호처분에 해당하는 사유가 있다고 인정한 때에는 소년법원에 보내고, 그렇지 않은 경우에는 선도를 조건으로 기소를 유예하기도 한다. 그러나 죄질이 중한 경우에 검사는 일반 성인 범죄와 마찬가지로 법원에 기소하여 처리한다.

(3) 소년법원에서는 경찰, 검사가 보낸 소년에 대한 심리를 하여 보호관찰을 받게 하거나 소년원에 보내는 등의 보호처분을 결정한다.

통상의 절차로 기소된 소년형사사건에 대해서도 소년법은 법의 목적에 따라 절차와 처우에 많은 특칙을 정하고 있다.

3. 배상명령 제도

배상명령은 일정한 범죄(상해, 폭행, 절도, 사기, 횡령 등)의 유죄선고를 하는 경우 직권 또는 피해자의 신청에 의해 범죄행위로 인해 발생한 피해까지 배상을 명하는 절차를 말한다.

예를 들어서 절도 사건의 피고인이 유죄 판결을 받아도 피해자가 피해를 보상받으려면 따로 민사소송을 제기해야 한다. 그러나 형사재판에서 배상명령을 신청하면 법원은 피해 배상까지 명하는 판결을 선고하므로 피해자는 간편한 방법으로 민사적인 배상명령까지 받을 수 있다.

배상명령의 범위는 범죄로 인하여 발생한 직접적인 물적 피해와 치료비 손해, 위자료이다.

4. 범죄피해자 구조제도

범죄피해자 구조제도란, 범죄로 인하여 사망하거나 중장해를 입고도 가해자를 알 수 없거나 가해자에게 손해 배상을 할 수 있는 경제적인 능력이 없어 피해의 전부 또는 일부를 보상받지 못하고 생계 유지가 곤란한 사정이 있는 경우 국가가 피해자나 유족에게 일정한 한도의 구조금을 지급해주는

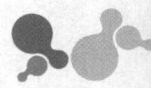

제도이다.

또 수사나 재판 절차에서 고소, 고발, 진술, 증언 등을 하였다는 이유로 보복 범죄를 당한 경우에도 구조금을 지급받을 수 있다.

5. 형사보상 제도

구금되었던 피의자가 불기소처분이 확정된 경우, 구금되었던 피고인이 무죄가 확정된 경우 구금에 대한 보상을 청구할 수 있다. 억울한 구금으로 인해 받은 재산상, 정신적인 피해를 보상해주는 취지의 제도이다.

그러나 본인이 수사를 그르칠 목적으로 허위 자백을 하거나 다른 유죄의 증거를 만들어내어 구금된 경우, 보상하는 것이 사회질서에 위배된다고 인정할 만한 사정이 있는 경우에는 보상의 전부 또는 일부를 지급하지 않을 수 있다.

1일 보상금은 최저임금액 이상, 대통령령이 정하는 금액 이하에서 결정되고, 전체 보상금액은 1일 보상금액×구금일수가 된다.

6. 명예회복제도

무죄판결을 받아 확정된 사건의 피고인은 해당 재판서를 법무부의 인터넷 홈페이지에 게재하도록 검찰에 청구할 수 있다.

7. 특정범죄신고자 구조제도

살인, 강도, 강간, 마약, 범죄 조직 관련 형사절차에서 범죄신고를 한 사람을 보호하고 보복범죄를 예방하기 위해 국가에서는 신변안전조치를 취하고, 범죄신고자 등 구조금을 지급하여 국민이 안심하고 자발적으로 신고를 할 수 있게 하여 이들을 보호하고 있다.

(대법원 2009. 7. 16. 자 2005모472 전원합의체 결정)

갑은 위험한 물건을 휴대하여 피해자를 강간하였다는 등의 범죄사실로 유죄로 인정되어 판결이 확정되었다.

죽고 싶지 않으면 가만히 있어!

이러지 말아요! 제, 제발요~!!

당시 국립과학수사연구소 감정결과 범인은 무정자증으로 추정된다는 결과가 왔다.

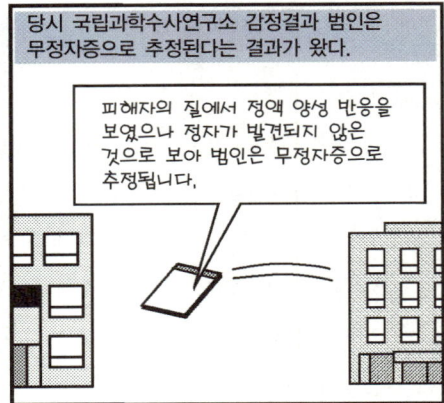

피해자의 질에서 정액 양성 반응을 보였으나 정자가 발견되지 않은 것으로 보아 범인은 무정자증으로 추정됩니다.

갑은 판결이 확정된 후에 갑에 대한 정액검사결과 증거가 발견되었다는 이유로 재심을 신청했다.

이전 사건에서, 분명히 범인은 무정증이라고 했었죠?

그 후 정액 검사를 해봤더니 저는 무정자증이 아니라는 검사 결과가 분명하게 나왔습니다! 재심 사유가 분명한 거죠!!

형사소송법은 다음과 같이 규정한다.

제420조(재심이유) 재심은 다음 각 호의 1에 해당하는 이유가 있는 경우에 유죄의 확정판결에 대하여 그 선고를 받은 자의 이익을 위하여 청구할 수 있다.
5. 유죄의 선고를 받은 자에 대하여 무죄 또는 면소를, 형의 선고를 받은 자에 대하여 형의 면제 또는 원판결이 인정한 죄보다 경한 죄를 인정할 명백한 증거가 새로 발견된 때

갑의 재심청구가 적법한지 문제되었다.

쟁점

새로 발견된 증거만을 기준으로 판단을 해야 하는지, 아니면 예전 판결의 사실인정의 기초가된 증거들 가운데 새로 발견된 증거와 관련되고 모순된 것들을 함께 판단해야 하는지 문제가 되었습니다.

이 사건에서 피고인 주장이 전자라면 재심 사유가 될 수 없지만, 피고인 주장이 후자라면 재심 사유가 될 수도 있겠죠.

범인은 무정자증이라면서요! 저는 무정자증이 아니니 재심을 해주세요!

정액검사 결과는 예전 재심대상판결에서 제출할 수도 있었습니다! 무죄를 인정할 명백한 증거도 아닙니다!

'무죄를 인정할 명백한 증거'인지를 판단할 때는 예전 판결의 증거 중 새로 발견된 증거와 밀접하게 관련, 모순되는 것들을 함께 고려, 평가해야 한다.

원판결의 관련 증거들을 함께 살펴보아도 범인이 무정자증이라고 단정할 수 없으니 정액검사 결과는 '무죄를 인정할 명백한 증거'가 아니다.

재심은 굉장히 예외적인 경우이고 쉽게 신청을 받아 주지도 않습니다.

우리는 판결이 확정되면 더 이상 다투지 못하는 것으로 알지만, 판결 확정 후에도 예외적으로 다툴 수 있는 재심(再審) 절차가 있다. 재심은 확정된 판결에 대하여 일정한 사유가 존재하는 경우 당사자 등의 청구에 의하여 판결이 타당한지 여부를 다시 심리하는 비상수단적인 구제방법을 말한다.

법상 재심청구의 사유는 "원판결의 증거가 된 서류나 증거물이 확정판결에 의하여 위조 또는 변조된 것으로 증명된 때" 등으로 제한적으로 규정되어 있다(제420조).

이에 관한 법원의 입장을 살펴보자.

▪▪ 사건 개요

○ 본건은 갑이 위험한 물건을 휴대하여 피해자를 강간하였다는 등의 범죄사실이 유죄로 인정되어 확정된 후 새로운 증거가 발견되었다는 사유(형사소송법 제420조 제5호)로 재심을 신청한 사건이다.

○ 갑은 확정된 사건(재심대상판결)은 범인이 무정자증임을 전제로 하고 있는데 그 판결이 확정된 후에 이루어진 갑에 대한 정액검사결과 갑은 무정자증이 아니라는 사실이 밝혀졌으므로 그 판결에는 형사소송법 제420조 제5호 소정의 "명백한 증거가 새로 발견된 때"에 해당한다며 재심을 청구한데 대하여,

○ 2심은 위 정액검사결과는 재심대상판결의 소송절차에서 제출할 수 없었던 증거라고 볼 수 없을 뿐 아니라 무죄를 인정할 명백한 증거라고 보기 어렵다는 이유로 위 재심사유가 존재하지 않는다고 판단하고 신청기각. 갑이 재항고.

▪▪ 판결 요지

○ 형사소송법 제420조 제5호에 정한 무죄 등을 인정할 '증거가 새로 발견된 때'란 재심대상이 되는 확정판결의 소송절차에서 발견되지 못하였거나 또는 발견되었다 하더라도 제출할 수 없었던 증거를 새로 발견하였거나 비로소 제출할 수 있게 된 때를 말한다.

○ 증거의 신규성을 누구를 기준으로 판단할 것인지에 대하여 위 조항이 그

범위를 제한하고 있지 않으므로 그 대상을 법원으로 한정할 것은 아니다. 그러나 피고인이 재심을 청구한 경우 재심대상이 되는 확정판결의 소송절차 중에 그러한 증거를 제출하지 못한 데 과실이 있는 경우에는 그 증거는 위 조항에서의 '증거가 새로 발견된 때'에서 제외된다고 해석함이 상당하다.

○ 형사소송법 제420조 제5호에 정한 '무죄 등을 인정할 명백한 증거'에 해당하는지 여부를 판단할 때에는 법원으로서는 새로 발견된 증거만을 독립적·고립적으로 고찰하여 그 증거가치만으로 재심의 개시 여부를 판단할 것이 아니라, 법원이 사실인정의 기초로 삼은 증거들 가운데 새로 발견된 증거와 유기적으로 밀접하게 관련되고 모순되는 것들은 함께 고려하여 평가하여야 하고, 그 결과 단순히 재심대상이 되는 유죄의 확정판결에 대하여 그 정당성이 의심되는 수준을 넘어 그 판결을 그대로 유지할 수 없을 정도로 고도의 개연성이 인정되는 경우라면 그 새로운 증거는 위 조항의 '명백한 증거'에 해당한다.

○ 원판결의 사실인정에 기초가 된 증거들 가운데 정액검사 결과와 유기적으로 밀접하게 관련된 증거들을 함께 살펴보더라도 범인이 반드시 무정자증이라고 단정할 수 없어, 정액검사 결과가 무죄를 인정할 명백한 증거에 해당하지 않는다. 재항고 기각.

해설

○ 본 결정은 이전의 판례를 변경한 것으로 "이와 달리 새로 발견된 증거의 증거가치만을 기준으로 하여 '무죄를 인정할 명백한 증거'인지 여부를 판단한 대법원 기존 결정 등은 위 법리와 저촉되는 범위 내에서 이를 변경하기로 한다."고 하면서,

○ 법원이 새로 발견된 증거만을 독립적·고립적으로 고찰하여 명백성 여부를 평가·판단하여야 한다면, 그 자체만으로 무죄 등을 인정할 수 있는 명백한 증거가치를 가지는 경우에만 재심 개시가 허용되어 재심사유가 지나치게 제한되기 때문이라고 판시하였다.

(대법원 1996. 6. 11. 선고 96도945 판결)

갑은 피해자 A를 기망하여 당좌수표와 어음 등의 할인금 명목으로 9,850만 원을 편취했다는 이유로

이 어음 할인 가능하죠?

일부 공제하고 할인금을 드리죠.

사기죄로 기소되었다.

당신, 어음 할인받은 다음 나몰라라 하려고 했잖아!

어음, 수표는 제대로 지급될지 모르는, 수상한 것들이더구만!

갑은 재판 도중 A에게 피해금액 일부를 콘도 회원권으로 대물변제하였고,

죄송합니다! 제 콘도회원권들을 드릴테니 제 어음, 수표들을 좀 돌려주시죠.

이거 가치가 있는 거 맞아요?

한편 A는 갑으로부터 받은 어음의 소구권을 타인 에게 양도하기도 하였다.

어음의 소구권을 양도합니다.

어음금을 달라는 소송을 해야겠네!

그런데 2심은 갑에게 유죄를 선고함과 동시에 9,850만 원 전액에 대하여 배상명령을 하였다.

피고인 갑은 배상신청인에게 9,850만 원 및 이자를 지급하라.

이런 배상명령이 적법한지 문제되었다.

제25조(배상명령)
① …형사공판 절차에서 …유죄판결을 선고할 경우, 법원은 …피고사건의 범죄행위로 인하여 발생한 직접적인 물적(物的) 피해…의 배상을 명할 수 있다.

③ 법원은 다음 각 호의 어느 하나에 해당하는 경우에는 배상명령을 하여서는 아니 된다.

3. 피고인의 배상책임의 유무 또는 그 범위가 명백하지 아니한 경우

제가 콘도회원권까지 주었는데 배상을 하라뇨! 부당합니다!

법에 따라 유죄판결 선고시 발생한 피해 배상을 명한 것인데 당연한 판결입니다!

'소송촉진 등에 관한 특례법'상 배상명령은 피고인의 배상책임의 유무, 범위가 명백하지 않으면 명령할 수 없다.

이 경우 법에서 정하는 대로 배상명령 신청을 각하해야 한다.

이런 경우는 쉽게 배상명령을 해서는 안 되겠죠?

법상 민사책임과 형사책임은 엄격히 구분된다. 예를 들어 범죄행위에 대해 형사재판이 열린 경우, 법원은 피고인에게 징역, 벌금 등 처벌을 명할 뿐이지, 피고인에게 피해자에게 민사상 책임인 손해배상을 하라고 명하지는 않는다(물론 가벼운 형사처벌을 받기 위해 피고인이 합의를 하는 경우는 있겠지만, 이는 어디까지나 피고인의 뜻에 따른 임의의 합의이다).

"배상명령"은 형사 사건의 피해자가 형사 재판 과정에서 민사상 손해배상명령까지 받아낼 수 있는 제도로서, 아래의 '소송촉진 등에 관한 특례법' 규정에 근거가 있다.

> 제25조(배상명령) ① 제1심 또는 제2심의 형사공판 절차에서 다음 각 호의 죄 중 어느 하나에 관하여 유죄판결을 선고할 경우, 법원은 직권에 의하여 또는 피해자나 그 상속인(이하 "피해자"라 한다)의 신청에 의하여 피고사건의 범죄행위로 인하여 발생한 직접적인 물적(物的) 피해, 치료비 손해 및 위자료의 배상을 명할 수 있다.

이에 관한 법원의 입장을 살펴보자.

■ 사건 개요

- ○ 2심은 갑이 피해자 A를 기망하여 당좌수표와 어음 등의 할인금 명목으로 9,850만 원을 편취한 사기 공소사실에 대하여 유죄를 선고함과 동시에 편취금액 전액에 대하여 배상명령을 하였다.
- ○ 이에 갑은 피해금액 중 일부는 A에게 콘도회원권으로 대물변제하였고, A가 갑으로부터 받은 위 어음의 소구권을 타인에게 양도하였음에도, 편취금액 전부를 배상하도록 하는 것은 부당하다며 상고.

■ 판결 요지

- ○ 소송촉진 등에 관한 특례법 제25조 제1항의 규정에 의한 배상명령은 피고인의 범죄행위로 피해자가 입은 직접적인 재산상 손해에 대하여 그 피해금액이 특정되고, 피고인의 배상책임의 범위가 명백한 경우에 한하여 피고인에게 그 배상을 명함으로써 간편하고 신속하게 피해자의 피해회복

을 도모하고자 하는 제도로서,

○ 같은 조 제3항 제3호의 규정에 의하면, 피고인의 배상책임의 유무 또는 그 범위가 명백하지 아니한 때에는 배상명령을 하여서는 아니 되고, 그와 같은 경우에는 같은 법 제32조 제1항이 정하는바에 따라 법원은 결정으로 배상명령 신청을 각하하여야 한다. 배상명령부분을 취소하고, 배상명령신청을 각하.

■: 해설

○ 배상명령제도는 범죄행위로 손해를 입은 피해자에게 형사사건 절차에서 바로 손해배상의 재판을 받을 수 있도록 하여 절차의 번잡을 피하고 피해자를 신속하게 구제하고자 소송촉진 등에 관한 특례법상 마련된 제도이다. 즉, 형사절차에 민사절차를 접목시킨 것이라고 볼 수 있다.

○ 그러나 형사절차에서 손해배상을 명하는 것은 법관에게 지나치게 부담을 줄 수 있을 뿐 아니라 재판의 지연을 초래할 위험이 있고, 특히 이는 손해배상의 범위가 불명확한 경우에는 더욱 그러하다.

　이에 위 법은 (i) 피해자의 성명·주소가 분명하지 않은 경우, (ii) 피해금액이 특정되지 않은 때, (iii) 피고인의 배상책임의 유무 또는 그 범위가 명백하지 않은 때, (iv) 배상명령으로 인하여 공판절차가 현저히 지연될 우려가 있거나 형사소송절차에서 배상명령을 함이 상당하지 않다고 인정한 때에는 배상명령을 허용하지 않고 있다(제25조 제3항).

○ 사안의 경우도 편취액이 특정되어 있으므로, 피해금액은 특정되나, 피해금액의 일부에 대하여는 대물변제항변 등 손해배상의 범위와 관련하여 민사적인 다툼이 있어 배상책임의 범위가 명백하지 않고, 성질상 민사소송에 의하는 것이 타당한 경우이다.

형사보상청구권

(서울고등법원 2007. 3. 22. 자 2006코17 결정)

갑은 변호사법위반죄로 구속기소되어 1심에서 징역 3년을 선고받았다.

제가 받은 2억 원은 청탁대가가 아니라 중개수수료입니다!

피고인 갑을 징역형에 처한다!

갑은 항소하여 2심에서 보석으로 석방되었다.

피고인에 대한 보석을 허가한다!

갑은 그때까지 이미 237일간 미결구금이 된 상태였다.

오랜 기간 고생했슈~

으휴… 이게 무슨 X고생…,

정말 다시는 들어가고 싶지 않어…

2심에서 부동산중개업법위반을 예비적 공소사실로 추가하는 공소장변경이 되었는데

공소사실에 부동산 중개업법위반을 추가합니다!

2심 법원은 변호사법위반죄는 무죄로, 부동산중개업법위반죄는 벌금 300만 원을 선고했다 (무죄부분은 판결이유에만 기재됨).

갇혀 있느라 무지 고생했을 텐데 결국 벌금형이네…,

피고인 갑을 벌금 300만원에 처한다!

판결이 그대로 확정되자 갑은 형사보상청구를 하였는바, 적법한지 문제되었다.

제1조(목적)
이 법은 형사소송 절차에서 무죄재판 등을 받은 자에 대한 형사보상 및 명예회복을 위한 방법과 절차 등을 규정함으로써 무죄재판 등을 받은 자에 대한 정당한 보상과 실질적 명예회복에 이바지함을 목적으로 한다.

제2조(보상 요건)
① 「형사소송법」에 따른 일반 절차…에서 무죄재판을 받아 확정된 사건의 피고인이 미결구금을 당하였을 때에는 이 법에 따라 국가에 대하여 그 구금에 대한 보상을 청구할 수 있다.

저는 237일이나 갇혀 있었습니다, 그런데 구금되었던 그 부분은 무죄라죠? 저는 형사보상을 받아야 합니다!

억울, 억울, 또 억울합니다!

거기에 하루만 가서 살아보세요!

갑은 벌금형, 즉 유죄 판결을 받았지, 무죄 판결을 받지 않았습니다, 형사 보상청구의 대상이 아니죠~!

법의 '무죄 재판을 받은' 경우는 '판결주문에서 무죄가 선고된 경우' 만으로 해석할 것이 아니다,

'판결 이유'에서만 무죄로 판단된 경우에도, 무죄로 판단된 수사와 심리에 필요했던 구금일수가 있다면, 형사보상을 청구할 수 있다,

후반부에서는 다양한 형사소송 관련 제도에 대하여 살펴보았네요, 수고 많으셨습니다~, ^^

형사보상(刑事補償)은 국가의 수사, 재판 등 절차에서 부당하게 미결구금이나 형벌의 집행을 받은 피해자에게 국가가 해당 손해를 배상하는 제도이다.

법원이나 검찰이 오판을 하여 국민을 부당하게 구금할 가능성이 있을 수 있는데, 차후 이 사람이 무죄판결을 받는 등으로 무고한 구금사실이 밝혀진다면 피해에 대해서 보상을 해주는 제도이다.

형사보상에 관해 '형사보상 및 명예회복에 관한 법률'이 제정되어 있는데, 해당 법은 "형사소송 절차에서 무죄재판 등을 받은 자에 대한 형사보상 및 명예회복을 위한 방법과 절차 등을 규정함으로써 무죄재판 등을 받은 자에 대한 정당한 보상과 실질적 명예회복에 이바지함"을 목적으로 한다(제1조).

형사보상의 전제로는 피고인이 무죄재판을 받아야 하는데, 본건에서는 피고인이 받은 재판이 무죄재판인지 여부가 문제되었다.

■ 사건 개요

○ 갑은 변호사법위반으로 구속기소되어 1심에서 징역 3년을 선고받고 항소하였다. 항소심에서 부동산중개업법위반의 점을 예비적 공소사실로 추가하는 공소장변경이 되었는데, 항소심은 변호사법위반의 점은 무죄로, 부동산중개업법위반의 점은 유죄로 판단하고, 벌금 300만원을 선고하였다(무죄부분은 판결 이유에만 기재됨). 이 판결은 상고취하로 확정되었고, 갑은 형사보상청구를 함.

■ 결정 요지

○ 형사보상법 제1조 제1항에 정한 '무죄재판을 받은'이라는 문구를 판결주문에서 무죄가 선고된 경우만을 의미하는 것으로 형식논리적으로 해석할 것이 아니라, 판결주문에는 무죄의 선고가 없고, 판결 이유에서만 무죄로 판단된 경우에도 무죄로 판단된 부분의 수사와 심리에 필요하였다고 볼 수 있는 구금일수가 있을 때에는 그 미결구금에 대하여는 판결주문에서 무죄가 선고된 경우와 마찬가지로 형사보상을 청구할 수 있다고 해석하는 것이 마땅하다.

■ 해설

o 형사피의자로 구금되었던 자가 법률이 정하는 불기소처분을 받거나 형사
  피고인으로 구금되었던 자가 무죄판결을 받는 경우에는 국가에 상당한
  보상을 청구할 수 있다.

o 이때 무죄판결이란 당해 절차에 의한 무죄판결만이 아니라 상소권회복에
  의한 상소, 재심 또는 비상상고절차에서 무죄판결을 받은 경우를 포함하
  고(구 형사보상법 제1조 제2항, 현행 형사보상 및 명예회복에 관한 법률 제2조), 면
  소 또는 공소기각의 판결을 받은 자도 무죄의 재판을 받을 현저한 사유
  가 있었을 때에는 형사보상청구가 가능하다(현행 형사보상 및 명예회복에 관
  한 법률 제26조 제1항).

o 더 나아가 판례는 반드시 주문에서 무죄를 선고한 경우뿐 아니라 사안과
  같이 이유무죄의 경우에도 무죄로 판단된 부분의 수사와 심리에 필요하
  였던 미결구금일수가 있다면, 이에 대하여도 형사보상을 청구할 수 있다
  는 입장이다. 또한 판례는 보호감호집행을 받은 자가 비상상고절차에 의
  해 보호감호가 기각된 경우에도 형사보상법 제1조 제2항을 유추적용하
  여 형사보상청구가 가능하다고 한다(2004코1).

* 참고 - 대법원이 아닌 서울고등법원(2심)에서 확정된 재판이다.

색인

하급심 판례

헌법재판소 판례

| 저 | 자 | 소 | 개 |

■ 위재민 변호사

23년간 검사로 재직하고, 4년간 변호사로 활동한 형사법 전문가.

연세대학교 법학과, 동 대학원 법학과를 졸업하고(법학석사), 일본의 주오대학교에 유학하여 비교형사법을 공부하였다. 1983년 사법시험에 합격, 사법연수원을 수료하고 2010년까지 20년 넘게 우직하게 검사 생활을 거쳤다.

서울, 수원, 인천, 광주, 해남 등 지역에서 검사, 부장검사, 지청장 등 검사로서의 경력을 거치고, 법무부에 근무하기도 하였으며, 한편으로는 사법연수원과 법무연수원에서 사법연수원생과 검찰공무원들도 다년간 지도하였다. 오랜 기간 일본 대사관 법무협력관으로 근무한 일본통이기도 하다.

사법시험 위원, 법학전문대학원 평가위원회 특별위원을 역임하였다. 현재는 한국수력원자력 주식회사에 상임감사위원으로 재직중이다.

저서로는 '형사절차법(제4판)'이 있다.

■ 이영욱 변호사

'만화 그리는 변호사'로 법조계에서 유명한 지적재산권 전문가.

고려대학교 법학과, 동 대학원 법학과(법학석사, 박사), 일본 문부과학성 장학금(Young Leader Program)으로 큐슈대학교 대학원을 졸업하였다(LL.M.) 2002년 사법시험에 합격, 사법연수원을 졸업하고 현재까지 10여년간 주로 저작권, 엔터테인먼트, 특허 등 지적재산권 분야의 변호사 생활을 하고 있다.

이 변호사는 일찍이 사법시험 공부를 하면서 '고돌이의 고시생일기' 만화를 수년간 연재했고, 2006년부터 현재까지 10여년 넘게 '대한변협신문'에 '변호사25시' 만화를 연재 중이다.

성낙인 서울대 총장, 오영근 한양대 법학전문대학원 원장, 이영창 서울고등법원 판사(이영욱 변호사의 형)와 함께 '만화 민법 판례(상/하)', '만화 형법 판례(상/하)', '만화 헌법 판례(상/하)', '만화 저작권 판례' 등을 저작해온 창작자로서, 2005년 이후 매년 1권 이상씩, 현재까지 10여권 넘는 책을 집필하였다.

위재민 변호사는 이영욱 변호사, 김계환 변호사의 사법연수원 연수시(2003~2004) 지도교수였다. 이, 김 변호사는 이 책을 빌어 위 교수님의 한결같고 따뜻한, 온화한 가르침에 다시 한번 깊은 감사를 표한다.